JN074452

図解&ストーリー 「子会社売却」の意思決定

株式会社
岡&カンパニー
代表取締役　**岡 俊子** 著

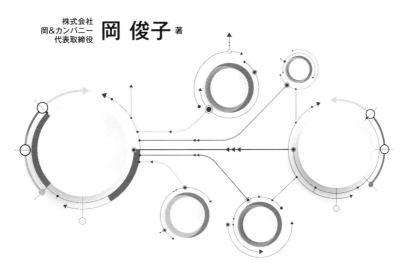

中央経済社

はじめに

「あのメルマガを単行本にしてくれませんか？」という声をこれまで多くの方から頂戴しました。

　そのメルマガとは，2022年の９月から12月にかけて週２回メール配信したメルマガのことです。

　メルマガでは，架空のミツカネ工業がその子会社のミツカネ電子を売却しようとする際の話を，売却される子会社を舞台としてドラマ展開しました。本書のストーリーは，そのメルマガをチューニングしたものです。

　これまでM&Aと言うと，買い手目線で語られることが多く，売り手の目線で語られることは，ほとんどありませんでした。いわんや売却対象の子会社については，スポットライトが当たることさえありませんでした。

　このような類例のない視点のメルマガであったせいか，読者の反響はとても大きく，それが冒頭の「あのメルマガを単行本にしてくれませんか？」という声につながったという次第です。

　売り手と売却対象である子会社の内部にスポットライトを当てたメルマガを書こうと思ったのは，これまで30年以上にわたって，多くのM&A（企業買収や合併）の事例を，M&Aコンサルタントや上場企業の社外取締役の立場から経験してきたことが背景にあります。M&Aにおいては，"買い手"のほうばかりに関心が傾き，"売り手"や売却される"対象会社"にはあまり関心が向けられないことを常々残念に思っていました。

　M&Aは，売りと買いが揃って取引が成立します。売りと買いは車の両輪です。

　失われた30年を急ピッチでキャッチアップするためには，M&Aを活用して業界再編に取り組むことが必須ですが，売り手や対象会社の立場にも必要な配慮を行わなければ，成功はおぼつきません。

　売り手にとってM&Aは「売るまでが大変」です。売却を決める過程で関係者の納得をきちんと得ないと，後でちゃぶ台返しが起こります。本書には，実

務で起こりがちなドラマを散りばめました。本書が，皆様方のなんらかの参考になれば，望外の幸せです。

　本書の構成ですが，本書は章ごとに「ストーリー」と「解説」を載せています。

　ストーリーは，売り手であるミツカネ工業と，その子会社であるミツカネ電子が舞台です。親会社のミツカネ工業は，『図解＆ストーリー「資本コスト」入門（改訂版）』においても舞台となっているため，本書はその姉妹編という位置づけになります。

　第1章では，次期中計策定作業に入ったミツカネ工業が全ての子会社を「遠ざける会社」と「近づける会社」に仕分けするところから始まります。第2章では，引導を渡された子会社のミツカネ電子が何を感じたかを，第3章と4章では，それならば自分たちの手でベストオーナーを探そうとミツカネ電子が買い手探しをするものの，これといった買い手が見つからない状況を描きます。そんな中，親会社がミツカネ電子にセラーズDDを入れてきたことを第5章で，第6章では，ひょんなことからミツカネ電子が投資ファンドの「ジェイン」と出会い，ジェインがベストオーナーになりえるのではとの期待をもつ，そしてその旨を親会社に伝えるものの，第7章では親会社がミツカネ電子にジェインとコンタクトをもつことを禁じる，というストーリーです。

　解説のほうは，第1章では，昨今増えているカーブアウト型M&Aはこれまでの不採算事業の売却とは異なること，第2章では，日本企業が売却に後ろ向きである理由を，第3章ではわが国においてカーブアウト型M&Aが増加している現状を，第4章では大型のカーブアウト型M&Aの売り手はどういう企業が多いのかを，第5章ではカーブアウト型M&Aにおいて使われるM&Aの手法を，第6章ではカーブの受け皿となっている投資ファンドについて，図表を用いて解説します。

　ストーリーに興味がある読者は，先にストーリーだけを読み，その後に解説を読むという読み方も良いかもしれません。

　本書執筆にあたっては，株式会社レコフデータ代表取締役社長吉富優子氏，

株式会社日立製作所コネクティブインダストリーズ事業統括本部 事業戦略統括本部 経営戦略本部　本部長ハジャティ史織氏，ベーシック・キャピタル・マネジメント株式会社代表取締役社長金田欧奈氏から多くの支援を頂戴しました。

　明治大学MBA（グローバル・ビジネス研究科）のゼミ生である石田尾直子氏，橘昌尚氏，上井康孝氏には，ドラフト段階から原稿をみてもらい，貴重なアドバイスを頂戴しました。

　中央経済社の末永芳奈氏には，姉妹編の『図解＆ストーリー「資本コスト」入門（改訂版）』に引き続き，格別な配慮をして頂きました。

　末筆ではありますが，これら全ての方々とメルマガの読者に，この紙上をお借りしてお礼を申し上げます。ありがとうございます。

2023年7月吉日

明治大学MBA（グローバル・ビジネス研究科）

専任教授　岡　　俊　子

目　　次

はじめに　1

第1章■次期中計策定作業に入った親会社 ──────── 15

1．親会社における社長と社外取締役との意見交換会 ──── 15
- ●赤字だった建築資材事業　15
- ●昨今の懸念材料は本業の非鉄事業　18

2．次期中計策定作業を開始した親会社 ─────────── 21
- ●次期中計策定作業チームの小松　21
- ●今走っている中計の検証　22
- ●主力の非鉄事業の分析　23
- ●仕分けチーム　24
- ●会長からのプレッシャー　25
- ●無言の圧力がかかってくる　26
- ●優良子会社であるミツカネ電子に対する社内の空気　27
- ●次世代の主力事業になるはずでは？　29
- ●ミツカネ電子からの抵抗は？　30

解説：売却に後ろ向きな日本企業 ─────────── 31
1．M&Aにおける企業と事業　31
- ●M&Aの定義　31
- ●複数事業を保有する日本企業　32
- ●企業と事業　34
2．カーブアウト型M&Aが出てくる背景　35
- ●投資家が望む事業領域　35
- ●利益率と戦略適合性のマトリックス　36
- ●ベストオーナー　37

6

- ●カーブアウト型M&Aの定義　38
- ●カーブアウト型M&Aと不採算事業の売却の違い　39
- ●「売却」に消極的な日本企業　41
- 3．資本コストを意識した経営　42
  - ●コーポレートガバナンス・コードが日本企業の背中を押す　42
  - ●資本コスト経営　43
  - ●カーブアウト型M&Aの位置づけ　44

第2章■親会社から引導を渡されたミツカネ電子 ─────── 47

1．親会社の西園寺社長とミツカネ電子の寺田社長との会談 ─────── 47
- ●西園寺社長に呼び出されたミツカネ電子の寺田社長　47
- ●ミツカネ電子を"遠ざける会社"に仕分け　49
- ●これ以上電子に投資を振り向けられない　52
- ●非鉄の次の事業の柱は？　53
- ●OBを巻き込むな　55

2．売却に向けての準備作業 ─────── 57
- ●嫌な役回り　57
- ●寺田社長は続投か？　58
- ●出向者を戻さなきゃいけない　59

解説：売却しない理由 ─────── 62
- 1．事業の撤退・売却を行う上で課題となる主な要因　62
  - ●カーブアウト型M&Aに立ちはだかる壁　62
  - ●アンケート調査結果　62
  - ●基準やプロセスが不明確　63
  - ●適当な売却先がない　64
  - ●企業規模が縮小するから　66
  - ●祖業や主力事業だから　67
  - ●従業員・労働組合との調整困難　69
- 2．その他の重要な要因　70
  - ●少数回答だったが重要な項目　70

●資本コストに見合わない事業　70

第3章■ベストオーナーを自分たちで探そう ───── 73

1．ミツカネあってこその自分の人生 ─────── 73
●ミツカネに捧げた人生　73
●こんな時に自分の処世術か　74
●昔あった売却案件　75

2．西郷が「ベストオーナーを自分たちで探そう」と言い出した ── 76
●一晩寝かせてから考えよう　76
●さらに驚く話　77
●動じない西郷　79
●そろそろ「潮時」なのかもしれない　80
●名誉の問題　81
●ベストオーナーを自分たちで探そう　83

解説：増加傾向にあるカーブアウト型M&A ─────── 87
1．カーブアウト型M&Aの動向　87
●カーブアウト型M&A件数の推移　87
●カーブアウト型M&A金額の推移　89
●一件あたりカーブアウト型M&A金額の推移　90
2．2010年以前の大型カーブアウト型M&Aの事例　91
●カーブアウト型M&Aの売却事例　91
●1995年の大型カーブアウト型M&A　92
●1998年の大型カーブアウト型M&A　93
●2001年の大型カーブアウト型M&A　93
3．2011年以降のカーブアウト型M&Aの事例　94
●当時話題になった事例　94
●2014年のVAIO事業の譲渡　94
●2018年のトキオ・ミレニアム・リー（TMR）譲渡　96
●2019年のOAE譲渡　97
4．事例にみる共通点　97

第4章■ベストオーナーは誰？ ——————————— 99

1．同業他社は絶対嫌 ————————————————— 99
- ●富田営業部長の怒り　99
- ●ウチは『身売り』するのか？　101
- ●同業他社は新たな親会社としてありえない　102
- ●周辺業種の企業だと構造は今と同じ　104

2．ウチの味方をしてくれるFAはいない ——————— 106
- ●FAに相談すると何が起こるか？　106
- ●コンサルティング会社はどうか？　109

3．投資ファンドは絶対嫌 ————————————— 111
- ●古江工場長の反応　111
- ●海外の会社も選択肢の一つか？　113
- ●投資ファンドも選択肢の一つか？　114
- ●投資ファンドは『ハゲタカ』？　114
- ●投資ファンドにまとわりつく再生のイメージ　115
- ●レバレッジを活用する投資ファンド　116
- ●投資ファンドが入る利点　117

4．事業計画策定のキックオフミーティング ——————— 120
- ●事業計画策定プロジェクトを始動させよう　120
- ●プロジェクトのキックオフ　120
- ●中堅若手プロジェクトメンバーの懸念点　122
- ●寺田社長が見せた覚悟　124

5．ポストキックオフミーティング ———————————— 126
- ●寺田社長を労う西郷　126
- ●自立しなければいけないのは自分たち　126
- ●親会社のほうにも問題がある　127
- ●自分たちで事業計画を作り上げられるだろうか？　128

解説：大型のカーブアウト型M&Aの売り手 ———————— 131
　1．金額上位50件の大型ディール　131
　　●金額上位50件の大型ディールのプロファイル　131
　　●切り出し対象となった海外事業　132
　　●金額上位50件の大型ディールの譲渡先　134
　　●譲渡事業×譲渡先　135
　2．3000億円以上のディール　136
　　●3000億円以上のディールランキング　136
　　●売り手トップ5　137
　　●親会社都合のカーブアウト型M&A　140
　3．日立製作所の事業ポートフォリオの入れ替え　141
　　●日立製作所の純利益の推移　141
　　●2008年までの日立製作所のM&A　142
　　●2009年以降の日立製作所のM&A　143

第5章■ミツカネ電子に対するセラーズDD ———————— 147
　1．親会社の情報共有セッションにおける議論 ———————— 147
　　●次期中計の進捗状況の報告　147
　　●もっと議論を尽くしたほうが良いのでは？　149
　　●「戦略」の観点と「キャッシュ」の観点　151
　　●非鉄事業の位置づけ　152
　　●セラーズDDを入れたらどうか？　153
　2．親会社の社外取締役どうしの井戸端会議 ———————— 156
　　●社外取締役のランチ会　156
　　●社外取締役は経営判断を追認する役目ではない　156
　　●非鉄事業をどうみるか　157
　　●ミツカネ電子に対するセラーズDD　159
　3．ミツカネ電子の寺田社長とセラーズDDについての相談 ———— 161
　　●大手町に呼ばれたミツカネ電子の寺田社長　161

- ●ミツカネ工業の経営企画のひよっ子　162
- ●ウチにセラーズDDを入れる？　163
- ●自分の存在が中途半端なのだと悟る寺田社長　165
- ●ひよっ子の相手は西郷にやってもらおう　165

4．ミツカネ電子の寺田社長の思い付き ———————— 168
- ●筋を通さない大手町　168
- ●コンサルの利益相反　169
- ●そもそも何のためのセラーズDDなのか？　170

5．Sプロが始まった ——————————————— 173
- ●「Sプロ」始動　173
- ●「Sプロ」の顔見世会議　174
- ●ミツカネ電子では極秘のセラーズDD　175

6．Sプロの軌道修正 ——————————————— 178
- ●構造的な問題が露呈　178
- ●プロジェクトの建て付けを修正　181
- ●プロジェクトメンバーに包み隠さず話す寺田社長　182
- ●プロジェクトメンバーの反応　186
- ●意見を求められても困る　188
- ●誓約書　191
- ●丁寧に社員と接する寺田社長　192
- ●コンサルの内情　193
- ●コンサルによる買い手候補のロングリスト作成　195

解説：カーブアウト型M&Aにおける譲渡方法 ———————— 197
- 1．カーブアウト型M&Aで用いられる手法　197
- 2．事業会社への譲渡と投資ファンドへの譲渡　198
  - ●事業会社と投資ファンドの割合　198
  - ●上場子会社の非上場化　201
  - ●EXITを前提とする投資ファンド　203
- 3．スピンオフ　205
  - ●スピンオフとは　205

● スピンオフのメリット　206

● スピンオフの課題　206

● わが国のスピンオフ事例　207

● 海外の事例　208

4．その他の手法　208

● マネジメントバイアウト　208

● 親会社持分の一部譲渡　209

● IPO　209

5．六つの手法における論点　210

第6章■投資ファンドか海外勢か ——————— 213

1．投資ファンドのジェイン ——————————— 213

● 専業がいない電子業界　213

● 投資ファンドが親会社になる可能性　214

● 海外勢が親会社になる可能性　215

● 投資ファンドの「ジェイン」　215

2．投資ファンドが入った古江工場長の友人の会社のその後 ——— 218

● コンサルの評価談義　218

● 例の友人に連絡を取ってみた古江工場長　219

● 友人の会社は活性化されていた　220

3．ジェインとの会食 ——————————————— 222

● ジェインとの初顔合わせ　222

● 日本における投資ファンドの活動　223

● 投資ファンドの目に映る電子業界　224

● 投資ファンドによるバリューアップ　225

4．親会社の西園寺社長とやっと会えた寺田社長 ——————— 228

● 近況を報告するミツカネ電子の寺田社長　228

● セラーズDDを入れた真相　229

- ●かくなる上は売却して下さい　230
- ●自分たちの手で親会社を探しています　232

解説：受け皿としての投資ファンド ─────────── 234

1．わが国で活動する投資ファンド　234
- ●投資ファンドのプレゼンス　234
- ●大型カーブアウト型M&Aの受け皿となる投資ファンド　235
- ●海外の投資ファンドと日系の投資ファンド　237
- ●投資ファンドに対する懸念　238

2．わが国における投資ファンドの歴史　240

3．投資ファンドの分類　243
- ●投資ファンドにおけるPEファンドの位置づけ　243
- ●PEファンドの分類　244

4．PE市場の国際比較と今後の展望　245

第7章■親会社におけるセラーズDDの報告会 ───────── 249

1．セラーズDDおよびバリュエーションについての報告 ─────── 249
- ●社外取締役に対する報告　249
- ●買い手候補についての議論　250
- ●そもそも電子は売却なのか？　253
- ●西園寺裁定　253
- ●時間軸が曖昧な話ばかり　255
- ●電子の決意を共有する西園寺社長　258
- ●電子はこのタイミングでの売却が望ましい　261

2．親会社の社外取締役たちの本音 ──────────────── 263
- ●会議後の社外取締役たちの感想　263
- ●ウチとソトの感覚　263
- ●時間の感覚がない　264
- ●ガバナンスと意思決定のあり方　265

エピローグ　267

● 添付資料／カーブ型M&Aの金額ベーストップ50件（2016〜2022年）　273
● 参考文献・参考資料　277
● 索　引　279

第1章

次期中計策定作業に入った親会社

1　親会社における社長と社外取締役との意見交換会

赤字だった建築資材事業

　ミツカネ工業は，売上4桁億円後半のプライム市場[1]上場の非鉄金属メーカーである。主力事業は，トンで計量する非鉄事業であり，社長就任後，6年余りが経った西園寺義孝は，貫禄十分のベテラン社長といった風情である。

　本日の取締役会では，いくつかの決議事項に加え，第一四半期の実績が報告された。

　取締役会終了後，西園寺社長は，四人の社外取締役との意見交換会に出席するために，別室の役員会議室に赴いた。

　ミツカネ工業では，社長と社外取締役の意見交換会が定期的に設けられている。

　今日は，四人の社外取締役のうち，一人が海外からのオンライン出席であるため，役員会議室には大きめのスクリーンが持ち込まれている。

　意見交換会の冒頭，筆頭格の社外取締役である豊田が口火を切る。豊田は，社外取締役の中で一番の古手だ。

1　2022年4月の市場区分の再編により，東京証券取引所（以下，「東証」）は，再編前の東証一部，東証二部，東証マザーズ，JASDAQ（スタンダード・グロース）の五つの市場区分から，プライム市場，スタンダード市場，グロース市場の三つの市場区分に変わった。プライム市場は，多くの機関投資家の投資対象になりうる規模の時価総額（流動性）を持ち，より高いガバナンス水準を備え，投資家との建設的な対話を中心に据えて持続的な成長と中長期的な企業価値の向上にコミットする企業向けの市場。

「株主総会も，先月，無事に終了しましたね。お疲れ様でした。

　今年の総会では，良い質問がいくつも出ましたね。ここ数年は，新型コロナ[2]下における開催だったので，来場者が少なく，短時間で終了しましたが，今年の総会は，質問も活発で例年の総会に戻りつつありますね」
と西園寺社長を労う。

　豊田は，数年前まで，ミツカネ工業よりも幾分か規模が大きい兆円企業のメーカーの副社長であり，バックグラウンドは主に開発畑の技術者である。西園寺社長とは旧知の間柄であり，西園寺社長に率直にモノが言える貴重な存在として社内の経営陣からも一目置かれている。

「今年は，総会の準備も一段と念入りでした。総務部をはじめ，関係各部署の皆さんには，よく頑張ってもらいました」
とにこやかに応じる西園寺社長。

　次に発言したのは，社外取締役の和泉教授である。和泉教授は，ミツカネ工業ではじめての女性取締役である。
「総会は本当にお疲れ様でした。コロナ前の総会よりも短めの56分で終了したと報告を受けましたが，昨年と一昨年の経験をもとに，凝縮できる部分は凝縮して，密度の高い総会だったと思います。アフターコロナの株主総会として，一つの形になりそうですね。

　総会でも質問が出た建築資材事業ですが，3年もの間，赤字に苦しみましたけど，ここのところ徐々に持ち直しているようですね。本日の取締役会でも，年度見通しを上方修正できる可能性があるとの報告があって一安心しています」

　経営学を教えている和泉教授は，大学卒業後，大手メーカーに就職したが，男女雇用機会均等法[3]施行の少し前の時代だったこともあって，メーカーでのキャリアに限界を感じ，すぐにシンクタンクに転職して，その後，大学教授に転じたという経歴の持ち主である。

2　2019年に発生した新型コロナウイルス感染症は，2020年に入り，世界中で感染が拡大し，世界的流行（パンデミック）をもたらした。
3　男女雇用機会均等法とは，雇用における機会などを性別の差別なく確保することを目的として定められた法律で，1985年に制定され，翌1986年に施行された。

　和泉教授の後に，流ちょうな日本語でコメントしたのは，スクリーンの向こうにいる社外取締役のジェニファーという米国人女性である。
「建築資材事業が3年も赤字なのに，その事業を直ちに売却せずに，リカバリー計画に従って，時間をかけながら，黒字化を図っていることをはじめて聞いたときには，ビックリしました。赤字を垂れ流しているだけだったら，やめる選択肢をとるべきだと言ってきましたが，黒字化が見えてきたとのこと。正直，驚きました。Good surpriseです」
ジェニファーなりの誉め言葉である。

　ジェニファーは，新型コロナウイルスが世界的に流行する少し前に，ミツカネ工業の社外取締役に就任した。
　両親の仕事の関係で，子供の頃，日本で育ち，米国のビジネススクールを出た後，コンサルティング会社に勤務した。その時代のクライアントが日本企業だったことから，日本企業のスピード感は，よく理解しているつもりだったが，それにしてもミツカネ工業の建築資材事業の件については，対応が遅いと感じていた。
　現在は，サンフランシスコに住んでおり，来日できないときは，オンラインで会議に参加している。

「皆さんには，この件について，ご心配をかけ通しで，申し訳ありませんでした。
　本件については，ここ数年，皆さんから，何度にもわたり厳しいご指摘を頂きました。その都度，『生産性を上げる投資を行うのでもう少し待って欲しい』とか，『別の手を打っているからもうちょっと様子を見たい』とお伝えしましたが，なかなか結果が出ませんでした。
　正直，『もうダメかな』と思ったこともありましたが，『今度が最後』と，退路を断って策定したのが，現在のリカバリー計画です。
　有難いことにこれが奏功しています。私も何度も工場に足を運んでいますし，現場とは密に意見交換を行っています。職場は，風通しも良くなり，雰囲気も明るくなってきています。
　まだまだ目は離せませんが，良い兆しが見えてきています」
と明るい声で報告する西園寺社長。

「建築資材事業には，これまでかなりの投資をしてきましたからね。テコ入れのために，開発投資のほか，多くのリソースを投入しました。他の事業部のマンパワーも割いています。建築資材事業部の中にも，『これまで頑張ってくれた他部署の人たちの苦労に報いるためにも，事業を軌道に乗せなければいけない』という強い気持ちがあったのでしょうね」

　豊田も建築資材事業が上向きになったことにホッとしている。

　もう一人の社外取締役である大倉も，
「建築資材事業のことは，本当に良かったです。事業部のねばり勝ちですね」
と場を和ませる。

　大倉は，和泉教授やジェニファーよりも少し上の年齢といったところ。中央官庁に就職して，かなり順調に出世したが，同期が事務次官に就任したことから役所を退官。今後の去就を考えていたとき，知人からミツカネ工業の社外取締役のポジションを紹介され，民間に身を投じることになった。

昨今の懸念材料は本業の非鉄事業

　その大倉が西園寺社長に質問する。
「今日の第一四半期の報告を聞いて，気になったことがあります。
　本業の非鉄の数字に力強さがないことです。年度が始まったばかりの第一四半期で，あれだけ予実に乖離が出てくることは，これまでありませんでした。CFOの説明では，年度見通しについては，今後の推移を注意深く見守っていくとのことでしたが，これについて社長はどう見ておられますか？」

「実は，そこが今のわが社の大きな懸念材料です。ここ半年くらい，重大事故が起こっていることは，皆さんにも，都度，ご報告しているとおりです」

「非鉄の主力工場で起こっている事故ですね」
　重大事故を含めて，いくつかの事故が散発していることについては，社外取締役たちもここのところ気になっており，時折話題にしていた。

「はい。実は，ヒヤリハット[4]は，もっとあります。工場が老朽化していることもあって，これまで以上に保全の重要性が増していますが，ご存じのように，10年くらい前から，熟練の社員が次々と定年退職していきました。

その影響が最初に出たのが建築資材事業でしたが，比較的人材の層が厚かった非鉄の工場でも影響が出始めています。非鉄から建築資材に応援を出していたことも，非鉄の設備保全の体制が脆弱化した要因の一つです。

事故は突然起こりますし，事故が起こると，操業が止まります。やっとのことで生産を再開しても……あっ，これは今日の取締役会でCFOがコメントしたとおりですね……納期に間に合わせるために，輸送にエアを使うこともありました。そうなるとロジのコストがかなり嵩みます。それが第一四半期の非鉄の数字が弱い背景です」

「あんなに重量のある製品を空輸するとは……それは大変だ。本丸の事業に火がつきそうな気配を感じます……それで？」

当然，対策を考えているだろうと想定し，大倉が西園寺社長の次の言葉を促す。

「原因追求と再発防止策を徹底するように，工場には伝えてあります。新たな未然防止策も取り入れて，安全管理体制を見直しています。

それから経営企画には，ミツカネにとって非鉄事業の位置づけを改めて議論するように指示してあります。

非鉄は，現在，ウチの重要な主力事業です。でも将来に向けて，ミツカネにとってどういう事業ポートフォリオ[5]があるべき姿かという議論を，このタイ

4　大事故につながりかねないミスの総称。ヒヤリとしたり，ハッとしたりすることから，俗称として使われている。米国の損害保険会社に勤めていたハインリッヒが提唱した労働災害における経験則で，「1：29：300の法則」とも呼ばれる。「一件の重大事故の背後には29件の軽微な事故があり，さらにその背後には300件の異常が存在する」というもので，この300件の異常が「ヒヤリハット」とされる。

5　事業ポートフォリオとは，企業が手掛けている事業の組み合わせのこと。
　取締役会においては，少なくとも年に一回は定期的に事業ポートフォリオに関する基本方針の見直しを行うとともに，経営陣に対して，事業ポートフォリオマネジメントの実施状況等の監督を行うべき（事業再編実務指針，第3章　事業ポートフォリオに関する取締役会の役割）としている。
【原則5－2．経営戦略や経営計画の策定・公表】
　経営戦略や経営計画の策定・公表に当たっては，自社の資本コストを的確に把握した上で，収益計画や資本政策の基本的な方針を示すとともに，収益力・資本効率等に関する目標を提示し，その実現のために，事業ポートフォリオの見直しや，設備投資・研究開発投資・人的資本への投資等を含む経営資源の配分等に関し具体的に何を実行するのかについて，株主に分かりやすい言葉・論理で明確に説明を行うべきである（2021年改訂コーポレートガバナンス・コード）。

ミングでキチンと行わなければならないと考えています。

　ご存じのとおり，今走っている中計を策定したときにも，その議論をしましたが，当時と今とでは，社内外の状況が大きく変化しています。そのため経営企画には，多少早いですが，次期中計策定作業の準備に入るように，今週，指示したところでした。今日，皆さんとの話を受けて，その作業を本格的に始動させます」

西園寺社長は，決意を込めた口調で，今，起きていることを社外取締役に情報提供する。

「そうですか。我々も，事業ポートフォリオの見直しの議論が必要だと，常々，言ってきました。次期中計策定の進捗については，定期的に情報提供してください」

四人を代表して，筆頭社外取締役の豊田がコメントした。

２　次期中計策定作業を開始した親会社

次期中計策定作業チームの小松

　しばらく経ったある日の夜９時。

　ミツカネ工業の経営企画部の部屋には灯がともり，多くの部員が残業をしていた。

　その中には，次期中計策定チームのメンバーの一人である小松がいた。小松は，入社後，非鉄の営業企画を数年経験し，その後に経営企画部に異動してきた10年選手である。

　小松が大久保に声をかける。

「大久保さん，お腹すきませんか？」

　大久保も同じ経営企画部の部員であるが，M&Aチームのリーダーであり，小松の直接の上司ではない。

　小松より７歳年上の大久保も，小松同様，非鉄の営業から経営企画部に異動してきた。社内事情に詳しく，有能なテクノクラートである。

　大久保は，自分と似たキャリアを歩んでいる小松のことを何かと気にかけて可愛がっており，二人は，よく連れ立って飲みに行く。

　大久保は小松にとって，メンター[6]のような存在である。

「あー，９時か。そうだね。ちょっと寄っていく？」

　二人は，会社がある大手町から少し離れた有楽町の馴染みの店に入った。その店は，隣のテーブルとの距離が離れており，その店に同じ会社の人がいるのを見たことがないため，二人にとって安心して話ができる場所である。

　生ビールで乾杯した後，小松が話をはじめる。

「大久保さん，僕は今，次期中計策定作業に取り組んでいるんですけど，最近，これで良いのかなと思うことがありまして……」

6　メンターとは，仕事あるいは人生の指導者，助言者の意味。企業によっては，新入社員などの精神的なサポートをするために制度化していることもある。

「どうしたの？」

「今走っている中計は，２年目に入ったばかりですが，すでに綻びが見えはじめています。まずは，その中計の検証が必要だということで，今取り組んでいます」

「うん，それが全てのスタートラインだ。それで？」

今走っている中計の検証

「今走っている中計は，『わが社の中核事業である非鉄事業にだけ依存し続けるのはリスクがある。新規事業を立ち上げて安定的に会社を発展させていこう』という考え方で，それをウチでは“両利きの経営”[7]と呼んでいます。

　とは言っても，特定の新規事業に焦点を定めて，そこに集中的に投資ができたわけではありません。各事業部が『あの事業部が投資資金を使うんだったら，ウチの事業部も』といった具合で，『とりあえず投資しておきたい』案件が各事業部からどんどん持ち込まれて……その結果，総花的な投資になってしまいました。それが大きな反省の一つです」

「うん……」

「それに今走っている中計は，政府の目標[8]を10年前倒しして，2040年に脱炭素・カーボンニュートラルを実現するために，バックキャスト[9]で何をすべきかを検討したものだったので，その結果，足元で何を行うかがボヤけてしまいました。先のことばかり見過ぎていたということでしょうか」

7　両利きの経営とは，もともとは，「探索」（自社の既存の認知の範囲を超えて，遠くに認知を広げていこうという活動）と「深化」（探索を通じて試したことの中から成功しそうなものを見極めて，磨き込んでいく活動）という活動が，バランスよく高い次元で行われていることを指す（『両利きの経営「二兎を追う」戦略が未来を切り拓く』チャールズ・A・オライリー＝マイケル・L・タッシュマン他，入山章栄監訳，冨山和彦解説，渡部典子訳，東洋経済新報社，2019）が，近年，わが国のビジネス界では，文中のような使われ方をすることが多い。

8　2020年10月に臨時国会で表明した菅総理の「2050年カーボンニュートラル宣言」のこと。「我が国は，2050年までに，温室効果ガスの排出を全体としてゼロにする，すなわち2050年カーボンニュートラル，脱炭素社会の実現を目指すことを，ここに宣言いたします」

9　バックキャストとは，目標となる未来を定めた上で，そこを起点にして，現在までを振り返り，今何をすべきか考える未来起点の発想法。

「鋭い分析だね。小松君」

「いえ，そんな……。滅相もありません。大久保さんからいつも『自分がやっている作業が全体の中でどういう位置づけにあって，何のために行っているのか考えろ』と言われていますので，自分なりに努力はしています。でもまだまだです……」

小松は，素直で優秀な若者である。

主力の非鉄事業の分析

「ウチの主力は非鉄事業なので，まずはその競争力の分析に取り組むべきだと思って，自分も非鉄出身だし，『非鉄事業の今後のあり方を分析すべきでは？』と中計策定チームの中で言ってみたのです。

　非鉄は，ここのところ主力工場で事故が多発しています。事故への対応にはコストがかかります。さらに，今後は環境対応の重要性が増してくるので，かなりの設備投資が必要です。

　非鉄に対する需要がなくなることはないと思いますが，今後，非鉄事業についてどのような事業展開をしていくべきか，ミツカネの屋台骨として，非鉄にどこまで頼れるのかについて，キチンと分析しておかなければならないと考えました」

と小松が説明する。

「そうだな，ESG[10]の波がきているからね。環境対応は喫緊の課題になっている」

「そしたら『非鉄の競争力の分析は，コンサル[11]にやってもらう』と言われたんです」

「そうか……中計策定のときは，いつもコンサルを入れているからね。しかし，コンサルにまかせっきりにはしないはずだけどな……」

「はい。コンサルと一緒に非鉄事業の分析をしたかったのですが……部長から

10　ESGとは，「環境（Environment）」，「社会（Social）」，「ガバナンス（Governance）」を意識した取り組みのこと。SDGs（持続可能な開発目標）の達成に向けたプロセスの一つ。
11　コンサルとは，コンサルタントまたはコンサルティング会社の略。

は『子会社を"近づける会社"と"遠ざける会社"に仕分けするサブチームの
ほうに入ってくれ』と言われました」

仕分けチーム

「"近づける会社"と"遠ざける会社"に仕分けか……どっかで聞いたような
話[12]だ。子会社を整理しようというわけだね」

「ウチのグループ会社は，多少，領域が広がりすぎていますから，ここで選択
と集中[13]をしようということです。ジョイベン[14]とか，ウチ以外の株主がいる
子会社で，グループ内に取り込んだほうが良い会社を100％子会社にするのが
"近づける会社"です」

「ウチにはないけど，上場子会社の非上場化[15]も，コーポレートガバナンス[16]
の観点から，重要なテーマになっているご時世だ。完全子会社にすると，利益
が社外流出するのを止めることができるからね」

「はい，他方，ウチの戦略に合わない会社は，たとえ儲かっていたとしても，
"遠ざける会社"に分類して，売却の方向で検討するということです」

「うん……」

「グループ会社の整理も重要だと思いますし，部長の指示なので，仕分け作業

12　日立製作所の中西宏明氏が，取材において「事業によっては「遠ざけるものも出てく
　　る」との認識を示した（2010年3月11日，ロイター）ことや，川村隆氏が中西宏明氏らと，
　　構造改革プランを練り上げ，その際に「近づける事業」と「遠ざける事業」という表現を
　　使って事業を選別したこと（老舗はなぜ苦悩する　日立・川村氏が語る改革の難しさ
　　2016年7月29日）をさす。
13　選択と集中とは，1990年代半ば頃から注目されはじめた経営戦略で，企業にとって中
　　核となり得る事業を選択し，その事業に経営資源を集中する経営戦略のこと。米国GE社
　　のCEOジャック・ウェルチ氏が，経営学者のピーター・F・ドラッカーの助言を受けた際
　　に誕生した言葉。
14　ジョイベンとは，ジョイントベンチャー（合弁会社）の略。
15　上場子会社の非上場化とは，上場子会社を有する親会社が，子会社との協業によるシ
　　ナジーを完全に取り込むことやグループ内での経営判断の迅速化を目的として，上場子会
　　社を完全子会社化（100％子会社化）して非公開化すること。または売却して非公開化す
　　ること。
16　コーポレートガバナンス（企業統治：corporate governance）とは，株主視点に立ち，
　　企業経営を管理監督する仕組みのこと。

はやります。しかし，そもそも，今後，ウチではどの事業をど真ん中にすえるのかという議論がない中では，何に"近づける"のか，何から"遠ざける"のかの議論はできないはずだと部長に言ったのです。そしたら部長からは，『これからも非鉄事業が本丸であることを前提として仕分けを行ってくれ』というご指示でした」

と言い，下を向いて口を尖らす小松。

会長からのプレッシャー

　大久保は，何か合点がいったという表情で，頷きながら口を開いた。
「それはね……会長からプレッシャーがあったんだと思うよ」

「えっ？　会長から？」

「少し前のことだけどね。会長が経営企画の部屋にやってきて，部長に『非鉄をどうするつもりだ！』と怒鳴り込んできたことがあってね。
　いつもは，会長が部長を呼び出して話をするんだが，その時は，会長のほうからやってきて，部長室のドアをバタンと閉めてね。でも，部屋の外まで，会長の声が鳴り響いていたよ」

「あっ，その日，僕はテレワーク[17]だったんです。あとでそういうことがあったという噂話は聞きました。会長は，よっぽど怒り心頭だったのでしょうね」

「そういうポーズを周りに見せたかったのかもしれないね。
　今走っている中計を作ったときも会長は『新規事業？　そんなものに，あんまり金を使うな。非鉄はなくならないんだから非鉄中心で良い。非鉄の中で新たに展開できる領域はまだまだあるんだ』と言っていたようだ。
　だから周りが『変革していることを見せないと株価は上がりません』と説明して，会長に"両利きの経営"の中計をようやく了解してもらったという経緯があるんだ」

と説明する大久保。

「そうですか。会長が……」

17　テレワークとは，勤務先に出勤せず，自宅で業務を行うこと。新型コロナウイルス感染症対策のため，多くの企業で導入された。

「うん，部長は，会長のところには，個別に報告に行っている。西園寺政権になった当初はそうでもなかったんだけど，今走っている"両利きの経営"の中計を策定した頃から，会長と西園寺社長の折り合いが悪くなってね。会長は，『非鉄一本で良い』と心の底から思っているからね」

「そう言えば，二人が話をしているのを最近見たこと，ないです」

「そうだろうね。部長は，二人の間を行き来して，双方の考え方を伝える役割を担っているよ。お互い，相手のことは悪く言わないけど，社長からは『会長は何と言っていた？』って聞かれるらしいし，会長も『西園寺君はどうするって言っている？』って聞くらしい」
と言い，苦笑する大久保。

「僕のようなペーペーがこんなことを言うのは，生意気ですけど，経営企画部長たる方が，ピンポン玉のように会長と社長との間を行ったり来たりですか……なんだかねぇ……」

「まぁ，そう言うなよ。部長は，実務能力もスゴイが，類まれなるコミュニケーション能力の持ち主だよ。誰からも嫌われない。いつもニコニコしている。組織をうまく収めるためには必要な人材だと思うよ。ああやって着地点に上手く誘導しているんだよ。後腐れがないから，会長にとっても，怒鳴りやすい相手だ」

「僕は，主力事業の非鉄の分析作業ができなくなってガッカリです」

「そうか。お前の気持ちはよく分かる。
　でも察するところ，会長は，非鉄事業を力強く展開させるストーリーを作らせたいんだろうな。お前は正論で仕事をするから，お前が入ったらそういうストーリーにならないと，部長は考えたんだろう。
　それはそうとして，仕分けの仕事も面白いんじゃないかい？」

無言の圧力がかかってくる

　そう聞かれた小松が困惑した表情で口を開く。
「非鉄事業がこれからもミツカネにとって，本丸の事業であるかについては，僕としてはさらに議論する余地があると思います。しかし，今回の仕分けは，

『非鉄事業がグループの中心であるという前提で仕分けを行う』という方針ですので，その方針に従って作業を行っていますが……

　それで実は，困ったことがあるのです……秘密裡にやっている作業なのに，どこかで仕分けについて情報が洩れていて『ミツカネ電子を“遠ざける会社”とすべきだ』という無言の圧力がかかってくるんです」

　ミツカネ電子は，スマホで使われる電子部品の材料を作っている子会社である。その製品は，パソコンやタブレット端末さらには電気自動車にも使われており，ここ数年，順調に業績を伸ばしてきている。

　しかしながら，極小サイズの高付加価値製品を扱うミツカネ電子の企業風土は，トンで物事を考えるミツカネ工業の企業風土とは異質なもので，最近では，両社の企業風土に大きな差異が生じていた。

「そうか……そんな圧力がかかってきているのか……なるほどねぇ……」

「僕は，ミツカネグループの次の事業の柱になる可能性があるのは，電子事業だと思っています。だからそのミツカネ電子を“遠ざける会社”に仕分けるべきだという圧力がかかるなんて，思ってもみませんでした」
と言い，渋い表情になる小松。

優良子会社であるミツカネ電子に対する社内の空気

「うん……お前をデモチ[18]させることになるかもしれないが……」
と言い，一息入れる大久保。小松の目を見て，
「これはね，社内ポリティクスだと思う。
　ミツカネ電子がグループの次の主役になることを面白く思わない人たちが社内には多い」
と低い声で言う。

「う〜ん，ミツカネ電子に対する冷たい空気が社内にあることは，かねがね感じているところです」
と言い，小松は，大きなため息をつく。
「しかし……経営企画部長も，非鉄がこれからも本丸でいられると本気で思っ

18　デモチとは，デモチベーションの省略で，意欲を失わせるという意味。

ているんでしょうか？」
と大久保に問う。

「部長は，個人としては，そうは思っていないかもしれない。
　ただ……非鉄の主力工場で，重大事故が起こっているだろ。工場の現場の技
術者は『あれは，検査や保全の人員を他の事業にとられたり，メンテナンス投
資をケチってきたツケが回ってきているんだ。これからも事故は減らないだろ
う』と言っているそうだ。
　部長は，『非鉄を早急に建て直さないと，ミツカネの土台が崩壊してしまう。
第二の柱は非鉄金属を建て直した後の話だ』と考えているのかもしれない」

「事故を防止するための投資金額は，ヒアリングによるとそれなりの金額にな
ります。ただ，本当にそこまでの金額が必要なのかについては，精査が必要だ
と思います」

「そうか。ヒアリングの金額には，事故防止や設備取り換え以外にも，将来に
向けたESG対応の投資が乗っているかもしれないね。非鉄事業の事故防止のた
めに，多額の投資が必要というストーリーにしたいんだろう。
　『"遠ざける会社"を売却して，投資資金を捻出する。売却すれば売却益も出
るからトラブル損失をその売却益で補てんできる』というロジックを考え付い
たというのが実のところかもしれない」

「なるほど……そういうロジックを考えついた人は切れ者ですね！」

「いや，10年くらい前に，どこかのメーカーの偉い人が「遠ざける事業」とい
う表現を使って事業再編に取り組んだことがあったが，それをパクったんだろ
う……」

「なるほど……しかし，ストレートに「売却する」と言うよりも，「遠ざける」
と言うほうが，気持ち的なハードルはちょっと下がりますね」
と小松が言う。

「そうかね……言い方の問題だけどね」
と苦笑して，
「今走っている中計は，あと１年以上残っているが，昨年度は，建築資材事業

とかの不振事業があったし，コロナの影響もあって，厳しい数字だった。今年度も，出足が冴えない。となると，この中計は，未達になるだろう。

　次期中計も，本業の非鉄にはトラブル損失の不安材料が残るだろうし，それによる逸失利益も大きい。かと言ってアップサイドを期待できる領域も見当たらない。借入余力も，もういっぱいだ」

　要は，『カネがない。キャッシュを得るために，"遠ざける会社"，即ち売却すべき会社が必要だ』というのが大久保の見立てである。

「残念な話ですね……それで……社長は，どのようなスタンスなんでしょうかね？」

「社長は色んな人の意見をよく聞くよね。経営企画部長の意見もよく聞いているようだ。自分でも『こうしたい』という考えはおありだと思うけど……でも社長は，調整型の人なんだよね。結局は，多数の納得を得られる選択肢を選ぶ傾向がある」

次世代の主力事業になるはずでは？

「う～ん，でも……」
小松は，不満な表情をしている。そして，
「電子を"遠ざける会社"にして，その売却資金で本丸の非鉄を建て直すという戦略……本当にそれで良いのかなあ。それによって本丸を建て直せたとしても，ミツカネグループは，次世代の事業の柱を失うんですよ。今は，まだそれほどインパクトがある売上規模や利益貢献ではないですが，電子は，これからが期待なのに。だからちょっと違うのではないかと思うのですが……」
と呟く小松。

「若い世代からみると，会社の成長の芽を摘まれたような印象を受けるのだろうな。だから部長も悩んでいる。社長はもっと悩んでいるようだ」

「電子の売却以外にキャッシュを生み出す手段はないんですかね？」

「あったら教えてよ」
と言う大久保の言葉に，愚問を発したと思う小松だった。

ミツカネ電子からの抵抗は？

「しかし，電子の売却は，本当にうまく進められるでしょうか……売却される
と知ったら，電子も黙ってませんよね。

　電子は利益を出している会社ですから，『どうして俺たちが売却されなけれ
ばならないんだ！　俺たちがミツカネグループの次世代の屋台骨ではない
か！』と反論するのではないでしょうか？」

「うん。ウチは，買収だったら，これまでもいくつか経験していて，その基準
やプロセスを作ってきた。でも売却となると，どういう基準で売却を判断した
ら良いとか，そのプロセスについても定めたものはない。何しろ，これまで，
売却は，ほとんどなかったからね。だから電子に反論されたら，こっちも大変
だ。どう押し返すか……ロジカルには説明できない」

「確かに……"遠ざける会社"に仕分けただけでは，ものごとは進まないとい
うことでしょうか」

「でもこれは進めるつもりだと思うよ。

　電子の社長の寺田さんには，近いうちに，それとなく売却をサウンディング
するのではないかな？　すでにアポは取っているようだ。

　寺田さんは激しく抵抗するだろうから，本社としては，その言い分をよく聞
いた上で，何か対応案を考えるつもりなのだろう」

「誰がサウンディングするんですか？」

「もちろん社長だよ。他の人がサウンディングして，後で寺田さんが西園寺社
長に泣きついてきたら厄介なことになるからね。

　それに，こういうことは，トップ会談でないと寺田社長にも失礼だからね」

「確かに……」

「こういう工作は，部長が得意としているところだ。部長が西園寺社長の良い
相談相手になって，上手く回していくと思うよ」

解説 ▶ 売却に後ろ向きな日本企業

1．M&Aにおける企業と事業

■M&Aの定義

　M&Aは，Merger & Acquisitionの頭文字である。Mergerが合併であり，Acquisitionが買収である。

　買い手がいれば売り手がいる。両方が存在してはじめてM&A取引は成立する。だから売却もM&Aである。「売却」「切り出す」ことをDivestitureと言うが，M&Aの名称にDivestitureという単語は入っていない。それでもDivestitureは，M&Aに含まれると理解されている。M&Aという名称は，買い手目線なのである。

　実務家の関心もM&Aにおいては買い手側にある。その証拠に，世の中で売られている書籍を見ても，買い手目線の本ばかり。売り手目線の書籍には滅多にお目にかからない。ましてや，M&Aの対象である対象会社目線の書籍など皆無である。M&Aは，ブル[19]の世界なのである。

図表1-1 ▶　M&Aの手法

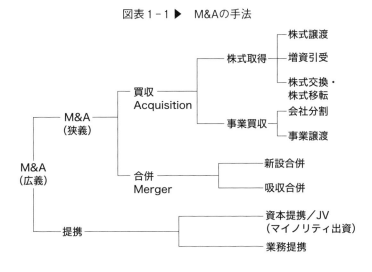

19　ブルは強気のこと。ブル（Bull）に対するのはベア（Bear）。ブルは，雄牛が角を下から上へ突き上げる仕草から相場が上昇していることを表す。ベアは弱気のことで，熊が前足を振り下ろす仕草，あるいは背中を丸めている姿から相場が下落していることを表す。

　図表1-1は，M&Aの手法を体系的に示したツリー図である。

　このツリー図を見ると，「買収」の下のレイヤーに「株式取得」があって，その下に「株式譲渡」とある。この表記に違和感を覚える読者がどれほどいるであろうか。「株式取得」は，「取得する」という買い手目線の用語だ。他方，「株式譲渡」は「譲渡する」という売り手の行為である。「株式譲渡」を買い手の用語で表現すると「株式譲受」となる。しかしながら実務の世界では，こういったツリー図では「株式譲渡」のほうが，通りが良い。普段のM&Aの交渉においても，買い手目線と売り手目線の表現が混在することがあるが，実務上混乱はきたさない。

　M&Aの定義においては，50%超の議決権を取得して支配権をとることをM&Aと定義することが多いものの，世の中には，M&Aの定義はいくつもある。株主の顔ぶれに変更がある取引のことであれば，大雑把にM&Aと言っていればおおよそ話は通じる。

　かように，M&Aという名称は，M&Aの実態を過不足なく表しているわけではなく，いつも買い手目線かというとそうでもない。M&Aの定義も諸説ある。これがM&Aの世界である。

■複数事業を保有する日本企業

　買収を重ねると，企業規模が拡大し，事業ポートフォリオが広がる。

　バブル経済崩壊[20]前は，大きいことは良いことであるとされ，体力のある企業は，こぞってM&Aに走り，海外にも出ていった。その結果，企業の経営多角化はどんどん進んだ。

　これらの企業をデット[21]面で支えてきたメインバンクにとって，融資先が経営多角化してくれることは，債務返済の安全性を担保するリスク分散の観点からは好都合であった。そのためメインバンクのほうから融資先に買収話を持ちかけ，当該M&A取引の資金調達もメインバンクが面倒をみることもあった。

　図表1-2が示すように，2020年の調査によると二つ以上の事業セグメントを保

20　「バブル」とは泡のこと。日本がバブル景気に入ったのは，1985年，先進国5カ国での「プラザ合意」の後の1980年代後半。その後に起きたバブル崩壊は，1991年〜1993年頃にかけて起きた株価や地価（土地の値段）の急落のこと。これが失われた20年，あるいは失われた30年と言われる長い不況の入り口になった。

21　デット（Debt）とは，借入金・社債などの返済義務のある資金のこと。

有し，経営多角化をしているわが国の上場企業の比率は，66%に上っている[22]。北米企業の経営多角化率が33%，欧州が61%という数字を見ると，先進国の中で，わが国の上場企業の多角化率は高い，つまり複数の事業ポートフォリオを持っている会社が多いことが分かる。

図表1-2 ▶ 二つ以上の事業セグメントを保有し経営多角化している企業の比率

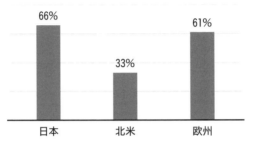

(出所：事業再編実務指針，経済産業省をもとに筆者にて編集)

　未来投資会議[23]の「新たな成長戦略実行計画策定に関する中間報告」においては，日本企業の一社あたり事業部門数は1990年代以降，横ばいで推移しており，事業再編が進んでいないことが指摘[24]されている。

　そんな中，経営多角化している上場企業にモノを言いはじめた人たちがいる。それは，投資家である。企業がサステナブル[25]に成長していくためには，儲かる事業が必要である。その儲かる事業をM&Aで手に入れることについては投資家も異論をはさまない。

　投資家が指摘するのは，買収の結果として，企業が抱える事業の数が「多くなりすぎた」点である。それに加えて「儲かっていない事業を抱えている必要があるか？」という点である。

22　事業再編実務指針P6脚注から（2020年7月31日）。CREDIT SUISSE のWebex Series 2020 HOLT Segment Analysis。
23　未来投資会議は，2016年9月に発足。内閣総理大臣を議長として，国の経済成長につながる分野における投資活動について議論する会議のこと。成長戦略や構造改革を促進するために開催される。
24　2019年12月19日未来投資会議。
25　サステナブルとは「持続可能な」の意味。持続可能な社会を目指し，世界規模でさまざまな活動が進められている。2015年の国連サミットで「持続可能な開発目標（Sustainable Development Goals 通称SDGs）」が国際目標として採択され，世界中で取り組みが進められている。

■企業と事業

ここで企業と事業の話をしてみたい。

企業と事業は異なる。企業はゴーイングコンサーン[26]である。売上がなくとも，数万円から十数万円の均等割[27]を払っていれば，経営者の意志で企業は存続させられる。しかしながら売上のない企業は，社会に貢献しているとは言えない。社会に貢献してこそ，企業の存在意義はある。それこそパーパス[28]経営である。

では何が社会に貢献しているのか。それは，企業の中にある事業である。身も蓋もない言い方だが，企業は，その事業の受け皿となっている器でしかないのだ。とはいえ，器には魂が宿る。それも大きな要因となって企業に愛着を持っているステークホルダーたちは，その企業がサステナブルであることを求める。

事業は環境の変化の影響を受ける。あれほど一世を風靡したポケベルや，国際ビジネスでは欠かせない通信手段であったテレックスは，一体どこへ行ったのか。いまやこれらのサービスの利用者はいない。代替する他のサービスが出てきたためである。このように，事業には，寿命がある。経営者の意志だけでは残せないのが事業である。

企業をサステナブルに成長させるためには，企業の中にある事業をできるだけ延命させ，その寿命がくるまで価値を最大化させることが重要になる。それと同時に，寿命を持っている事業を次の事業に入れ替えていかなければいけない。そのためには新規事業が必要である。自ら新規事業を育成することがむずかしいなら，社外から取り入れることも一策である。それがM&Aである。

事業には寿命があり，サステナブルになりえない。企業がサステナブルであるためには，そのサステナブルでない事業を入れ替えていく必要がある。それが事業ポートフォリオの入れ替えである。

26　ゴーイングコンサーン（Going Concern）とは，「継続企業の前提」とも言われ，企業が将来にわたり存続し，事業を継続していくという前提のこと。
27　住民税のこと。資本金額と従業員数によって均等割の金額は異なる。
28　パーパス（Purpose）とは，「目的，意図」の意味。経営においては，企業の「存在意義」のこと。この企業がなぜ存在しているのか，社会にどのように貢献しているのかを表現する。

図表1-3 ▶企業と事業

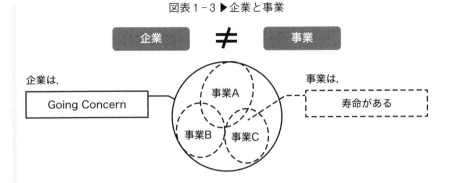

2．カーブアウト型M&Aが出てくる背景

■投資家が望む事業領域

　ここで，事業の数が「多くなりすぎた」という論点に話を戻そう。

　投資家は，次世代を担う新規事業が必要であることは，認めている。そのために買収をすることにも理解を示す。しかしながら買収してばかりだと事業の数は増える一方であり，経営資源が分散され，結果として企業の収益性が悪化する。そうならないように，「戦略に合致する事業に経営資源を集中させ，合致しない事業は手放すべきだ」と投資家は考えている。

　たとえばドイツ世界最大の総合化学メーカー BASF社[29]は，業界再編を繰り返して専業の化学メーカーとして力をつけて大きくなった。

　多くの事業を持っている企業においては，会社が投資において事業に優先順位をつけるが，専業メーカーではそういったことはない。その会社の投資は，全てその会社唯一の事業のための投資であるため，事業には確実に投資資金が回ってくる。だから自らの判断力が優れていると自負する投資家の本音は「一社一事業で良い」のである。「卵を一つのカゴに盛るな[30]」という投資の大原則にのっとって，投資家は自らの手で分散投資を行う。自分のポートフォリオのピースである企業には，

29　BASF社は，ドイツ南西部のルートヴィヒスハーフェン・アム・ラインに本社を置き，150年の歴史を持つ世界最大の総合化学メーカー。フランクフルト証券取引所，ロンドン証券取引所，スイス証券取引所に上場。日本では一般に「バスフ」と読まれることが多いが，正式には「ビーエーエスエフ」。

30　ニューヨークの金融街であるウォール街から生まれた，株式相場や為替相場での格言。集中投資をせずに分散投資をするべきであると説く。

36

あえて事業ポートフォリオを組んでほしくない。これが投資家の本音である。

　他方，企業のほうは，投資家にそう言われても，簡単に事業の数を減らせない。ましてや事業を一つに絞ることなどリスクが高すぎて，簡単にできる話ではない。事業環境が変化したときに，単一の事業だけでサステナブルな経営を実現することはむずかしい。だから，ある程度の数の事業をポートフォリオとして持っていたい。投資家は，ポートフォリオの収益性が悪化したら，組み入れている銘柄を入れ替えればそれですむが，単一の事業しか持たない企業は，その事業の収益性が悪化すると，企業の存続自体が危うくなる。

　このように経営者と投資家とは，そもそものスタンスが異なるため，話が噛み合わないことが多い。投資家もそのあたりの企業の実情をある程度理解しているため，事業を「一つに絞れ」とまでは言わない。「事業間にシナジー効果があるか？」とか，「コングロマリット・ディスカウントになっていないか？」と問いかけながら，暗に事業の数が「多すぎないか。事業ポートフォリオを入れ替えたら？」と問題提起しているのである。

■利益率と戦略適合性のマトリックス
　図表1-4は収益性を示す縦軸の「利益率」と，会社の戦略との適合性を示す横軸の「戦略適合性」の二軸で，企業が抱えている事業をプロットするマトリックスである。この図表はこの後にも出てくるため，「利益率と戦略適合性のマトリックス」と呼ぶ。

図表1-4 ▶利益率と戦略適合性のマトリックス

　投資家が企業に望んでいるのは，図表1-4の「利益率と戦略適合性のマトリックス」の右上の領域，つまり戦略適合性があって，成長性が見込める領域に経営資

源を集中させることである。

　今は，利益率がそれほど高くなくとも，戦略適合性が高ければ，将来は，収益性が高くなるであろう。そういった利益率が中くらいの事業領域も含めて，戦略適合性が高い領域を土俵として選択と集中をしてほしいと投資家は考えている。

■ベストオーナー

　戦略適合性が高い領域に選択と集中するとしたら，これ以外の事業はどうしたら良いのか。その答えは，他社への譲渡である。即ち，売却である。

　とはいえ選択と集中をした結果，特定の事業が売却の憂き目にあうというのは，いささか不憫にも思える。その事業に従事する従業員にとっては理不尽な話だ。日々会社に貢献すべく一生懸命に仕事をしているのに，「あなたは必要ありません」と言われたような気になる。

　しかしながら冷静に考えると，実は，そうではない。今の会社の中では端っこにいる事業だが，その事業は社会に貢献しており，周囲を見渡すと，その事業をど真ん中に据えたいと考える会社がいる。そうであれば，その会社のもとにいたほうが，事業の価値をもっと大きくできるかもしれない。だとすると，その事業は，価値を高められる企業に移したほうが従業員にとっても，さらに社会にとっても良いと言えよう。このように当該事業の価値を最も高められる企業のことを，ベストオーナー[31]と言う。事業再生ガイドラインでは，ベストオーナーを「当該事業の企業価値を中長期的に最大化することが期待される経営主体を指す。具体的には，当該事業を経営戦略上重要で優先すべき分野（コア事業）として位置づけて成長投資を行う意思とそのための経営資源を保有していることや，当該事業から付加価値を創出するオペレーション能力が他社に比べて高いことなど，その組織能力（ケイパビリティ）や資本力を活かして競争優位を築き，当該事業の成長戦略を実現する可能性が他社より高いと見込まれる（つまり，当該事業を有することが企業の経営能力に適合している）企業が該当する」と定義している。

　売却後数年経ってから，「今の親会社はベストオーナーではない」と感じることがあるかもしれない。そうであったとしても，売却話が進んでいた当時は，ベスト

31　事業再編実務指針〜事業ポートフォリオと組織の変革に向けて〜（事業再編ガイドライン），経済産業省，2020年7月31日。

オーナーだと，皆が信じていたはずである。ベストオーナーかどうかは，結果論ではなく，動機論[32]なのである。

　ノンコア事業の売却を多く実施した企業として，日産自動車の名前を思い出す読者は多いだろう。

　カルロス・ゴーン氏[33]が日産リバイバルプラン[34]を実行した際に，宇宙航空事業を石川島播磨重工業に譲渡したり，日産テクシスが持つウォータージェット織機事業を豊田自動織機に譲渡したりと，日産自動車にとっては，ど真ん中に位置づけられていなかった事業が，いくつか他社に譲渡された。譲渡された事業は，譲渡先では大切にされ，従業員の働き甲斐も大きくなったと言われている。

　いま，その事業を有する企業がベストオーナーであるとは限らない。その事業に必要な投資を行い，その事業の資本収益性を最も高めることができるオーナーが，当該事業のベストオーナーなのである。

■カーブアウト型M&Aの定義

　ベストオーナーに事業を切り出すM&Aのことを本書では，「カーブアウト型M&A[35]」と呼ぶ。カーブアウト（Carve out）とは，「切り出す」という意味である。

　カーブアウト型M&Aという名称は，近年一般的になっているが，実はこの名称もM&Aの定義に勝るとも劣らないざっくりした名称である。

　M&Aの実務では，カーブアウトという用語のとおり，事業を分離して切り出す一連の作業のことを言ったり，全社の財務諸表から売却対象事業の財務諸表を切り出す作業のことをカーブアウトと言ったりするなど，色んな使い方がされている。

　カーブアウト型M&Aのことを，分かりやすくイメージするためには，不採算事

32　動機論とは，行動に対しての評価の基準を，結果ではなく動機に置く論のこと。

33　レバノン生まれ，ブラジル出身の実業家。ミシュランを経て，1996年に仏ルノーの上席副社長にヘッドハンティングされた。1999年にルノーと日産自動車の資本提携が行われた後，ルノーでの役職も維持しながら日産の最高執行責任者（COO）に就任。

34　日産リバイバルプランは，1999年10月に日産自動車のカルロス・ゴーンCOO（当時）が発表した同社の再建計画のこと。日産社内の若手・中堅幹部を中心とした組織，クロスファンクショナルチーム（CFT）を発足させ再建計画をまとめた。

35　大型のカーブアウト型M&Aについては，「コーポレート・カーブアウト」と呼ぶこともある。

業の売却との対比が良い。

　図表 1 - 5 は，「利益率と戦略適合性のマトリックス」に「不採算事業」と「カーブアウト型M&A」の事業領域をプロットしたものである。従来の事業売却は，売却できなければ撤退となるくらい不採算度合いが高い事業が売却対象となることが多かった。図表 1 - 5 では，「不採算ライン」から下の領域「不採算事業」とある領域の事業である。

　他方，「カーブアウト型M&A」が対象としているのは，図表 1 - 5 では，不採算ラインよりも上の領域に位置づけられる事業である。事業としてある程度の利益は出ているが，親会社の事業とそれほど強い戦略的適合性が認められない事業である。

図表 1 - 5 ▶カーブアウト型M&Aの対象事業と不採算事業の位置づけ

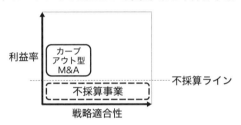

　会社の戦略から距離のある領域の事業が売却対象とされるため，切り出される事業はノンコア事業と呼ばれ，グループ内に残る事業はコア事業と呼ばれる。

　このようにカーブアウト型M&Aは，かつての不採算事業の売却とは明確に異なるのである。

■カーブアウト型M&Aと不採算事業の売却の違い

　図表 1 - 6 は，カーブアウト型M&Aを従来の不採算事業の売却と比較したものである。

40

図表1-6 ▶ カーブアウト型M&Aと不採算事業の売却の比較

カーブアウト型M&A	利益	不採算事業の売却
出ている	利益	出ていない
高め	売却価格	低め
国内は同業敬遠 海外は同業も	買い手	同業

　カーブアウト型M&Aと不採算事業の売却との大きな違いは，売却対象となる事業に利益が出ているかいないかである。

　それが売却価格にも違いとしてあらわれる。利益が出ていない事業を売却する不採算事業の売却の場合，その売却価格は，どんなに事業規模が大きくとも，ゼロに近い価格になる。

　他方，カーブアウト型M&Aは，利益が出ている事業や優良子会社が売却対象となるため，譲渡価格は高い。規模が大きい事業の切り出しでは，兆円規模のディール[36]になることもある。切り出す親会社の側としては，譲渡で得たキャッシュを他のM&Aの原資として活用することを目的としていることが多く，高い譲渡価格になることが期待されている。

　売却先についても，不採算事業の売却の場合は，事業の建て直しが必要となるため，引き受けてもらえるのであれば当該事業のことをよく分かっている同業他社に売却することが多い。そのほうが，建て直しにかかる時間を節減することができるためである。

　他方，カーブアウト型M&Aでは，そのような心配がないため，買い手の選択肢は広がる。しかしながら，これまで競争相手であった同業に売却することを対象会社が嫌がることが多く，同業への売却は多くない。ただし海外事業を売却する場合は，同業への売却は重要な選択肢となる。

　カーブアウト型M&Aは，業績が良い事業を売却するのだから，それ程むずかし

36　ディールとは，取引や売買のこと。

い話ではないだろうと思われがちだ。しかしながら，利益が出ている事業であるからこそその売却はむずかしい。まずもって「儲かっている事業なのになぜ売却しなければならないのか」という問いに，どう向き合うかが売り手にとって最大の課題である。

■「売却」に消極的な日本企業

　図表1-7は，わが国の上場企業における「買収」と「売却」の数の推移である。

図表1-7 ▶上場企業の事業再編の推移

（注）　「事業の買収」及び「事業・子会社の売却」の件数については，案件ごとの公表日を基準にカウントしている。
（出典）　レコフデータベースを基に経済産業省において作成。
（出所：事業再編実務指針～事業ポートフォリオと組織の変革に向けて～）

　「買収」の件数は増加しているが，「売却」は低位横ばいである。

　買収と売却の件数に差があるのは，上場企業による買収には，非上場のオーナー企業の事業承継案件やスタートアップ企業，さらに海外企業の買収などが含まれているからであろう。

　これを見ると，「買収」には積極的に取り組むが，「売却」には後ろ向きの日本企業の姿が浮かび上がる。

3．資本コストを意識した経営

■コーポレートガバナンス・コードが日本企業の背中を押す

　売却に踏み切れない日本企業に対して，事業ポートフォリオの入れ替えを機動的に行うことの必要性を継続して指摘してきたのが，2014年頃から高まってきた一連のコーポレートガバナンス改革である。コーポレートガバナンスとは，日本語では「企業統治」と訳される。企業経営において公正な判断・運営がなされるよう，監視・統制する仕組みのことであり，コーポレートガバナンス改革とは，この仕組みを十分に機能させるための改革である。

　わが国では，2014年には機関投資家に向けた行動原則である「スチュワードシップ[37]・コード」が，2015年には上場企業に向けた規範・行動原則である「コーポレートガバナンス・コード」が策定された。わが国のコーポレートガバナンス改革は，官主導ではじまったが，この背景には失われた30年の間に行われた研究開発，システム投資や人材開発が十分でなかったため，このままでは資本主義のグローバル競争の中で，さらにガラパゴス化してしまうという焦りがあったからであろう。

　コーポレートガバナンス・コードについては，2015年に初めて導入された後，2018年6月に1回目の改訂がなされ，2021年6月に再改訂が行われた。

　　　　図表1-8 ▶ コーポレートガバナンス・コード　原則5-2　の改訂

【原則5-2．経営戦略や経営計画の策定・公表】
経営戦略や経営計画の策定・公表に当たっては，収益計画や資本政策の基本的な方針を示すとともに，収益力・資本効率等に関する目標を提示し，その実現のために，経営資源の配分等に関し具体的に何を実行するのかについて，株主に分かりやすい言葉・論理で明確に説明を行うべきである。

 2018年6月の改訂

【原則5-2．経営戦略や経営計画の策定・公表】
経営戦略や経営計画の策定・公表に当たっては，自社の資本コストを的確に把握した上で，収益計画や資本政策の基本的な方針を示すとともに，収益力・資本効率等に関する目標を提示し，その実現のために，事業ポートフォリオの見直しや，設備投資・研究開発投資・人的資本への投資等を含む経営資源の配分等に関し具体的に何を実行するのかについて，株主に分かりやすい言葉・論理で明確に説明を行うべきである。

（出所：コーポレートガバナンス・コードから）

37　スチュワードとは，英語で執事・財産管理人のこと。スチュワードシップとは，他人から預かった資産を，責任をもって管理運用することを言う。

　2018年の改定では，図表1–8のように，原則5–2の経営戦略や経営計画の策定・公表が改訂され，「自社の資本コストを的確に把握」することや，「事業ポートフォリオの見直しや，設備投資・研究開発投資・人材投資などを含む経営資源の配分などに関して具体的に何を実施するのか」といった説明を求め，資本コストを重視した経営が強調された。

　これは，日本企業に「資産効率」や「事業ポートフォリオの適正構成」などのこれまで優先順位が低かった経営テーマにも今後はもっと目を向けるよう促すことを意図してのことである。

　この原則5–2に追加する形で，「取締役会において決定された事業ポートフォリオに関する基本的な方針や事業ポートフォリオの見直しの状況についてわかりやすく示すべき」ことが，補充原則5–2①として新設された。

■資本コスト経営

　このように近年，資本コストを意識した経営を一層促進することが求められ，経営資源の確保や配分など事業ポートフォリオの方針の決定や見直しが取締役会の責務であることが明確にされ，これを取締役会の場で議論することの重要性が高まっている。

　資本コストとは，企業が資金を調達する際に要するコストのことである。企業は，経営活動を行うために資金が必要である。企業はその資金を借入や増資という形で調達し，借入に対しては利息を，株主へは配当を支払っている。債権者は利息を求めるし，株主は株価上昇を含めて相応のリターンがほしい。企業は資金の出し手から資金を預かって経営している以上，これらの資金提供者の期待を満たすことを意識して企業活動を行うことが求められる。

　資金の出し手の要求を満たすには，事業の収益性を示すROIC[38]が，資本コストを示すWACC[39]を上回っていなければいけない。

38　ROIC（投下資本利益率）とは，本業のビジネスに使用している投下資本に対してどれだけ稼いだのかを見る指標のこと。Return on Invested Capitalの頭文字をとって，「ロイック」と呼ぶ。ROICやWACCの詳細については，『図解＆ストーリー　資本コスト　改訂版』を参照のこと。
39　WACC（加重平均資本コスト）とは，株主へ支払うコストと借入にかかるコストを加重平均した指標で，いわゆる資本コストと言われるもの。Weighted Average Cost of Capital）の頭文字をとって，「ワック」と呼ばれる。

「利益率と戦略適合性のマトリックス」で示すと，図表1-9の「ROIC＞WACC」の領域にあたる事業が資金の出し手の期待に応えている事業であり，企業にはこの領域にある事業に集中してほしいと投資家は考えている。

図表1-9 ▶ROIC＞WACCの領域

他方，実績であるROICと資本コストであるWACCを比較して，ROICがWACCを下回っている事業，つまり資本コストをまかなえていない事業については，「社外に出すことを検討してほしい，収益性が低いので手放してほしい」と投資家は考えている。

「利益率と戦略適合性のマトリックス」を使って示すと，図表1-10の「ROIC＜WACC」で示される領域にある事業が，投資家が言う売却対象の領域である。

図表1-10▶ROIC＜WACCの領域

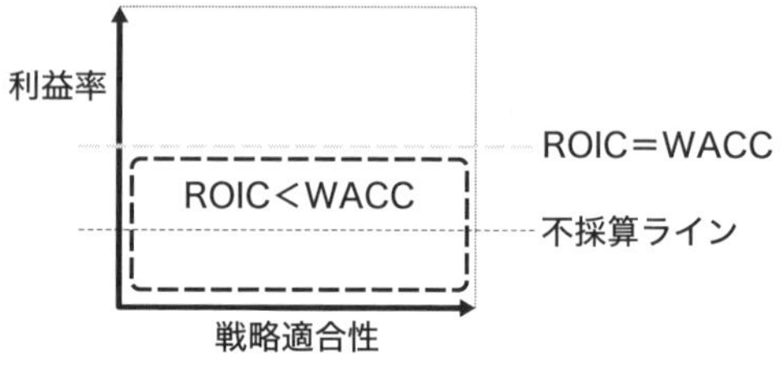

利益率

ROIC＝WACC

ROIC＜WACC

不採算ライン

戦略適合性

■カーブアウト型M&Aの位置づけ

「利益率と戦略適合性のマトリックス」を使って「ROIC＜WACC」「不採算事業」に「カーブアウト型M&A」を重ねると，図表1-11のようになる。

「カーブアウト型M&A」の対象は，利益率はそれなりにあるため，不採算事業ではない。しかしながら会社が目指している戦略との適合性が，比較的低い事業領域である。

　本書で取り上げるのは，従来の不採算事業の売却ではなく，このカーブアウト型M&Aである。しかも売却のほうである。

図表1-11▶カーブアウト型M&Aの位置づけ

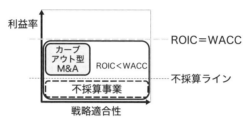

　カーブアウト型M&Aは，事業ポートフォリオを入れ替えるための手段である。わが国の産業構造の転換を図る観点から，今後，わが国の企業は，カーブアウト型M&Aに本格的に取り組まなければいけない。しかしながら，わが国の企業は，ブルとは逆の行動である売却を嫌がる空気がある。売却という言葉自体にアレルギー反応を示す経営者も少なくない。

　本書では，そういった売却に対するネガティブな意識を軽減するために，差し支えない範囲で，「売却」という言葉に代えて，「譲渡」という言葉も使っていきたい。

第 2 章

親会社から引導を渡されたミツカネ電子

1　親会社の西園寺社長とミツカネ電子の寺田社長との会談

西園寺社長に呼び出されたミツカネ電子の寺田社長

残暑が厳しいある日。

ミツカネ工業の西園寺社長は，その子会社であるミツカネ電子の寺田社長に，「次期中計の中で，ミツカネ電子を“遠ざける会社”に分類する方向である」ことを，サウンディングすることになっている。

ミツカネ電子の寺田社長は，そのことについてまだ知る由もなく，ミツカネ工業に向かっていた。

秘書の口ぶりからすると，どうやら今日は二人だけの会談のようである。（業績は順調で，西園寺社長を心配させるようなことは何も起きていないし，人事異動の時期でもない。一体何事だろう？）と思いながら，寺田は，西園寺社長の部屋に向かう。

寺田は，大学を卒業してすぐに，親会社のミツカネ工業に入社し，20 年以上，主に管理部門畑を歩んできた。5 年前，50 歳に手が届きそうな頃に，ミツカネ電子に経営企画部長として出向し，その後，前任社長の後を引き継いで，ミツカネ電子の社長に就任した。

寺田を先導する秘書が，社長の部屋をノックする。
部屋で執務をしていた西園寺社長は，立ち上がって寺田に
「わざわざ，来てもらってすまないね」
とソファーをすすめ，秘書にコーヒーを運ばせる。

秘書が部屋を出ると，西園寺社長は，おもむろに寺田に話を始めた。
「今，次期中計策定作業に取り掛かっているんだ」

寺田は，コーヒーカップをソーサーに戻して，
「次期中計ですか。今回は，ずいぶん早いスタートですね」
と応じる。

寺田は，ミツカネ工業にいた頃，経営企画で仕事をした経験があり，中計策定の作業には土地勘がある。

「うむ。ここのところ，非鉄の利益率が悪化していることは，寺田君も知ってのとおりだ。寺田君のところには利益貢献してもらっていて，ありがたく思っているよ」
労いの言葉を口にする西園寺社長。

軽く頭を下げる寺田。

「最近，取締役会で，社外取締役から，業績について，厳しい質問がとんでくるんだ。いやぁ，大変だよ」
と言い，西園寺社長は，苦笑いをする。

「確か，昨年，外国人の社外取締役が入ってきましたね」

「うん，そうだ。これで，男性と女性が半々，外国籍の社外取締役が入ってきて，ウチのダイバーシティ[1]は，外形的なところは合格点というところだ。会議では，日本人男性社会におけるモノの考え方とは一味違った議論が提起されてね。お陰で色々と鍛えられるよ」
穏やかな苦笑いを浮かべる西園寺社長。

---

1 2021年改訂版コーポレートガバナンス・コードでは，【原則4-11. 取締役会・監査役会の実効性確保のための前提条件】において，「取締役会は，その役割・責務を実効的に果たすための知識・経験・能力を全体としてバランス良く備え，ジェンダーや国際性，職歴，年齢の面を含む多様性と適正規模を両立させる形で構成されるべきである。」としており，【原則2-4. 女性の活躍促進を含む社内の多様性の確保】では，上場会社は，社内に異なる経験・技能・属性を反映した多様な視点や価値観が存在することは，会社の持続的な成長を確保する上での強みとなり得る，との認識に立ち，社内における女性の活躍促進を含む多様性の確保を推進すべきである。」としており，ダイバーシティを確保することについては，その要請が，取締役から執行にまで広がっている。

　寺田は，株主総会の時に社外取締役の姿を遠目に見たことはあった。しかし，その中の誰とも話をしたことがない。そのため，気の利いたコメントができず，
「そうですか」
と平凡な相槌を打つだけである。

「以前は，精神論というか，感覚的な議論が多かったが，今はそうはいかない。俺たちの世代は，ロジカルな議論に慣れていないから，自分を鍛え直す良い機会だよ」
と言い，また苦笑いする西園寺社長。

　西園寺社長の話を聞きながら，
（これは，西園寺社長の本音だろう）
と寺田は感じる。
　寺田の耳には，西園寺社長が「社外取締役がうるさくてね」とこぼしているという話が届いている。
　他方，「西園寺社長は社外取締役を外圧としてうまく利用している」という声があることも，寺田は知っている。

（今日の用件は，さしずめ次期中計に向けて，子会社も早めに策定作業に着手してくれということだろう。きっと，社外取締役からも，プレッシャーがかかっているんだろう）
　寺田は，明日からの仕事に静かなバイタリティが湧いてくるのを感じていた。

ミツカネ電子を "遠ざける会社" に仕分け

「ところでね」
西園寺社長が寺田を見る。

　西園寺社長の口調に明らかな変化を感じた寺田は，
「はい」と言い，背筋を伸ばす。

「その次期中計策定作業の一環で，経営企画が，ウチの全てのグループ会社を，"近づける会社" と "遠ざける会社" に仕分けする作業を行っているんだ」
と言い，近づける会社" と "遠ざける会社" の定義を寺田に伝える。

　寺田は，西園寺社長が何を言おうとしているのか，ピンとこない。

「はい……」

「それで，電子なんだが……」
と言い，少し間を置く西園寺社長。
「あのな，電子なんだが……まだ分析作業をはじめたばかりなんだが……現在
のところ，“遠ざける会社”に分類されている」
　先程までの苦笑いが消え，険しい表情に変わっている西園寺社長。

（ええっ？　電子が，“遠ざける会社”に？？？）
　西園寺社長の言葉が瞬時には理解できない寺田。

「電子が，“遠ざける会社”にですか？……それって……（どういう意味です
か？）」
　寺田の言葉が声にならない。

　沈黙が支配する重い空気。

（まさか！　電子が！）と思いつつ，
「それは，まさか，電子を売却するってこと……じゃないですよね？……どう
いうことですか？」
　想定外の話に，大きな戸惑いを感じる寺田。

　西園寺社長は，ゆっくりと静かに息を吐く。
「うむ，売却も一つの選択肢になる……」

「バイキャク……」
　絞りだすような声で呟く寺田。

　これまで，ミツカネグループの中で売却された会社は，過去に二社ほどあっ
た。ただしそれは，業績が低迷して，長年赤字を垂れ流していたお荷物会社で
あった。他方，ミツカネ電子は毎年利益を出して，グループに貢献している。

（なぜミツカネ電子が売却されなきゃいけないのか？）
（じゃぁ，業績が低迷している建築資材も売却なのか？）
（いや，電子をあんな建築資材と一緒にされたんじゃ，かなわない！）

　目の前で起こっている現実が受け入れられない寺田は，

「ウチのグループで売却される事業があるとしたら，それは，電子ではなく，建築資材ではありませんか？」
と，震える声で，西園寺社長に問う。

その寺田の声に，西園寺社長の腕にも鳥肌がたってくる。
そして，咄嗟に
「いや，建築資材の業績は好転してきている」
と答えた。しかしすぐに寺田の気持ちを察し，
「うむ，あれは，あれで，今後もっと手を打たなきゃいかん。今日は，建築資材の話じゃない。電子の話だ」
と話を戻す。

（バイキャク！！
晴天の霹靂だ。
そんなこと，絶対に受け入れられない。）

（電子の何が気に入らないんだ？）
寺田の心の中に，疑問，怒り，困惑，驚き，不安，不満……様々な感情が，津波のように，押し寄せてくる。
心拍数がどんどん上がって，呼吸が速くなってきた。危険なことが起きていることを脳が察知しているのだ。

寺田は，冷静さを取り戻そうと，何度か，大きな深呼吸を繰り返す。

「電子は，設立当初はともかく，その後は，赤字を出したことはありません。
それどころか，ミツカネグループに多大な利益貢献をしていると自負しています。
それなのに，なぜ電子が売却なのですか？
全く理解できません。
それに…電子が連結から外れると，ミツカネグループの利益水準は多少下がると思いますが……」
混乱する頭の中で，今の寺田ができる精一杯の抵抗であった。

目の前に電子の社員の顔が次々に浮かんでくる。
涙が出そうになる。

これ以上電子に投資を振り向けられない

　寺田は，本社で起きていることについては，日頃からあらゆるルートを駆使して情報収集を行っていたが，今回ばかりは，本社の奥の院で，ミツカネ電子を売却する仕分け作業が進められていたことに全く気が付かなかった。

　ショックを隠せない寺田に，西園寺社長は，これまでの経緯を説明する。
「電子の経営は決して悪くない。それは私も日頃から高く評価しているところだ。

　電子を"遠ざける会社"と分類するに際しては，電子を擁護する議論も多くあった。
『ミツカネグループの将来のために電子は残しておくべきだ』という意見もあった。『電子材料は時代の波に乗っているのだから，売却ではなく，事業パートナーを入れることを検討すべきだ』という意見もあった」

　西園寺社長は，少し間を置く。
「しかし，電子のマーケットは需要が読みにくいし，事業環境が短期間で激変する」
と言い，顔をしかめる。

「それが電子事業のマーケットの特性です」

「わかっとる。そのマーケット特性が，非鉄のものとは大きく異なるから，電子事業の経営管理手法や企業カルチャーも，非鉄事業とは全く異なったものになっている。

　だから，電子事業をウチの事業の第二の柱とすることについて，否定的な意見を持っている幹部が多いんだ」
　低く重い声になる西園寺社長。

　寺田は，普段から，電子に対する社内の冷たい空気を痛いほど感じている。

「それに……電子を今後大きく成長させるためには，積極的な投資が必要だ。しかし，残念なことに，これまでも十分な投資資金を電子に回せないできた」

　寺田は大きく頷く。

「今後，非鉄には，大規模な投資を行っていくことになる。そうなると，電子への投資はこれまで以上に抑制せざるをえない」

　下を向き，唇を固く結ぶ寺田。

「このまま，電子がミツカネに残っても，十分な投資がされなければ，電子はダメになってしまう。私は，電子にはそうなってほしくない。電子は十分な投資があれば成長できる。
　身を切られるように辛いが，電子を外に出すのが電子の成長のために良い。電子をここで飼い殺しにしてはいけない」
　これは，西園寺の本音だ。

「ミツカネから"遠ざけられる"ほうが電子のためだということなんですね……"獅子は我が子を千尋の谷に落とす"ということですか……」

　西園寺社長は一瞬表情を曇らせるものの，淡々と話を続ける。
「うむ。でもすぐにということではないんだ。
　次期中計の中では，やんわりとした方向性が出されるものの，実際に実行に移されるのは，相当先のことになるだろう。
　しかし，寺田君には，今後の方向性が見えはじめた今の時点で伝えるべきだと思った。
　寺田君も電子の責任者として，色々な準備や心づもりがあるだろう」

「ご配慮に感謝します」
と頭を下げる寺田。

非鉄の次の事業の柱は？

「それはそうと，最近のウチの工場の事故のこと知っているだろう？」
と西園寺社長。

「はい，重大事故がいくつか起きていて私も気になっています」

「そうか。寺田君にも心配をかけているんだね。
　熟練社員がここ10年で多く退職していった。"モノづくり"の力が落ちたのではないかと心配していた矢先に，今度は事故だよ。

　非鉄の工場も老朽化していて保全の重要性が増しているんだが，熟練社員がいなくなって保全にも不備が出る。工事をしても管理能力が低下しているからミスも出る。負の連鎖だよ。ここ数年，工場への投資を最小限に抑えてきた。工場のメンテナンス投資も以前のように先手を打つというよりも，問題が出てから対応するというモグラ叩きの状態だ。だから，かつてでは考えられないようなことが起こる。

　それもこれも本業をどうするかについて明確な方向性が打ち出せなかったからだ」

　西園寺社長の表情が次第に歪んでいく。

「はい……」

　この状況については，寺田も工場にいる同期から話を聞いている。

「工場の従業員のなかには，『ミツカネが工場に投資しなくなったのは事業転換を考えているからだ。この工場はそのうち閉鎖されるのではないか』と公言する者もいる。

　事故が多くなっている背景には，従業員のモチベーションが下がっていることがあると思う。若手もすぐにやめてしまう」

と言い，唇をかむ西園寺社長。

　そして，

「誰が何と言おうとも，ミツカネは，非鉄の"モノづくり"の会社だ。これまでも，これからも非鉄の会社で，現在の事業ドメインを変えないことを従業員に明確に示さなければならない。そのドメインの中で，ＥＳＧ経営を追求し，製品ミックスにも大きく手を入れていく。既存工場の設備も環境対応のものに入れ替えていく。今後，工場には，積極的な投資をしていくつもりだ」

と決意に満ちた口調で西園寺社長は話す。

「ミツカネが，非鉄の会社でいくことについては私も異存はありません。ミツカネと言えば非鉄の雄ですから。

　しかし……非鉄の一本足打法から脱却するために，"両利きの経営"と標榜して，事業の第二の柱を求めて，新規事業に投資してきたのではなかったのでしょうか？」

　詰問調の話し方になってしまったが，寺田は，西園寺社長の考えをしっかり

と聞いておきたかった。

「うむ，そのとおりだ。ただ……ウチは，第二の柱となる事業を育てようとして手を広げすぎた。それに……今のところ，第二の柱の候補は，電子事業ではない」

　西園寺社長は，右手で小鼻を軽く掻いた。

　立場上の建前を語る時に，つい右手が動くのが西園寺社長の癖だ。

　寺田は，西園寺社長の右手の動きを見逃さない。

「では，どの事業を第二の柱にするおつもりですか？」

　寺田には，今のミツカネにとって第二の柱になりそうな事業は，電子以外に見当たらない。

「非鉄の中で育てる」

「ミツカネは，今後，非鉄だけで生きていくということですか？」

　寺田は，食い下がる。

「非鉄，そしてその周辺領域に投資をしていく。これによって，『非鉄がこれからも事業の柱だ』ということを社員に示さなければならない」

　唇を噛む西園寺社長。

「今はそうかもしれませんが，いずれ非鉄以外にも第二の柱が必要となります。だから電子を育ててきたのではないのですか？」

　二人の議論は，暗礁に乗り上げてしまい，気まずい空気が漂ってきた。

OBを巻き込むな

　しばらくの沈黙のあと，寺田が，意を決したように，口を開く。

「“遠ざける会社”の議論をする際に，当事者である子会社の意見は聞かないのですか？現場の話も聞かずに，このような判断をなさるのでしょうか？」

「寺田君の意見を事前に聞かなかったのは，OB問題があるからだ。

　電子が“遠ざける会社”になるとOBに知れたら，これまで電子に関係していたOBは黙っちゃいない。だからこの話は経営企画の中でも一部のメンバーだけで極秘裡に進めている。経営企画以外では，寺田君だけにしか話していな

い」

　西園寺社長は，こう話すことによって「OBを巻き込むな」と寺田に暗に指示している。

　寺田は，生来，争いを好まない。

　寺田の頭の中には，寺田の味方として電子の売却に反対してくれそうなOBの顔が何人か浮かぶが，彼らを巻き込むつもりはない。西園寺社長もそれは分かっているが，念には念を入れてOBが介入しないように釘を刺しているのだ。

　西園寺社長がOB問題で苦労してきたことを，皆，知っている。
社長になりたての頃，「私は，社内の序列では４番目です」と，内輪の飲み会の席でよくこぼしていた。前社長が会長で，相談役にも元社長が二人残っていたからだ。

　二人の間に，また，沈黙が流れる。

　寺田は，西園寺社長に最後の質問をする。
「それで……電子の売却先として，具体的にどこを想定しているのでしょうか？」

「いや，まだそこまでは……」

2 ｜ 売却に向けての準備作業

嫌な役回り

　西園寺社長との会談を終え，寺田が社長室から退室したことを遠目に確認した経営企画部長は，西園寺社長の部屋に入った。

「お疲れ様でした」
　西園寺社長を労う経営企画部長。

「うむ。いやぁ，しんどいねぇ。こういう役回りは……」
　疲れた表情の西園寺社長。

「本当にお疲れ様でした。それで，寺田さんの反応は？」
　すぐに本題に入る経営企画部長。

「うむ，寺田君は，理解してくれたと思うよ。売却については，『すでに既定路線になっている』と感じたんじゃないかな。それくらい強めの言い方にしておいた。そう言っておかないと，OBを巻き込んだ反対運動が起きかねないからね」

「さすが，社長です」

「しかし……ちょっと強すぎた……今後，寺田君の方から，『売却されるのだったら，こっちから出て行く！』と，啖呵を切ってくることはないかね？」
と言い，経営企画部長を見る西園寺社長。

「寺田さんの性格からいって，それはないと思います」
　いつものニコニコ顔で答える経営企画部長。そして，
「仮にそうなったとしても，それは悪いシナリオではありません。出ていく先を見つけたとしても，親会社である我々にとって，気に入らない売却先であれば，売らなければよいだけですから。

　寺田さんがIPO[2]でも目指してくれれば，こちらで売却先を見つける手間が省けて御の字です……。でも，そんな気概は，寺田さんにはないでしょう。

　それよりも，ミツカネ電子が売却されることが社内に知れて，電子の社員の仕事へのモチベーション低下が起きることのほうが心配です。モチベーション低下によって業績が悪化して，企業価値が下がれば，高い価格で売却できなくなりますから」

　西園寺社長とは別のことを心配する経営企画部長。

「寺田君には，この件は極秘だと伝えてあるから，幹部はともかく，社員に伝わることはないだろう。アイツは，そういうところはしっかりとしている」

と言い，今度は，西園寺社長が，経営企画部長を安心させる。

　そして，

「電子の事業は，マーケット環境の変化が激しい。スピード感が求められる事業だから，現場への権限移譲も進んでいる。

　電子に対する内部監査では，毎年『オペレーションがしっかりしている』という監査報告が上がってくるよ。これは寺田君の努力の賜物だ。

　仮に，売却の件が社内に漏れても，現場は，キチンと回ると思うよ。電子には，強い現場力がある」

　西園寺社長は，ミツカネ電子の現場力を高く評価している。

寺田社長は続投か？

　西園寺社長の話を，頷きながら聞いていた経営企画部長は，

「分かりました」

と納得する。そして，いつものニコニコ表情を引き締めて，遠慮がちに，

「ところで……社長は，今後，寺田さんをどうなさるつもりですか？」

と西園寺社長に聞く。

「どうって？」

「電子の社長には，売却を実行してもらわなければいけません。寺田さんのままで電子の売却が実行できると思いますか？」

2　IPO（Initial Public Offering）とは，新規株式公開という意味。

　単刀直入に問う経営企画部長。

「う〜ん，そこか……寺田は，大人しいヤツだよな。先程は，多少抵抗したが，怒り心頭で席を立つということはなかった。

　工場には，そういうヤツはいっぱいいたがね。俺も，昔はずいぶん苦労したよ」

　遠くに目をやり，当時を回想する西園寺社長。

「そうですか。最近，ウチの社員は全体的に大人しくなりました。寺田さんはどちらかというとインテリ系ですね」

「うむ，平時の電子を経営するには，寺田は最適な人材だ。組織を上手くまとめて，毎年，キチンと利益を出してくれる。本当によくやってくれているよ。

　しかし，乱世のリーダータイプじゃないな。売却を上手くやり遂げてくれるかどうか……う〜ん……寺田は，切った張ったの経験が少ない……」

「寺田さんは，電子の社長に就任して 3 年ですよね。あと 2〜3 年続投してもらって，売却の環境を整備して頂く。その後，売却プロセスに入る前に，乱世のリーダータイプの人に交替してもらう，そういう手も考えられますかね……」

　上目遣いに，西園寺社長の顔を窺う経営企画部長。

「うむ，寺田君もその方が，気が楽かもしれないね。

　まぁ，しばらくは様子を見てみよう」

　その後，二人は，売却される会社の社長にはどういう資質やスキルが必要かについて議論を行っていた。

出向者を戻さなきゃいけない

　しばらくして経営企画部長は，別の話題を，西園寺社長に振る。

「電子に出している出向者ですが……時期をみて，徐々に，こちらに戻していく必要があります。本社から優秀な人材を出向させていますから」

「うん，そうだな。転籍者はともかく，出向者は戻さなきゃいかんな。どれくらい出してる？」

「はい。今，十数人ほど出向させています。皆，電子では，部長などの主要ポストで戦力として活躍していますから，全員を一挙に本社に戻すわけにはいきません。出向者のポストを徐々にプロパーで置き換えていくことが必要です。寺田さんには，その円滑な移行を行ってもらわなければなりませんが，移行にはそれなりに時間がかかると思います」

「そうか」
と言い，頷く西園寺社長。

「幸いなことに，電子のプロパーにはしっかりした社員が多いです。
　就職マーケットにおいて電子は，学生からの人気が高いです。ですから優秀な学生の採用に，それほど苦労していません。わが社の子会社の中では稀有な存在です」

「そうか。そんなことを聞くと，売却するのが惜しくなってくるね」
　西園寺社長は，会長との軋轢の中，"両利きの経営"と標榜して，第二の柱となる事業を模索してきた。そのため電子の売却については，内心，忸怩たる思いがある。

　短いため息をつきながら，
「戻しておきたい人材というと，具体的に誰だ？」
と，真剣な表情で経営企画部長に問う西園寺社長。

「そうですね。何人かいます。例えば，今，電子の経営企画にいる西郷は，将来のミッカネ工業のマネジメントを担う逸材だと思います。人望もありますし」
と言い，西郷以外にも数人の名前をあげる経営企画部長。

「そうか。うむ，分かった。出向者のなかには，転籍したいと言い出す者が出てくるかもしれない。細心の注意を払って，こちらに戻していくことが必要だね。
　それから……人材面以外では，売却に際して，他に，どういう点に心すべきかね？」
と聞く西園寺社長。

「はい，心すべき点は，多くあります。でも，どちらかというと，こちらより電子側が大変でしょう。いくつか例をあげると，電子は，本社の研究開発の施設やデータベースを利用してますから，それを，売却後にどうするか，考えておかなきゃいけません。ITシステムもそうです。

　事業運営にあたっても，本社でグループ経理とか，グループ法務とか，グループの名前がついている部署からは，電子に多くのサポートを行っています。ですから，これらについても，今後なくなることを前提として，売却までの間に，独り立ちしてもらわなくてはなりません。

　それに……これは大きな問題ですが……売却後，電子はミツカネの名前を使えなくなります。これについては，早々に準備にとりかかることが必要となるでしょう」

　経営企画部長は，売却に際して，準備しておかなくてはならないことを，次々とあげていった。

「そうか。売却と言っても，単に売るだけで済む話ではないなあ。下準備に時間がかかるね」

　西園寺社長は，ひとつ特大の深呼吸をした。

62

解説 売却しない理由

1．事業の撤退・売却を行う上で課題となる主な要因

■カーブアウト型M&Aに立ちはだかる壁

わが国の企業には，売却を敬遠する空気がある。不採算事業であれ，カーブアウト型M&Aであれ，売却は忌み嫌われている。一旦抱えた事業はよっぽどのことがない限り売却しない。その事業の「死に水まで取ることが美徳である」と考えている経営者も多い。そのため屋台骨である本業が，どうしても維持できないという状況になってからでしか，売却の話は社内で進まない。

しかしながら，この意識がある限り，事業ポートフォリオの入れ替えを行うことはむずかしい。事業には寿命があるから，事業は入れ替える必要がある。

本章の解説では，わが国の企業がなぜ売却に後ろ向きであるのか，その理由をみていく。

■アンケート調査結果

図表2-1は，「事業の撤退・売却を行う上で，課題となる事項」を聞いたアンケート調査結果[3]のうち，9％以上の回答を得た項目をあげたものである[4]。

図表2-1 ▶事業の撤退・売却を行う上で，課題となる事項

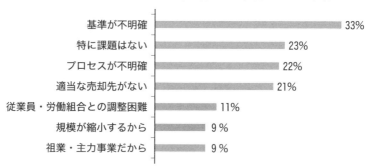

（出所：事業再編実務指針，経済産業省をもとに筆者にて編集）

---

3 出所は，事業再編実務指針 ～事業ポートフォリオと組織の変革に向けて～（事業再編ガイドライン）2020年7月31日 経済産業省
4 6％未満の回答については，別途，図表2-7に掲載。

　この調査は，「カーブアウト型M&A」だけを前提にしているわけではなく，売却一般を前提とした調査である。そういう前提であるが事業を売却することについての質問であるため，「カーブアウト型M&A」が進まない理由を探るにあたっても，参考になるとみられる。

　本アンケート調査では，調査結果を「対象企業」と「全社」の二つのグループに分けた分析を行っている。

　「対象企業」のグループの回答者は，JPX日経インデックス400の構成銘柄企業のうち，複数の報告セグメントを有する企業（有効回答数は，204社）である。図表2-1は，その「対象企業」による回答結果をグラフにしたものである。複数の事業を有するということは，ある程度，規模が大きい企業であり，昨今の事業ポートフォリオの入れ替えに対するプレッシャーを受けている企業が多いとみられる。また，目の前の大きな経営課題として，実際に事業売却を検討・実行したことがある企業も含まれているものとみられる。

　もう一つのグループである「全社」の回答者は，さらに層が広がって，東証の市場第一部および市場第二部[5]の上場企業（有効回答数は，846社）が対象である。

■基準やプロセスが不明確

　図表2-1を見ると，「特に課題はない」（23%）を除くと，回答が多かった上位二つは，「基準が不明確」（33%）と「プロセスが不明確」（22%）[6]であった。

　社内に，事業撤退・売却の基準や検討プロセスがないことが，事業の撤退・売却を行う上での課題だと答えている。

　不採算事業の売却の場合，売却以外の選択肢としては，操業停止か撤退しかなく，誰がどう見ても，売却するほうが合理的であるという判断に基づいている。この場合には，基準は不要であるし，検討プロセスがどうのこうのと言っている場合ではない。事業撤退・売却の基準や検討プロセスがなくとも，売却プロセスは粛々と進んでいくし，それで誰も文句を言わない。つまり組織として，事業撤退・売却の基準や検討プロセスを持っておく必要はないのである。

5　アンケート実施時点での市場区分。
6　アンケートにおける選択肢の全文は，「基準が不明確なため，撤退・売却の判断がしにくい」および「社内での検討プロセスが明確でないため，撤退・売却の検討が進みにくい」である。

他方，カーブアウト型M&Aにおける売却では，収益性がある事業が売却対象であるため，「儲かっているのに，なぜ売却しないのか」という正論に正面から答えながら，売却話を議論の俎上に載せなければいけない。そのためには，事業撤退・売却を意思決定する際の基準や検討プロセスが必要だが，それがないため売却話を進められないということである。

図表2-2は，「基準が不明確」と「プロセスが不明確」と答えた回答者の割合について，「対象企業」グループを「全社」グループと比較したものである。

図表2-2 ▶ 「基準が不明確」と「プロセスが不明確」の対象企業と全社の比較

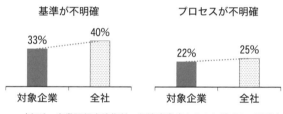

（出所：事業再編実務指針，経済産業省をもとに筆者にて編集）

これを見ると，両項目とも，「全社」グループのほうが回答率が高い。しかも「基準が不明確」の「全社」グループの回答率はかなり高いことが分かる。

事業ポートフォリオの入れ替えが必要となる企業は，今後カーブアウト型M&Aに取り組む機会が出てくるだろう。そのときに備えて，撤退・売却案件をどういう形で経営のアジェンダ[7]として載せるのか，どういう基準で撤退・売却を意思決定するのか，社内プロセスはどうするのかを事前に明確にしておくことが求められる。事業撤退・売却の基準についても，ある程度のガイドラインを定めておき，各事業の実態を定期的にチェックしておくことが必要である。

■適当な売却先がない

次に多い回答は，「適当な売却先がない」[8]（21%）であった。

不採算事業の撤退・売却のケースでは，売却先として，同業が候補になることが

7　アジェンダとは，議題やテーマのこと。
8　アンケートにおける選択肢の全文は，「売却しようとしても，適当な売却先が見つからない」である。

多い。これは不採算事業だからこそ，この事業のことをよく理解していることが買い手としての必須条件であり，その条件を満たすのが同業だからである。時間が経つほど，不採算事業の事業価値は劣化していく。だから買い手を選り好みする時間的な猶予はなく，手を差し伸べてくれるなら同業が最適な買い手である。他方，その同業にしてみると，事業の建て直しが必要な不採算事業という火中の栗をわざわざ拾うことになるため，なかなか手を出しにくいという面もある。

　カーブアウト型M&Aの場合は，儲かっている事業だから，売却先探しに困ることはないのではないか，と外から見られがちだが，実態はそうではない。同業が買い手になることについては，売却対象の社員が強い抵抗を示す。日々，疲弊するほどにシェア争いをしている競合会社が明日からは自分の親会社になるなど，想像することさえ嫌悪感を覚える。そのような抵抗があるにもかかわらず，特段の配慮をせずに売却を断行すると，社員が辞めるかもしれない。これは買い手にとって大きなリスクであるし，売り手にとってもレピュテーションリスク[9]になる。

　また，業界に，限られた数のプレイヤーしかいない場合，仮に同業同士で一緒になると，その規模が大きくなりすぎ，競争法／独占禁止法上，競争当局からクリアランス[10]を取得することができないリスクもある。

　不採算事業であっても，カーブアウト型M&Aであっても，適当な売却先を探すのは大変苦労するのである。

　図表2-3は，「適当な売却先がない」と答えた回答者の数を，「対象企業」グループと「全社」グループの比較で見たものである。

図表2-3 ▶　対象企業と全社の比較：適当な売却先がない

適当な売却先がない

（出所：事業再編実務指針，経済産業省をもとに筆者にて編集）

9　レピュテーションリスクとは，会社の信用やブランドが毀損するリスクのこと。
10　クリアランスとは許可をもらうこと。

　これを見ると，複数事業を持っている「対象企業」グループの方が，事業の撤退・売却を行う上での課題として「適当な売却先がない」と回答した割合が多い。これは，この回答企業の中に，これまでに事業の売却先を探したことがあり，その際，適切な売却先にたどり着くのに苦労した経験をした企業が多いからなのかもしれない。

■企業規模が縮小するから

「企業規模が縮小するから」[11]（9％）という回答も多かった。これは実務上，よく出てくる事業売却における阻害要因である。

　不採算事業や赤字子会社の撤退・売却の場合だと，連結の企業規模・売上規模がその分，縮小するものの，損失を食い止めることができるため，連結の利益は増加する。

　他方，不採算事業ではない事業については，売却すると，企業規模・売上規模のみならず，連結の利益も縮小してしまう。それが売却に踏み切りにくい理由だと言っている。

　事業を売却しても企業規模を小さくしたくないならば，売却と同時に，別の買収案件のプロセスを進め，両方のディールの成立時期が同じ会計年度に落ち着くようにすることも一策である。しかしながら，売却も買収も相手があることであり，案件成立には不確実性が存在するため，スケジュールどおりに物事が進むとは限らない。

　大型案件においては，競争法／独占禁止法上，当局からスムーズにクリアランスが取得できないことも想定され，その場合は，買収スケジュールが大幅にずれる。

　そもそも事業を売却しても，企業としてどこに経営資源を集中させたいのか，投資すべき領域はどこかを決めきれていない場合だと，売却で得た資金を振り向ける先がない。その場合に売却を先行[12]させると，企業規模が縮小し，手元キャッシュが膨らんでしまい，今度はアクティビストなどの投資家から「キャッシュが余っているのであれば，株主還元せよ」と提言される。売却にあたっては，タイミングを

---

[11]　アンケートにおける選択肢の全文は，「事業の撤退・売却により企業規模・売上規模が縮小することに抵抗感がある」である。

[12]　他方，買収が先行すると，あてにしていた売却資金を使えず，買収資金の手当てが別途必要となり，これはこれで問題である。

よく見計らうことが極めて大切である。

　図表2–4は、「規模が縮小するから」と答えた回答者の数を、「全社」グループと「対象企業」グループの比較で見たものである。

図表2–4 ▶対象企業と全社の比較：規模が縮小するから

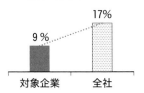

（出所：事業再編実務指針、経済産業省をもとに筆者にて編集）

　これを見ると、複数事業を有する「対象企業」グループよりも、「全社」グループの方が、「規模が縮小する」ことが撤退・売却を行う上での課題であると考える割合が多い。

　企業規模が大きくなることは、成長の証でもある。成長していることを投資家をはじめとしたステークホルダーに常に見せていたいのは、経営者の性であろう。

■祖業や主力事業だから

「企業規模が縮小するから」と同率の9％であったのは、「祖業や主力事業だから」[13]（9％）である。これも実務上、よく出てくる事業売却における阻害要因である。

「祖業や主力事業だから」撤退・売却できないというのは、"ご先祖様"を敬う日本人独特の心理に根差している。

　戦後創業した企業の多くが転換期を迎えている。会社の成長に大きく貢献した事業も事業環境の変化とともに、成熟期に入っている。企業を存続させるためには、事業を入れ替えていく必要があると言ったが、成熟期に入っているのであれば、祖業であってもその売却検討対象である。しかしながら、創始者や中興の祖として尊敬されている先代の努力の賜物である「祖業」を大切にしたいと考える経営者は多

13　アンケートにおける選択肢の全文は、「祖業や従来の主力事業については、撤退・売却を行うことは想定していない」である。

い。祖業があるから求心力が保たれる。会社の象徴である「祖業」を粗末に扱っては罰が当たる。会社の繁栄を築いてくれた事業を売却するなんて，諸先輩方に後足で砂をかけるようなものだととらえられている。

　そういった会社では，「祖業」は一種の聖域になり，よほど大きな損失を出していない限り，「細々とでもいいから，存続させておきたい」という意識が働く。時間が経つと，環境が変わって，祖業に光があたるようになるかもしれないという淡い期待を抱きながら，少なくとも自分の代までは祖業を大切にしたいと考えるのである。

　他方，まだ少数ではあるが，誰も手をつけたがらないなら，あえて自分がその汚れ役を引き受けようと考え，祖業を手放す経営者もいる。ノスタルジーで経営はできない。祖業やかつての主力事業も，事業環境の変化を受ける。資本市場に受け入れられる利益をあげられなければ，冷静な判断が必要だと考える経営者である。

　図表 2 - 5 は，「祖業や主力事業だから」と答えた回答者の数を，「全社」グループと「対象企業」グループの比較で見たものである。

図表 2 - 5 ▶全企業と複数事業との比較：祖業や主力事業だから

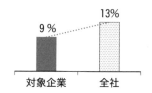

（出所：事業再編実務指針，経済産業省をもとに筆者にて編集）

　複数事業を有する「対象企業」グループよりも，「全社」グループのほうが，「祖業や主力事業だから」撤退・売却しにくいとみている割合が多い。

　ご先祖様からの預かりものを次の世代に引き継がなければならない。その役目を果たさないと自分の経営力が問われる。ここで踏ん張ることが美徳であるという，ある意味で宗教のような考えが，日本の会社にはまだ残っているのかもしれない。

■従業員・労働組合との調整困難

　本調査で選択肢として挙がっている項目のほとんどにおいて,「全社」グループの回答のほうが「対象企業」グループの回答よりも高かった。

　しかしながら前述の「適当な売却先がない」の項目の他, 図表 2 – 6 に記載のように,「従業員・労働組合との調整困難[14]」については,「対象企業」グループのほうが, 回答率が高かった。

図表 2 – 6 ▶対象企業と全社の比較：複数事業の回答が多い項目

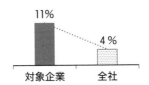

従業員・労働組合との調整困難

11%

4％

対象企業　　全社

(出所：事業再編実務指針, 経済産業省をもとに筆者にて編集)

　「従業員・労働組合との調整困難」(11%) については, 不採算事業の売却の場合, もはや背に腹は代えられない状況であるため, 従業員や労働組合も調整のテーブルに着かざるをえない。

　しかしながら窮境にない事業を売却する場合,「儲かっているのに, なぜ売却するのか？」と問う労働組合との折衝を何度も繰り返して, 従業員から理解を得なければいけない。これを実行するのには, 大きな時間と労力がかかる。

　愛社精神が強い社員は,「私はミツカネ工業に就職した」と, 自分の会社のことを日頃から誇りに思っている。たまたまローテーションの一環で子会社に異動しても, 会社のためだから頑張って仕事をする。だからといって「その子会社がどこかの会社に売却されることになったから, 自分も一緒にその相手先にいかされる」ことについてはとても承服できない。これは自分のレゾンデートル[15]に関わる大きな問題である。

　複数事業を有している「対象企業」において高い回答率になっているのは, 実際

14　アンケートにおける選択肢の全文は,「従業員や組合との交渉が困難であり, 撤退・売却が実現できない」である。

15　レゾンデートル (raison d'etr) とは, 自分が生きる意味や価値を表すフランス語。他者から認められるのではなく, 自分の中で完結するような存在理由や価値のこと。

に従業員や労働組合との調整に苦労した会社が多かったということであろう。

2. その他の重要な要因

■少数回答だったが重要な項目

回答が多かった項目は以上であるが，図表 2 - 7 は，回答が 6 ％以下であった項目である。先に紹介した項目と比較して回答割合は少ないが，これらは，どれも事業の撤退・売却を行う上で重要な課題である。

図表 2 - 7 ▶ 6 ％以下の項目の一覧

	対象企業	全社
事業の撤退・売却自体が「失敗」とみなされる等のマイナスイメージにより，企業や経営者としてのレピュテーションが低下することに懸念がある	6 ％	10％
従業員の雇用条件の維持がハードルとなり，撤退・売却が実現できない	6 ％	5 ％
事業の撤退・売却を行った場合の経営上の効果・影響を具体的に試算できない	5 ％	8 ％
事業の撤退・売却により，特性の異なる事業を持つことによる企業グループ全体のリスク分散の効果が小さくなってしまうことに懸念がある	5 ％	7 ％
資本コストに見合わないとしても，一定の収益が上がっている（黒字である）限り撤退・売却は行わない	5 ％	7 ％
専業化しており，事業の撤退・売却を検討する必要はない	4 ％	8 ％
現状の事業ポートフォリオは最適であり，事業の撤退・売却を検討する必要はない	4 ％	5 ％
撤退・売却の対象部門やそのOBの抵抗・反対があるため，撤退・売却が実現できない	3 ％	3 ％

（出所：事業再編実務指針，経済産業省をもとに筆者にて編集）

■資本コストに見合わない事業

この中で本書のテーマから目に留まる項目は，「資本コストに見合わないとしても，一定の収益が上がっている（黒字である）限り撤退・売却は行わない」（5 ％）である。

資本コストに見合わないが，一定の収益が上がっているというのは，第 1 章の解説で示した「利益率と戦略適合性のマトリックス」を用いると，図表 2 - 8 のシャ

ドーで示した領域を指す。

図表2-8 ▶利益率と戦略適合性マトリックス

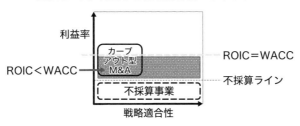

　この領域こそが，まさに「カーブアウト型M&A」が対象とする事業である。しかしながら黒字である以上は手放さないと答えている企業が一定数いるということであり，これこそがまさに「カーブアウト型M&A」が進まないことを示している。

　毎期ではないにしろ，数年ごとに多少の利益が出ている事業は，頑張っている印象があるため，社内では悪者にならず，温存されやすい。

　しかしながら企業価値向上は，各事業が資本コストを上回るリターンを持続的に創発することの積み上げである。だからこそROICとWACCを比較して，ROICがWACCを下回っている事業を抽出し，検討の俎上に載せるべきと，コーポレートガバナンス・コードは示唆している。これが資本コスト経営である。

第3章

ベストオーナーを自分たちで探そう

1　ミツカネあってこその自分の人生

ミツカネに捧げた人生

　ミツカネ電子の寺田社長は，先程，親会社であるミツカネ工業の西園寺社長との会談において，「ミツカネ電子が“遠ざける会社”に分類される方向にある」との方針を伝達され，悄然としたまま，帰路についたところである。

　帰りの車中。
　寺田社長は，1時間半にわたる西園寺社長との会談を，何度となく思い返していた。

　結局，本日の会談で示されたのは，「ミツカネ電子を売却する」という方向性だけだ。
　スケジュールや売却先などの具体的なことについては，全てがこれからの検討に委ねられていることを自分の中で確認した。

　寺田は，車の中で，静かに大きなため息をつき，車窓のビル群を眺める。
　目にうっすらと涙が滲んできて，ビルがゆがんで見える。
　(社会人としてのこれまでの自分の人生は，ミツカネに捧げたものだった。
　電子事業を立ち上げた際には，畑違いの事業で，分からないことが多かった。でも新しい事業を立ち上げることはこれまでになく楽しいことだった。それよりも何よりも，ミツカネに貢献できることが嬉しく，精一杯，仕事に邁進してきた。
　大きな声では言えないが，期末には利益調整ということで，粉飾スレスレの

ことまでした。それもミツカネに対する強い忠誠心があってこそだった。

　反面，親会社との関係は，『成らぬ堪忍するが堪忍』と，我慢に我慢も重ねることが多くなっていた。

　ミツカネに対する誇りと愛着は，穏やかなものではあるが，その深さは誰にも負けない）

と寺田は思う。

　そんな自分に西園寺社長は「電子はミツカネグループにはもう必要ない」と引導を渡したのだ。

　思い返すたびに，唇が震える。

　心が折れそうだ。

　疲労困憊。今はもう，ものを考える気にはなれない。

こんな時に自分の処世術か

　本当に，もう何も考えたくないのに，

　それなのに，

　寺田の頭の奥に，"もう一人の自分"が出てきて，何か言いたげにしている。

「この後，お前はどうするんだ？

　サラリーマン社長として，この状況下において，どう振る舞うべきか，よく考えるんだぞ。ここは勝負どころだぞ」

　寺田は，ビクリとする。

　"もう一人の自分"は，さらに，寺田に語りかける。

「ここは，冷静に行動するんだ。

　感傷的になっている場合ではない。

　本件は，ミツカネグループにおいて最重要事項のはず。

　ここで，電子の売却に激しく反対すると，年齢からいって，ミツカネにおけるお前のキャリアは終わりだ。

　お前が，この売却話に抵抗せず，売却に向かって動けば，お前のミツカネでの地位は，まぁ安泰だろう。

　新たな株主が，お前の電子における経営手腕を評価してくれれば，売却後も，お前は電子の社長を続投できるかもしれない」

　"もう一人の自分"は，いたって冷静だ。

こんな時に，自分の処世術を考えてしまう自分が情けない。

「余計なお世話だ。うるさい！　消えろ！」
寺田は，"もう一人の自分"を追い出した。

昔あった売却案件

今度は，数年前の記憶が蘇ってきた。
寺田が，電子で，前任社長に仕えていたころの出来事だ。

ある新興企業から「ミツカネ電子を買収したい」との話が，ミツカネ工業に
持ち込まれたことがあった。
投資銀行経由の話だった。
西園寺社長からその買収話を聞かされた前任社長は，
「そんな新興企業の軍門に下ることなどありえない。プライドが許さない。ア
イツらとウチとは格が違う！」
と強硬に反対した。
寺田も，前任社長と同様，電子があの新興企業に売却されることには反対だ
った。

この時は，前任社長の剣幕に押されたのか，はたまた別の要因があったのか，
今となっては定かではないが，西園寺社長が電子の売却話を断ってくれた。
寺田も，おおいに安堵した。
当時の日本企業には，そういったおおらかでのんびりとした空気感があって，
ミツカネ工業もその例外ではなかった。

（あの時，なぜ，自分は，あれほどあの新興企業への売却話を嫌悪し，反対し
たのだろうか？
売却されること自体に嫌悪感を覚えたのだろうか？
それともあの新興企業に嫌悪感を持ったのだろうか？）

寺田は，売却の話が流れて安堵したことは覚えているが，あの時，自分が何
に嫌悪したのか，はっきりとは分からない。

寺田は，さらに自分に問いかける。
（あの時は，子会社である電子の意向が最大限に尊重された。

76

　でもあの時，電子が拒否しなかったら，電子は売却されていたのだろうか？
　その頃から，本社は，電子を売却してもよい事業だと軽くみていたのだろうか？
　本社と電子との関係は，ここのところ微妙だが，その空気は，すでにあの頃から，あったのかもしれない。
　あの時は，外部から持ち込まれた案件で，電子としては強硬に反対することができた。
　しかし，今回の売却話は，本社内から出てきた話だ。電子として，これに反対することは容易ではない。
　さっきの西園寺社長の口ぶりからすると，電子の売却は，機関決定されたことではなさそうだ。
　でも，どれくらい固い話なのだろうか？）

　様々な思案にくれる寺田を乗せた車は，ミツカネ電子が入っているビルの地下の車寄せに静かに滑り込んでいった。

2　西郷が「ベストオーナーを自分たちで探そう」と言い出した

一晩寝かせてから考えよう

　会社に戻った寺田社長は，（今日の話は一晩寝てから冷静に考える必要がある）と考えていた。
　（まずは美味しいコーヒーを飲もう）とパントリーに向かうと，そこには西郷がいた。

「あっ社長。今日は大手町でしたか！」
　いつも通りの張りのある元気な声だ。

　ミツカネ工業の本社は，大手町にあるため，ミツカネ電子では，親会社のことを「大手町」と呼んでいる。

　寺田は，つい先程まで「今日はもう誰とも会いたくない」と思っていたが，西郷の元気な顔をみると，少し気分が晴れるのを感じた。

　西郷は，ミツカネ工業からの出向者である。

　寺田がミツカネ電子の社長に就任するにあたって，信頼しあえるマネジメントチームを作りたいと思い，大手町に頼みこんで，管理畑の西郷に出向してもらった。

　インテリの雰囲気を持つ寺田社長とは異なり，5つ下の西郷は，体つきもガッシリとしており，性格は豪快ながら，部下に細やかに接するため，部下から兄貴分として慕われている。

　今は，ミツカネ電子の経営企画部長として，寺田社長を支えてくれている。

「コーヒーか？　じゃあ，こっちで一緒にどう？」
　寺田社長は，西郷を社長室に誘う。

　社長室のソファーに腰をおとし，コーヒーカップを片手に，寺田社長は，おもむろに話し始める。
「大手町は，次期中計の策定作業に着手したようだよ」

「えっ，もう次期中計ですか？　早くないですか？　今，走っている中計は，残念ながら，達成は難しそうですね。それにしても，こんなに早くから次期中計を策定するとは！」
　驚いた表情の西郷。

「うん。『事業ポートフォリオを大胆に見直すべきだ』という議論が取締役会であったらしい」
と，背景事情を説明する寺田社長。

「なるほど。ここのところ株価が冴えないですからね。大手町は，ダイバーシティということで，外国人の社外取締役を入れていますし，取締役会では，活発な議論が展開されるのでしょうね」
　第三者的に分析する西郷。

さらに驚く話

「それでだ。さらに驚く話があるんだ」
と言い，西郷の目を見る寺田社長。

　西郷は一体何事かと息をひそめる。

　寺田社長は，意を決して，西郷に，先程の本社での西園寺社長との会談の概要を話す。

　西郷は，黙ってその話を聞く。
　その間，西郷は，固い表情ではあるが，顔色一つ変えない。
　寺田社長は，西郷の冷静さに半ば驚きながら，話を続ける。
　先程，本社で西園寺社長から話を聞かされた時には，あれほど動揺したのに，今，自分は西郷に対しては淡々と話ができている。そんな自分に，寺田は，驚いていた。
　電子では，社長として，部下の前では堂々とふるまわなくてはならないという気持ちの張りが，そうさせているのかもしれない。

　寺田社長の話を聞き終わった西郷。唇を固くして，
「ウチは，売却されるってことですか？」
と聞く。

「うん，そういうことだろうね」
と低い声で応える寺田社長。

「ウチは……売却……ですか。で，どこがウチを買うんですか？」
（コイツ，自分と同じことを聞くんだな）と思いながら，寺田社長は，
「それは，まだ分からない。これからだと思う」
と答える。

「そうですか……それで社長は？」

　一瞬，たじろぐ寺田社長。

「いえ……その話を聞いて，社長はどう感じられたのかと思いまして……」
　西郷は，売却されるという話を聞いても，さほど感情的にならず，冷静に寺田社長の考えを聴く姿勢である。

「うん……」
　しばらく思考に沈む寺田社長。

　大手町で，ミツカネ電子が売却されることを聞かされたとき，寺田は，驚き，

怒り，不満，抵抗，疑問，困惑……様々な感情が沸き上がってきた。従業員が可哀そうだとも思った。

　しかし，会社に戻って，電子の社長室に入ると，大手町とのこれまでの確執が蘇ってきて，売却されることについて，サバサバとした気分にもなってくる。

　突然，西郷に「どう感じたか？」と聞かれても，先程とは違う思いや感情が去来して，自分の気持ちがいまだ整理されておらず，自分の考えを論理的に表現することができない。

　とりあえず，
「複雑な気持ちというところだ……」
と正直に答える寺田社長。

動じない西郷

「そうですか……大手町とウチの関係を考えると，『売却については，やはりそういうことになったのか』という気がしないでもありません」
　西郷も正直に，自分の感想を述べる。

「分社に至った経緯や，それ以降の関係を振り返ってみても，ウチと大手町とでは，企業カルチャーが違いすぎて，なかなか良好な関係が築けていない。両社とも相手に対する反発心がある」
と寺田社長は返す。

　この寺田社長の言葉に西郷も大きく頷く。
「ウチの人間は，プロパーはもちろんのこと，出向者でさえも，大手町に対して複雑な感情を持っています」
と言い，自分の言葉を肯定するかのように，西郷は大きく頷く。

「電子事業は，大手町が育てた新規事業の中で，まれにみるほど上手くいった事業だと思わないか？
　でも大手町は，電子を，いっときの流行り事業としか見ていない。心の奥底では，電子を認めていない」
と言い，寺田社長は，ため息をつく。

「西園寺社長には，電子に対する理解があるように思えます。"両利きの経営"の旗を振って，事業の第二の柱を模索してきた方ですからね。

でも非鉄のど真ん中の人たち，特に工場の人たちには，電子に対する拒否感が極めて強いです」
　西郷も嫌な思いをしてきたようだ。

「うん。皆がいる会議の中で『電子はスケール感が今一歩だ』とよく言われたね。そんな発言が相次いだことで，非鉄の若手は『電子事業はスケールがとれないダメな事業だ』と電子を軽く見るようになっていった」
と言い，渋い表情になる寺田社長。

「あれはイジメに近いものがありますね。何かにつけ『この程度の規模じゃ，電子は新たな事業の柱にできない』と言われました。
　私は『積極的な投資さえすれば，電子は規模を急速に拡大することができるんですよ。もっと電子に投資して欲しい』と何度も言い返しましたが……」
　西郷の口調に悔しさがにじむ。

「結局，投資はしてもらえなかった。私も何度も直訴したが，それでも大手町は動かなかった」

「私は『大手町は電子事業が新たな事業の柱になることを妨害している』とさえ，勘繰ったことがあります。
　他にさして新規事業として成長しそうな事業はないのに……
　嫉妬心は判断を狂わせます。
　大手町には，新たな分野に投資をしてリスクを取る胆力もなくなっているように思います。

　我々の側とて，最近では，大手町に理解を求める努力を諦めてしまって，大手町との間には，徐々に距離ができています。今では，面従腹背と言いますか，そんな状況ですよね」
　現状に対する，西郷の率直な見立てである。

そろそろ「潮時」なのかもしれない

「これからも，お互いに相容れないことは，変わらんのだろうな……」
と言い，寺田社長は，何度目かの深いため息をつく。
　そして，ゆっくりとした口調で，何かに導かれるように，

「そろそろ……『潮時』……なのかもしれない」

と言い，西郷の顔を見る。

「潮時」という言葉が，自然と口から出てきて，自分でも驚く寺田社長。

　その寺田社長を前にして，西郷は，冷静な表情で，何度か小さく首を縦に振る。

「電子と大手町の距離は，今後，広がることはあっても近づくことはないと思います。

　大手町にいた時には，親会社の立場というのは，そういうものだと思って，子会社と接していましたが，こうやって子会社の立場になってみると，親会社っていうのは，つくづく上から目線なんだと感じます。電子に対しては特にそうです。風当たりの強さを感じます。

　おっしゃるとおり……『潮時』……かもしれません」

　寺田社長は，先程大手町で西園寺社長から引導を渡された時，茫然自失のショックを受けた。

「売却される」ことに対して，感傷的にもなったが，こうして西郷と話をしていると，現実を冷静に受けとめることができるようになり，心が落ち着いてくる。

　感傷的な気持ちがなくなったわけではない。物事を冷静に見て合理的に判断しようという気持ちが，感傷を上回ったということだろう。

　寺田社長は，西郷との話の中で自分の気持ちをさらに整理しようと思い，二杯目のコーヒーを西郷にすすめた。

名誉の問題

「大手町との関係が，ぎくしゃくしていますから，ウチが売却されることについては，頭では理解できます。

　でも腹立たしさを感じます」

と言う西郷。

「腹立たしい？　何に？」

と問いかける寺田社長。

「大手町は，電子業界のことをよく分かっていません。ですから，一体，誰を

買い手として連れてくるかも不安です……それに……大手町は売却さえすれば
目的達成になるのでしょうが，そういうふうに最後まで，自分の都合でウチを
振り回す大手町の姿勢が腹立たしいですし，そういう大手町に一方的に売却さ
れるということにも悔しさを感じます」
と言い，西郷は，寺田社長の目を見る。

　西郷が，何か重要なことを伝えようとしていることを察知する寺田社長。

　西郷は，続ける。
「一般論ですが，『親会社が子会社を売却する』というケースでは，『親会社か
子会社のどちらかの業績が悪い』と世間は，見ますよね。

　大手町の業績が惨憺たる状況であれば，世間は『大手町がキャッシュを得る
ために虎の子の電子を売却した』と見ますが，今の大手町は，外からだと，そ
こまで悪い業績に見えません。

　そうなると，世間は『実は，電子の業績が良くないのでは？』と推測すると
思います。

　それって，我々にとって，屈辱的なことではありませんか？」

　寺田社長は，静かに西郷の話を聞く。

　西郷はテーブルの上のコーヒーカップを握りしめながら，その先を続ける。
「そんな中で売却されると，従業員の士気は落ちますし，取引先からも冷たい
視線で見られ，事業運営にも影響を与えかねません。

　大手町が『電子を売却するのは，本業の非鉄とのシナジー効果が少ないから
だ』と，いくら説明したところで，世間は『電子には，売却される理由が，何
かあったのだろう』と考えるでしょう。

　売却のプロセスに入ったら，FA[1]をはじめディールに係わるプロフェッシ
ョナルたちは『電子の事業は極めて好調』であることを理解してくれると思い
ますが，情報の秘匿性が高いM&A取引ですから，彼ら彼女らが世間にそのよ
うなことを知らせることはありません。

1　FAとは，Financial Adviserのこと。M&A取引において，M&Aを検討している企業
　に対して，計画の立案から，契約，クロージング（成約）に至る一連の助言業務を行うプ
　ロフェッショナルのこと。

　私は出向組ですが，電子に骨を埋めるつもりで仕事をしています。電子には愛着をもっています。だから『電子はダメ集団』と世間から誤解されることは，とても悔しいです。
　これは，我々の『名誉』の問題だと思いませんか？」
感情を込めて力説する西郷。

（そのとおりだ）
と思う寺田社長。

ベストオーナーを自分たちで探そう

「ミッカネグループから遠ざけられ，売却されるのはやむなしとしても，自分たちが納得できる形で出ていく方法は，何かないものでしょうか？」
　真剣な表情で，寺田社長の目を見る西郷。

「納得できる形？」
　西郷の真意を計りかねる寺田社長。

　西郷としても，確たる具体案があるわけではない。
　とはいえ，このままでは，納得がいかない。

「電子という会社の所有権は，株の所有者という意味において，確かに大手町にあります。

　でも実際に事業を担っている我々は，大手町の所有物ではないし，大手町が，自分の事情だけで好き勝手にできる存在でもありません。
　事業は，社会に貢献するもので，親会社だけに貢献するものではないはずです」
　喋りながら，自分の考えを整理している西郷。

「うん……」
　寺田社長は，頷く。

　しばし沈黙。

「荒唐無稽な話かもしれませんが……我々の意思で，我々が新しい親会社を探すことはできないものでしょうか？

　ベストオーナー[2]を自分たちで探すのです」
と言い，強い眼差しで寺田社長を見る西郷。

「えっ？」
　予期していない言葉に，寺田社長は不意を突かれる。

「自分たちの運命を，一方的に，誰かに握られるって，理不尽じゃないですか？」

「うん……」
　（それはそうだが……）と思いながらも，返答に窮する寺田社長。

「ウチは，自分の力で業績を隆々たるものにしてきました。
　電子事業のことは，大手町よりも，誰よりも，自分たちが分かっています。
　今後，どこが親会社であったら，ウチの事業をさらに発展させることができるか，これは自分たちだからこそ分かることだと思うのです。
　だから次の親会社は，自分たちで探しませんか？」
　発言に熱がこもる西郷。

「しかし……ウチを売るのは大手町で，ウチは，まな板の鯉だろ？」
　西郷の発言を理解しようとするが，寺田社長の常識が，新奇性のあるアイディアを受け入れることを邪魔する。

「大手町の論理は，『子会社は親会社の言うことを聞け！』です。まるで主人と使用人です。
　最後の局面の今だからこそ，そんな大手町と真っ向から議論してみませんか？」
　西郷は元来熱い男だが，こんなに熱くなって話すことは珍しい。

「しかし……」

「突拍子もない話かもしれません。でもウチが良しとする買い手を大手町に提

2　ベストオーナーとは，事業と人を含む経営資源を最も輝かせることができ，中長期的な企業価値向上に資する経営主体のこと。経済産業省「グループガバナンスガイドライン」において打ち出された。

案することくらいはできるんじゃないですか？
　我々がしかるべき買い手を探してきて，そこを買い手候補として大手町に推薦するんです。
　そうすれば，ウチの事業を今後もさらに成長させることができます」

　寺田社長は，西郷を頼りにしている。
　西郷は，熱血漢であると同時に，論理的に思考することができるからだ。
　しかし，今，西郷が話しているようなことは，本当にできることなのだろうか？
　無言で思考に沈む寺田社長。

「大手町には，他にも"遠ざける会社"があるはずですよね。そうなると，売却案件のハンドリングだけでも大変なマンパワーが必要になります。
　我々が，買い手を見つけてくれば，大手町は手間要らずとなって，助かるんじゃないでしょうか？
　実際の売却が先のことだとすれば，我々には，買い手を見つける時間はたっぷりとあります。
　それに……仮に，最悪，我々の意向が通らずに，大手町が買い手を見つけることになったとしても，買い手候補探しの作業は，我々にとって事前準備作業として役に立つと思います」

「……」
　言葉は，出てこないが，
（西郷の言うとおりかもしれない）
と思いはじめる寺田社長。

　二人は，沈黙と議論を繰り返しながら，しばらく話を続けた。

　そして，西郷は，
「この件，営業を統括する富田さんや古江工場長にも，意見を聴いてみませんか？」
と言い，空になったコーヒーカップを手にして，ソファーから立ち上がる。
　電子のマネジメントチームは，寺田社長，西郷経営企画部長，富田営業部長，古江工場長の4人のメンバーで構成されている。

「うん，分かった。私から話をしよう。あっ，富田君には，西郷さんから事前に話をして地ならしをしておいてくれないか。くれぐれも極秘でね」

　西郷が富田と近い関係にあることは，寺田社長もよく知っている。

　ミツカネ電子で大きな動きが起ころうとしている。

> **解説**　増加傾向にあるカーブアウト型M&A

1．カーブアウト型M&Aの動向

■カーブアウト型M&A件数の推移

　前章までに，わが国の企業には，売却を敬遠する姿勢があることについて述べた。失われた30年をキャッチアップしなければいけないにもかかわらず，そういつまでも売却に後ろ向きではいられないとして，ここのところ，カーブアウト型M&Aの売却に正面から向き合おうとする企業が増えてきている。カーブアウト型M&Aとは，ベストオーナーに事業を切り出すM&Aのことである。

　本章の解説では，そのカーブアウト型M&Aについて，わが国における実態をみていきたい。

　図表3‐1は，わが国におけるカーブアウト型M&Aの件数の推移である。M&Aは，年をまたぎクロージングまでに数年かかることがあるが，いずれのディールとも公表時の年度に件数としてカウントしている。

　データを取得しはじめた1985年から直近の2022年までの期間に，8533件のディールがあった。件数としては，海外の企業に譲渡するOUT‐INよりも，国内企業の買い手に譲渡するIN‐INのディールが圧倒的に多い。

図表3‐1 ▶IN‐IN／OUT‐IN別カーブアウト型M&A件数の推移

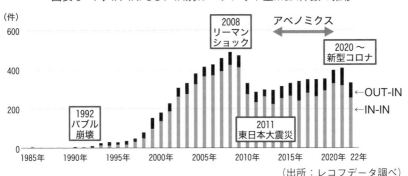

（出所：レコフデータ調べ）

88

　時系列に見ていくと，1985年からバブル経済崩壊後の1992年頃までは，年に数件しかカーブアウト型M&Aは発生していない。それが2000年前後から急激に増えはじめた。その背景には，この頃，株式移転・株式交換制度や会社分割制度などM&A関連法制の整備が進んだことがある。

　2008年のリーマンショックから2011年の東日本大震災にかけてはM&Aの件数は大きく減ったが，その後，再び増加傾向に転じた。

　2020年には，わが国においても新型コロナウイルスの感染拡大がはじまり，緊急事態宣言[3]が出され，経営者をはじめ多くの社員がテレワークに入り，出張や会食もなくなった。しかしながらその環境は，奇しくも経営者には考える時間を与えることになり，多くの企業は，この頃，ポストコロナに備えた事業ポートフォリオの見直しを粛々と進めていた。

　図表3-2は，わが国の企業が関与するM&Aの件数の推移である。新型コロナウイルスの感染拡大の影響により，デューデリジェンス[4]を実施する際の現地実査

図表3-2 ▶ わが国の企業が関与するM&A件数の推移

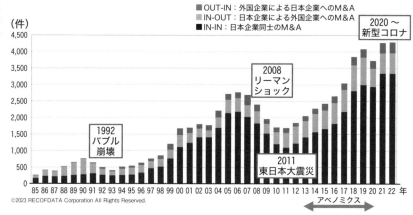

（出所：レコフデータ調べ）

3　第一回目の緊急事態宣言は，2020年4月7日〜5月25日，その後，第二回目が2021年1月8日〜3月21日，第三回目が2021年4月25日〜6月20日，第四回目が2021年7月12日〜9月30日と，計四回出された。他にもまん延防止等重点措置が二回出された。
4　デューデリジェンス（Due Diligence）とは，M&Aにおいて買収対象である企業について事前に調査することを指す。

ができないなどの影響が出て，案件のクロージング[5]が先送りされ，2020年の件数は多少減少したものの，その後は，前年を上回る件数で増加してきている。

　カーブアウト型M&Aの件数と，わが国の企業が関与するM&Aの件数の推移は，ほぼ同じような動きをしており，ここ数年，カーブアウト型M&Aは，400件前後発生している。わが国の企業が関与するM&Aの件数が，4,000件前後であるため，カーブアウト型のM&Aは，わが国におけるM&Aの約1割を占めていると言える。

■カーブアウト型M&A金額の推移
　図表3-3は，わが国におけるカーブアウト型M&Aを金額からみた推移である。

図表3-3 ▶ カーブアウト型M&A金額の推移

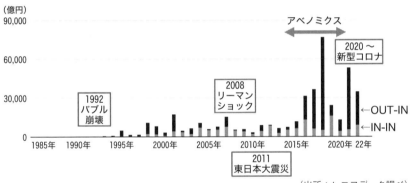

（出所：レコフデータ調べ）

　カーブアウト型M&Aを金額の面からみてみると，2015年までは，アップダウンがありつつも，多くの年で1兆円を超すことはなかった。しかしながら2016年以降，カーブアウト型M&Aの金額は著しく増加し，2018年は過去最高金額を記録した。2019年および2020年には一時的に減少したが，その後，再び増加に転じ，2021年は，2018年に次ぐ金額の大きさとなり，2022年も2016年と同じくらいの金額となっている。

　わが国の企業が関与する全てのM&Aを金額面からみてみると，2010年頃から，

5　クロージングは，M&Aの最終契約の締結後，最終契約書に基づいて取引を実行すること。譲渡代金の支払い，引き渡し手続きが終わり，譲渡側の企業から譲受側の企業に経営権が移ることでM&A取引は完了する。

日本企業同士のM&Aの金額が減少してきていることが図表 3 - 4 で分かる。

　図表 3 - 2 が示すとおり，日本国内企業同士のM&Aの件数は極めて多いことから，わが国では国内企業同士のM&Aは小型化へ向かっているといえる。

　IN-OUTの金額については，2006年あたりから増えていることが図表 3 - 4 で分かる。特に，2005年以降，日本企業は，海外企業の買収をさらに加速させている。

　これまで少なかった海外企業への売却を示すOUT-INの金額については，2018年頃から増加してきている点については，近年の特徴として気に留めておきたい。

図表 3 - 4 ▶ わが国の企業が関与するM&A金額の推移

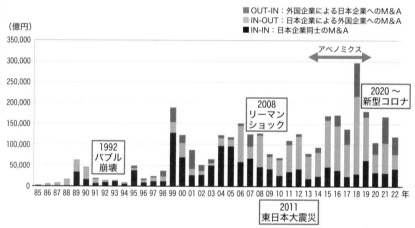

（出所：レコフデータ調べ）

　図表 3 - 2 のとおり，日本企業による海外企業のM&A（IN-OUT）および海外企業による日本企業のM&A（OUT-IN）の件数は，両方とも国内企業同士のM&A（IN-IN）の件数よりも少なく，国際間の取引であるクロスボーダー M&Aではディールの大型化が進んでいることが分かる。

■一件あたりカーブアウト型M&A金額の推移

　図表 3 - 5 は，カーブアウト型M&Aの金額を件数で割って，ディール一件あたりの金額を算出し，その推移を見たものである。

　2016年以前は，1995年，1998年，2001年を例外として，カーブアウト型M&Aでは小振りのディールが多かった。2016年以降は，国内企業同士のM&A（IN-IN）よりも，海外企業に譲渡するOUT-INのほうがディール一件あたりの金額が圧倒的に

大きい。近年，大型の事業が海外企業に売却されている様子が窺える。

図表 3 - 5 ▶一件あたりカーブアウト型M&A金額の推移

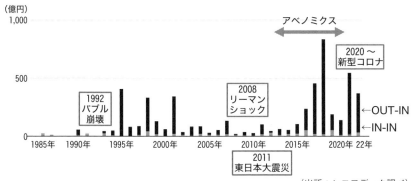

（出所：レコフデータ調べ）

　2018年の金額が突出して大きいのは，ソフトバンクグループ（以下「ソフトバンク」）の米国子会社であるSprint Corporation（以下「スプリント」）がT–Mobile US, Inc.（以下「Tモバイル」）と三角合併[6]するにあたって，その親会社であるソフトバンクがスプリント株を手放したディールがあったためである。スプリントの企業価値は約590億米ドル（約6.4兆円）[7]とされ，これは，わが国の近年のM&A取引の中で過去最大規模のディールである。本件については，第4章において詳述する。

2．2010年以前の大型カーブアウト型M&Aの事例

■カーブアウト型M&Aの売却事例

　次に，一件あたりカーブアウト型M&Aの金額の底上げに貢献した2000年前後の大型カーブアウト型M&Aのディールについて紹介する。

6　三角合併とは，対象会社を合併する際に，合併の対価として存続会社の親会社の株式を合併の対象会社の株主に交付するスキームのこと。合併の当事者であるスプリントとTモバイルとその親会社であるソフトバンクグループ）の三社が取引に関与することから三角合併と呼ばれる。

7　当時のレート，1 米ドル＝109円で換算。ソフトバンクグループ　プレスリリース「当社子会社スプリントのTモバイルとの合併（非子会社化）に関するお知らせ」2018年 4 月30日。

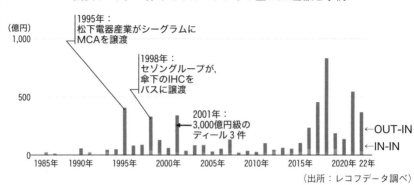

図表3-6 ▶一件あたりカーブアウト型M&A金額と事例

（出所：レコフデータ調べ）

■1995年の大型カーブアウト型M&A

　1995年に開示された大型のカーブアウト型M&Aは，当時の松下電器産業[8]が，MCAレコードやユニバーサル・ピクチャーズを擁する米MCA/ユニバーサルの持株80％を，カナダの酒類メーカーであるシーグラムに，約57億米ドル（約4730億円）で売却した事例である。

　松下電器産業は，1990年に61.3億米ドル（約7800億円，これは当時の日本企業による買収最高額）でMCAを完全子会社化したが，同社が得意とするハードと，エンターテインメントのソフトとは，世界が異なる。松下はコスト削減を徹底し，1円の価値を大事にする会社。大作に100億円，200億円を投じるのが当たり前のハリウッドの文化とは水と油。当時松下電器産業に映画会社を経営できる人材はおらず[9]，結局は1600億円の損失を計上して売却に至ったと報道されている。

　シーグラムは，飲料専業からの脱皮を狙い，保有していたデュポン株を88億ドルで売却し，MCA買収資金に充てた。これはシーグラムにとっても事業ポートフォリオの入れ替えであった。「捨てる神あれば助ける神あり」である。自分には手に余る事業であっても，世界を見渡すと，その事業がほしいという会社はあるということである。

8　松下電器産業株式会社は，2008年にパナソニック株式会社に社名変更。
9　Business Journal 2021.03.19

■1998年の大型カーブアウト型M&A

1998年には，大型のカーブアウト型M&Aが二件あった。

一つは，セゾングループが，傘下のインターコンチネンタルホテルズ・アンド・リゾーツ（以下「IHC」）を英大手ビール会社のバスに売却したディールである。IHCは世界に約150の系列のホテルを持つ高級ホテルチェーンである。当時，セゾングループ傘下にいた西友[10]はこの売却資金で体質強化を図った。

もう一件は，日本長期信用銀行[11]が，国際航空機・船舶融資部門を28億マルク[12]（約2200億円）で，独DGバンク傘下のドイツ交通銀行に売却したディールである。日本長期信用銀行の同部門は，ロンドン・ニューヨークが拠点で，欧米の航空会社54社などに融資していた。

■2001年の大型カーブアウト型M&A

2001年には，3000億円級の大型カーブアウト型M&Aが三件あった。

一件目は，富士銀行[13]が，米国の金融孫会社であるヘラー・フィナンシャルを米国大手金融会社のGEキャピタル100%子会社のHawk Acquisition Corp.に，一株53.75ドル（27億4300万米ドル，3619億円）で売却したディールである。

富士銀行は，1984年にヘラーを買収し，その後1998年に，同社をニューヨーク証券取引所に上場させた。富士銀行は，この優良孫会社の売却により，1200億円（9億ドル）の売却益を得ることができ，これを不良債権処理の原資にした。

二件目は，古河電気工業の関連会社で光通信機器製造の米JDSユニフェーズが保有しているスイスの光アンプ用の半導体レーザー工場を，米ノーテルネットワークスに，3484億円で売却したディールである。ノーテルは、WDM[14]システムを使っ

10　西友は東京に本社を置くスーパーマーケットチェーン。かつては西武百貨店とともに旧セゾングループの中核的存在であったが，セゾングループ破綻後の2002年に米国小売業ウォルマートの傘下に入った。2021年，ウォルマートは，大半の西友株式をKKRおよび楽天の子会社に売却した。

11　日本長期信用銀行は，1998年に経営破綻・一時国有化され，その後は競争入札によってアメリカの投資ファンド・リップルウッドを中心とした投資組合に売却され，2000年に新生銀行に改称した。

12　マルクは当時のドイツの通貨。2001年以降ユーロ導入によりドイツではマルクは廃止された。

13　富士銀行は，当時の都市銀行であり，現みずほ銀行の前身の一つ。

14　WDMとは，一つの回線に複数の回線の信号やデータをまとめて同時に送受信する多重化技術の一つで，光ファイバー回線などで波長の異なる複数の光信号を利用する方式。

94

た全光ネットワーク事業を推進しており、同事業を拡充することを意図していた。

　三件目は，UFJホールディングス[15]が，米現地法人ユナイテッド・カリフォルニア銀行を仏大手金融グループのBNPパリバに，3100億円（24億ドル）で売却したディールである。UFJホールディングスは、この期に2兆円にのぼる不良債権処理損失を計上し、6000億円の連結最終赤字になる見通しだったため、当該現地法人の売却により損失処理の財源を捻出した。

　この期間における大型売却事例は，時代を象徴してか，本業の再建資金を捻出したいとする金融機関が海外事業を手放す事例が散見された。

3．2011年以降のカーブアウト型M&Aの事例

■当時話題になった事例

　次に，2011年以降，当時話題になったカーブアウト型M&Aを三件紹介する

図表 3 - 7 ▶一件あたりカーブアウト型M&A金額と事例

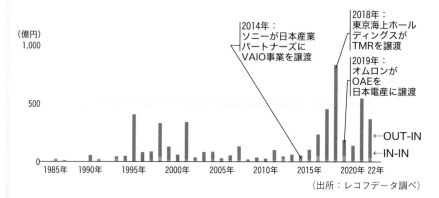

（出所：レコフデータ調べ）

■2014年のVAIO事業の譲渡

　2014年当時に話題になった事例として，ソニー[16]のPCブランド「VAIO（バイオ）」のカーブアウト型M&Aがある。

15　UFJホールディングスは，2001年4月に三和銀行・東海銀行・東洋信託銀行が経営統合して発足。その後2005年10月に旧三菱東京フィナンシャル・グループ（MTFG）へ吸収合併される形で，三菱UFJフィナンシャル・グループ（MUFG）が発足した。

16　ソニー（初代）は，2021年に，エレクトロニクス事業を（2代目）ソニーに移管し，初代ソニーは，持ち株会社としてソニーグループ株式会社に商号を変更した。

　VAIOは，パソコンが一般家庭に普及しはじめた1996年に発売され，2010年度には年間約870万台をグローバルで出荷していた。その後，PCのコモディティー化が進み，アジアメーカーなどとの価格競争が激化し，さらにタブレットが普及してきたという逆風の中で，2012年度の出荷台数は760万台とピーク時から100万台以上減少し，赤字に陥った。

　PC事業の不振は，ソニー本体の経営にも悪影響を与えることになり，2014年，ソニーは，PC事業からの撤退を決断，海外事業を収束するとともに，国内事業を日本産業パートナーズ[17]が95％，ソニーが5％を出資する形で設立した新会社「VAIO株式会社」に譲渡した[18]。

　ソニー本体は，「モバイル領域ではスマートフォン／タブレットに集中し，PC事業を新会社へ事業譲渡することにより新会社のもとでVAIOブランドPC事業を存続させることが最適である[19]との判断にいたった」としている。

　カーブアウトされた新会社VAIOは，独立した事業会社として，VAIOブランドのPCの企画から開発，販売まで事業全体を運営することになった。

　海外からは撤退し，国内だけで販売する体制で再スタートを切り，4182億円（14年3月期）あった売上高は，初年度（15年5月期）に73億円まで縮小し，20億円の営業赤字を出した。従業員も設立当時の1100人から240人に削減。販売台数も大幅に減らし，500万台から20万台にまで押さえた。他方，これにより固定費が削減でき，圧倒的なブランド力と商品力をもとに今後の展望が期待できる事業に経営資源を割くことによって，2016年に黒字化を達成した。

　VAIOの前社長は，「VAIOをカーブアウト（事業の切り離し）するときの方針は明確でした。個人向けで培ってきた技術とデザインの資産を生かし，法人向けパソコンと新規事業に進出するというものです。その事業転換をきちんとできるかどうかが成功の鍵を握っていました」[20]と述べている。

17　日本産業パートナーズ株式会社（略称：JIP，英名：Japan Industrial Partners, Inc.）は，日系の投資ファンドでは最大規模。
18　PC事業の譲渡にともなうソニー株式会社からVJ株式会社への会社分割（簡易分割）に関するお知らせ　2014年5月28日　ソニー株式会社。
19　ITmedia NEWS，2014年02月06日15時02分公開記事から引用。
20　2015年にVAIOの社外取締役に就任し，2019年に社長に就任した山本知弘氏の弁。日経ビジネス「ソニーから独立したVAIO，撤退事業が利益率10％に」3月22日号

■2018年のトキオ・ミレニアム・リー（ＴＭＲ）譲渡

　保険業界においても，2018年当時に話題になったカーブアウト型M&Aがあった。それは，東京海上ホールディングス（以下「東京海上」）が，欧州の再保険子会社トキオ・ミレニアム・リー（以下，「TMR」）を，英領バミューダ諸島の再保険大手ルネサンス・リー・ホールディングスに譲渡した事例である。

　TMRは，東京海上にとって，海外に事業基盤を広げる契機ともなった戦略上重要なグループ会社であった。米国で発生した大型ハリケーンにおいて保険金の支払いがかさみ，2017年12月期は赤字計上を余儀なくされたものの，2000年の設立以来，東京海上へは，年間100億円規模の安定した利益貢献をしてきた優良事業であった。

　この頃，再保険市場には，年金基金などの緩和マネーが流れ込んでいた。保険料率は本来，リスクに見合ったものとなるが，緩和マネーの流入により競争が激化し，自然災害が頻発する中でも保険料率は横ばいで推移し，収益性の低下を招いていた。

　東京海上は，この再保険市場の環境の変化を見据え，TMRに稼ぐ力があるうちに売却し，同社と関係強化を図ることが先決だと判断し，2018年に，TMRをバミューダ市場の代表企業であるルネサンス・リー・ホールディングスに約1685億円で譲渡することにした。

　東京海上は，コア事業である元受保険事業を伸ばす中で，再保険事業の縮小が戦略に与える影響は軽微と判断したと報道されている。「先進国，新興国の双方で，収益性が高く安定した元受保険事業をさらに拡大し，よりリスク分散の効いた事業ポートフォリオを構築していきたい[21]」と，当時の社長は語っている。

　東京海上にとって大型の売却ディールはTMRがはじめてであった。買収中心だったこれまでの海外戦略を転換し，海外子会社売却を聖域とはせず，得た資金を成長分野の開拓に振り向け，自然災害と関連しないサイバー保険など特殊保険分野を強化するとともに，アジアなど新興国でM&Aを加速させる方向に舵を切った。

21　日刊工業新聞2018年11月２日。

■2019年のOAE譲渡

　最後に紹介する事例は，オムロン株式会社（以下「オムロン」）が，2019年10月に，オムロンオートモーティブエレクトロニクス株式会社（以下「OAE」）を，日本電産株式会社に譲渡した事例である。

　OAEは，1983年に当時の立石電機株式会社[22]において，車載電装事業部として発足した。自動車/自動車部品業界は，昨今，CASE[23]と称される技術革新やビジネスモデルの大変革期に突入しており，自動車業界の構造は大きく変化しつつあった。

　OAEは，この変革をチャンスと捉え，さらに成長していくためには，新しいモビリティ社会に対応した技術や製品の開発を進めていく必要があり，メガサプライヤーをはじめとした強い競合に対して競争優位を構築するために，質量ともにこれまでとは異なる規模の投資を必要としていた。

　OAEが独立した車載電装部品メーカーとして，自動車業界で社会的課題の解決に取り組み続けていくためには，強みとする制御技術や製品に，他社が保有する強い技術と製品を掛け合わせることで，より大きな新しい価値を創出することが不可欠と判断し，オムロンは，OAEを日本電産に譲渡する意思決定に至った。

　OAEの事業単独でのROICは，ハードルレート[24]である10%を超えていた[25]という。

　リリースにおいて「今後ともROIC経営にて掲げているポートフォリオマネジメントにより経営資源を投入し，特に注力している制御機器事業やヘルスケア事業の成長を実現していきます[26]」と述べている。オムロンは，ROIC経営で名を知られているが，これもオムロンらしいステートメントである。

4．事例にみる共通点

　不採算事業の売却は，売却される対象事業が業績不振に陥り，それを原因とする

22　立石電機株式会社は，1990年1月にオムロン株式会社に商号変更。
23　CASEとは，コネクティッド，自動運転，シェアリング，電動化のこと。
24　ハードルレートとは，必要利回り，投資判断における必要最低限の収益率のこと。
25　事業再編実務指針～事業ポートフォリオと組織の変革に向けて～（事業再編ガイドライン）2.2.4事業評価の仕組みの構築と運用（P52）。
26　オムロン オートモーティブエレクトロニクス株式会社の株式譲渡に関するお知らせ，オムロン株式会社，2019年4月16日。

売却であるが，カーブアウト型M&Aは，業績が良い事業を売却するものであると第1章の解説で述べた。

　本章で紹介した事例は，売却時点でピカピカの優良事業もあれば，そこまで収益性が高いわけではないが，決して止血が必要となるような不採算事業ではなく，特に将来性については，むしろ有望な事業が多い。売却後も隆々として事業展開している点がカーブアウト型M&Aの共通点である。

第 4 章

ベストオーナーは誰？

1 同業他社は絶対嫌

富田営業部長の怒り

　ミツカネ電子では，寺田社長からの指示に従い，西郷が富田営業部長と会っていた。

　富田は，マネジメントチームの一人であり西郷と同様にミツカネ工業からの出向組，西郷の 2 歳年下である。二人は日頃から懇意にしており，折に触れて一緒に飲みに行く間柄である。

　西郷の話を一通り黙って聞いていた富田。
「『お酒抜きで，くれぐれも内々に』ということでしたので，何の話かと思っていましたが，そういうことが起きていたのですか」
と言い，深いため息をつく。

「こんな話で申しわけない……」
　なぜだか謝る西郷。

「大手町は，かねてから『全ての子会社が中核事業だ』って言ってましたよね」
と富田。

「うん，中核でない子会社の士気を低下させないという配慮だろう」

「『全ての子会社が中核事業だ』なんて，よくもまぁそんな『子供だましのようなことを言えるもんだ』とかねがね思っていました。中核事業でない子会社にとっては，そういう配慮をされるほうが傷つくのではと気の毒に思っていま

したが，気の毒だったのは，ウチだったということですね」

　と，自嘲気味に呟く富田。

「どの事業が中核事業になるかは，その時々の事業環境や政権の考え方にもよる……」

　西郷は，ショックを隠せない富田を慰める。

「大手町は，"両利きの経営"をするんじゃなかったんですかね！」

　しだいに怒りを露わにしはじめる富田。

「"両利きの経営"はこれからもやっていくようだ。

　次世代の事業は，非鉄のなかで創っていくらしい。非鉄は業界として大きく成長することは見込めないが，やり方によっては，それなりの成長が可能だとみているらしい。

　電子のようなボラティリティ[1]が高い事業でリスクをとるよりは，手触り感がある非鉄分野に投資を振り向けたいということなのだろう」

　（この局面では，自分が大手町を代弁するしかない。自分は大手町側の人間じゃないんだけど……）と思いながら，大手町の考え方を富田に説明する西郷。

「大手町は，二つのことが同時にできないってことですね。

　"両利きの経営"って言いながら，ここのところ非鉄に手を抜き過ぎていたように思えます。新しいことばかりに目がいって，足元をないがしろにしていたんです。

　よく分かっている事業であっても，絶え間なく手を入れていかないと，キャッシュを稼ぐ力は，弱くなっていきます。最近，事故が多発しているのはそのせいですよ。

　非鉄への投資が必要だから，電子を売却して，その原資を捻出するなんて，大手町の"両利きの経営"は，失敗だったってことですね」

　辛口コメントを連発する富田。

1　ボラティリティ（Volatility）とは，価格などの変動の度合いを示す言葉。ボラティリティが大きいと，実際のリターンと期待収益率（予想されるリターンの加重平均値）とのブレが大きくなる可能性が高いため，そのような変動のブレの大きい商品や事業は，多くの人が避けることから，一般にリスクが高いと判断される。

「うん，まぁな……」

「連結に占める電子の割合は，売上こそ，それほど大きくないですが，利益面では，多大な貢献をしています。

　特に，近年の急成長には目覚ましいものがあります。

　大手町も我々のスピード感には驚いていたはずですが……」

　まだ言い足りない富田。

「そこが問題なんだよ。

　大手町は，重いモノを扱っていて，ゆったりとした時間軸のなかで過ごしてきた人たちだ。そういう組織風土の中にいると，電子のような速いスピード感の事業は，危うさを感じるものにしか見えない。

　マーケットがボラタイルなのも怖いだろう。非鉄では供給側の自分たちがマーケットをコントロールできるが，電子ではそうはいかない。そういう構造にも不安があるんだろうね」

ウチは『身売り』するのか?

「それにしても……よく分からないですけど……『自分たちで買い手を連れてくる』っていうのは，どういうことですか?

　ウチは『身売り』するってことですか?」

　富田は真剣な眼差しで西郷を見る。

「身売り?」

　そんな言葉が出てくるとは思っていなかった西郷。

「江戸時代じゃあるまいし……」

と言い，西郷は，苦笑しながら富田を見る。

「でもこれって『身売り』じゃないんですか?　『身売り』先を自分で探すってことですよね。

　とはいえ……『もう要らないから売っ払う』と言われるよりは，自分から『身売り』する方がまだマシですかね……」

「社員の気持ちを考えると，両方とも嫌だなぁ」

と応じたうえで，

「それでね。新たな親会社は，電子事業と関連がある会社になると思う。業界の動向をよく知っている富田君の目からは，どういう会社が新たな親会社としてありうるか，感触を聞かせてもらいたいと思っているんだ」

　ようやく今日の本題に辿り着くことができ，やれやれと一息つく西郷。

同業他社は新たな親会社としてありえない

　しばらく考える富田。

「大手町に代わって，新たな親会社になりそうな会社ですか……う～ん，そんなことを急に聞かれても……」

　難しい問いに，言葉を詰まらせる富田。

　しばらく待っても，なかなか反応しない富田を見て，

「じゃぁ，親会社になってほしくない会社は？」

と，質問を変えてみる西郷。

「それならたくさんありますよ。まず，同業他社は完全に無理ですね」

　この問いには即答する富田。

「たとえば？　どこ？」

と問う西郷に，富田は同業他社の名前を次々とあげる。

「電子業界は，業界全体のパイが拡大している状況なので，個々の企業の売上が伸びるのは，ある意味，当たり前なんですよね。

　だから現場には『売上が伸びただけで満足するな。他社に競争で勝って，シェアの拡大ができてはじめて営業の成果が出たことになるんだ！』と発破をかけているんですよ」

と説明する富田。

「うん」

「現場での営業の競争は熾烈です。

　競合の動きを読みながら，ウチはどういう戦術でいくかを考えて，日々しのぎを削っています。

　我々営業にとって，同業他社は敵です。その敵の配下に入るなんて，考えられません！」

　同業他社が買い手候補となることはありえないことを強調する富田。

「そうか……とはいえ同業他社は，事業のことが分かっている。
　仮に，大手町が売却候補先を探すとしたら，同業他社が真っ先に候補になるかもしれない。そういう事態も想定して頭の体操をしておきたいのだが」
と突っ込んでみる西郷。

「そしたら，まず優秀な社員こそ，デモチするでしょうね」
「辞めるかな？」
「ウチの営業の若手は，どこに行っても生きていける子たちですよ」
「最近，社会全体として人材の流動性が高くなっているしね」
「若手の中には，日頃から，社外での自分の価値を，折に触れて，査定している子がいますよ」
「ウチの給料のほうが低かったら，辞めるのか？」
「すぐには辞めません。彼らは『自分には次がある』ことを常に確かめておきたいんです。それが彼らなりのセーフティネット[2]です。『次があるので安心だ』と確認した上で，ウチで働くんです」
「時代は変わったねぇ……」
　二人は，自分たちが若い頃の時代との違いを噛みしめていた。

「競合に売却されると，優秀な社員が辞めて，どこにも行けない社員だけが残るということか。
　そうなったら，競合は，ウチを買収する意味がないね？」
と言い，富田を見る西郷。

「いえ，そうでもなくて，ウチを買収すると，マーケットでは敵が一社減ってその売上を取り込むことができます。その結果，シェアが拡大するので，競合は大歓迎でしょう。
　供給については，これまで同様，買収したウチの工場で作るでしょうから，今の供給体制があれば，特段の問題は起こらないと思います。
　営業については，買い手にも営業部隊がありますから，ウチの部隊を吸収し

2　セーフティネットとは，日本語で「安全網」。網の目のように救済策を張ることで，全体に対して安全や安心を提供するための仕組みのこと。

て，新たな営業体制を再編するのだと思います」

「そうなると競合が買い手になったら，ウチは飲み込まれてしまうということか」
と言い，首を横に振る西郷。

　険しい表情の富田は，
「そうなったら，大手町は，『子会社を売却して潰した』って，言われるでしょうね」
と言い，声のトーンを落とす。

「大手町は，レピュテーションリスク[3]に敏感だから，それは嫌がるだろうね」
と言う西郷の声のトーンも低くなっていく。

周辺業種の企業だと構造は今と同じ

「電子は成長産業だから，この業界に新規参入したい企業もあるだろう。
『参入のために多大な時間とコストはかけたくないけど，機会があれば参入したい』という企業があるかもしれない。そういう企業にとってみると，ウチを手に入れる意味はありそうだが，そういった企業の傘下に入るのはどうだろうか？」
と，西郷は，新たな視点で，富田の考えを聞いてみる。

「電子業界に参入したい企業ということは，電子に隣接する業界ですかね。
　具体的な名前は，すぐには浮かびませんが……ウチの規模を買収するにはそれなりの資金力が必要です。
　電子業界で成長していくためには，積極的な投資の継続が不可欠なので，しっかりとした財務基盤も必要です。
　それを考えると，ウチを買える企業は，それほど多くないかもしれませんね」

「うん，そうだな……」

3　レピュテーションリスクとは，商品やサービス，それらを提供している会社などについて悪い評判が広まり，企業の信頼性が低下する危険性のこと。風評リスク。

「それから……他業界の企業に買収されると，我々の事業は，その企業の一部の事業ということになりますよね。つまり構造は，今と同じということです。

　今もそうですが，他に本業を持っている会社は，ウチの事業のことが良く分からないですし，電子事業の投資アペタイト[4]に対しても，『また投資が必要なの？』ってことになりかねないです。

　そうすると，大手町との今の確執と同じことが繰り返されるかもしれません」
と富田が答える。

「覚悟して親会社になってくれるところでないとダメだな」

　富田との話の中で，西郷は，ミツカネ電子の成長を加速させてくれるような新たな親会社を探すことは，極めて困難な作業なのだということを実感した。

4　投資アペタイト（Appetite）とは，直訳すると「投資に対する食欲」，つまり投資を選好する度合のこと。

2　ウチの味方をしてくれるFAはいない

FAに相談すると何が起こるか？

　富田と話をした翌日の朝，西郷は，その報告のために寺田社長の部屋に入った。

　西郷の報告を静かに聞いていた寺田社長。
「そうか……営業の感覚はよく分かる。
　日々競争しているライバルが，新たな親会社になることには，相当な心理的な抵抗があるだろう。日本でも2000年代に再生事業を売却した時代があったが，その頃は，早急に事業を建て直す必要があったから，同業が売却先となることが多かった。ウチが同業に売却されると，その時代のイメージを持っている人たちの目には，ウチが再生企業だと映りかねない。それは私も嫌だね。
　事業会社を売却先として探すのであれば，多少視点を広げて探索してみる必要がありそうだ」
と言い，神妙な表情で西郷を見る。

「はい……そうですね。
　そうなると，我々が普段から接していない領域を含めて，広い範囲の業界分析が必要となります。
　出入りのFA（フィナンシャル・アドバイザー）にお願いして，ベストオーナー探しを手伝ってもらいましょうか」
と提案する西郷。

　しばらく考える寺田社長。
「実は，私も，それについては考えてみたんだが……今は，FAはやめておこう」
と言う。

　普段，寺田社長は，コンプライアンス[5]の問題が起きれば，すぐに弁護士を呼ぶし，移転価格[6]の問題が起これば，税務の専門家を呼ぶなど，何か起こると，直ちに外部のプロフェッショナルに意見を求める。

しかしながら今回は，自分のところの売却話だというのに，M＆A取引を支援するFAに声をかけないという。

「えっ，どうしてですか？」
　驚きを隠さない西郷に寺田社長につぶやく。
「日頃から懇意にしているFAがいれば，声をかけるんだが……」

「これまで，仕事をしてくれたFAは？」
と問いながら，西郷は，過去に仕事をお願いしてきたFAの顔ぶれを思い出していた。

「そうなんだが……彼らには，確かに子会社や孫会社の再編を手伝ってもらった。でもどれも大手町からの指示に基づくグループ再編だ。だから彼らのクライアントは大手町だ。彼らにとって，大手町は，これまでもこれからも上顧客だ。
　我々でベストオーナー探しをしていることを大手町には伏せておきたいと伝えたとしても，FAは成功報酬で動く人たちだから，成功の可能性を探るために，売り手である大手町に探りを入れるだろう。そうすると，我々の動きが大手町に伝わってしまう」
と寺田社長は言う。

　なるほどと思う西郷。

　寺田社長は，渋い表情で，
「しかも，確認しに行く先は，大手町の経営企画になる。あそこは，一枚岩じゃないし，情報が色んなところに洩れて，ウチが政争の具にされかねない」
と付け足す。

「確かに……」
　西郷は，（大手町の経営企画は，伏魔殿のようだ）と感じたことが，これま

5　コンプライアンスとは，「法令遵守」のこと。企業や組織が法令や倫理といった社会的な規範から逸脱することなく適切に事業を遂行することを意味する。
6　移転価格とは，企業グループ内の取引価格のこと。国をまたぐ取引の場合，海外子会社などとの取引価格を人為的に操作して税率が低い海外へ所得を移転し，日本の課税所得を減らすことを防止するために，移転価格税制が設けられている。

でに何度もあった。

「うん……それに……大手町が子会社を，"遠ざける会社"と"近づける会社"
に分類していることを，FAが知ることになったら，そのFAは，ウチではなく，
大手町の側に就いたほうが得だと思うだろうね」
と言い，寺田社長は，西郷の目を見る。

　寺田社長が言わんとすることを瞬時に理解する西郷。
「確かにそうですね。
　今回，ウチの側に就いても，彼らにとっては，今回のディール一回でおしま
いですが，大手町の側に就いたら，大手町は，ウチ以外に，いくつも"遠ざけ
る会社"を持っていますから，FAとして，仕事の沃野が開けているというこ
とですね。それに加えて，"近づける会社"を完全子会社化するほうも，FAに
とっては仕事になりますね」

「そのとおり。FAに，ディールの金脈を教えてあげるようなものだよ」
と言い，寺田社長は，苦笑いをする。

　そして，
「誰か，我々を応援したいと意気に感じて動いてくれるFAはいませんかね
……」
と呟く西郷。

「仮に，そういったFAが，一人か二人いたとしても，大手のファームは，組
織で動くから，組織の論理としては，大手町のほうを見て仕事をすると思う。
　今となっては，もう遅いのだが……ウチとして直に話ができるブティック
系[7]のFAとの関係を，どこか作っておけば良かった……」
と反省の弁を口にする寺田社長。

「今，大手町に，我々の動きが知れたら，大変なことになりますからね。『何，
勝手なことをやっているんだ』と，西園寺社長の雷が落ちてくるかもしれませ
ん」

7　ブティック系とは，小規模な独立系のファームのこと。大手ファームから独立した
　FAが一人または数人で運営しているファームのこと。

と言い，雷を落としている大手町の西園寺社長の姿を想像しながら，思わず首をすくめる西郷。

（『自分たちでベストオーナーを探したらどうか』と寺田社長に提案してみたものの，誰からの支援も得られないのか……これは前途多難だ）
と思い，西郷は，本件を進めることの困難さをひしひしと感じる。

　そして沈黙に沈む二人。

コンサルティング会社はどうか？

　沈黙を破ったのは西郷だった。
「では，『事業計画を策定するので，業界分析の作業を支援してほしい』という名目で，コンサルティング会社に仕事をお願いするのは，いかがでしょうか？
　ウチの事業を今後大きく成長させるためには，どういった事業領域で，どういった企業との価値共創[8]が期待できそうかを広い視野で鳥瞰するというスコープ[9]を入れておくんです」
と寺田社長に提案してみる。

　コンサルティング会社は，M&A取引だけではなく，経営全般について，その会社が抱えている問題に関して相談に乗り，それを解決するための方法をアドバイスし，その計画を実行する手助けをする会社である。

　しばらく考える寺田社長。
　そして，頷きながら，口を開く。
「うん，それはありうるね。
　コンサルに価値共創が期待できる相手をあげてもらえば，そこからベストオーナーの候補が上がってくる可能性があるね。
　コンサルティング会社だったら，これまでもウチが主体となって雇うことがあったし，懇意にしている先もいくつかある」

8　価値共創とは，様々な立場の人たちとコミュニケーションを取りながら，新しい価値を共に創造していくこと。共創する相手には，顧客（消費者）や協力会社，社外人材といったステークホルダーが含まれる。
9　スコープとは，「範囲」のこと。

　さらに，しばらく考えて，

「大手町も次期中計策定に取り掛かっているから，じきに我々のところへも数字を出せと言ってくるだろう。そのときに備えて，コンサルティング会社を雇っていると言えば，大手町も不審には思わないだろう」

　寺田社長の声が次第に明るくなる。

　西郷も大きく頷く。

「事業計画は，中計の核となるものだが，今回は，買い手候補に出すことになる。

　でもどこから情報が洩れるか分からないから，コンサルには，『ベストオーナー探し』のことは伏せておいて，事業計画の策定を目的とした支援を前面に出してお願いするのが良いね」

　寺田社長の声には張りが出てきた。

　西郷も，再度，大きく頷く。

「では，社内で，事業計画策定のプロジェクトチームを立ち上げよう。

　そのプロジェクトをサポートするコンサルティング会社の選定作業にも，早速，取り掛かってくれ」

　方向性が見えてきた寺田社長は，テンポ良く西郷に指示を出す。

3　投資ファンドは絶対嫌

古江工場長の反応

　寺田社長の意向を受けて，西郷は生産を統括している古江工場長との会談をセットした。

　会談参加者は，寺田社長と古江工場長そして西郷の三人である。

　古江工場長は，寺田社長よりも一つ年上で，西郷たちと同様，ミツカネ工業出身であり，今はミツカネ電子に転籍している。

　電子事業では，営業が作った需要予測が外れたり，急な納期変更が起きたりと，製販の間で，日々，何かと問題が起きるのだが，古江工場長は，そのたびに，たいした文句も言わずに，工場側の不満を上手く抑えて，営業との調整に東奔西走してくれていた。そのため，社内には，工場以外にも，古江工場長の人柄を慕う社員が多い。

　寺田社長の話を静かに聞き終わった古江工場長の第一声。
「そうですか。
　電子がミツカネグループから出ていくことになるのは残念ですが，私は，会社の方針に沿って，できることを最大限やるだけです」

　凛としている。
　さすが工場長。
　いつものことであるが，どのような話にも動じない。

　古江工場長は，さらに言葉を足す。
「研究開発や生産設備に，もう少し投資できていたら，供給量も増えて，売上増加が見込めました。それができずに，折角のビジネスチャンスが目の前を通り過ぎていったことが幾度かありました。

　このまま投資が抑制されると，厳しい競争環境に勝ち抜いていけません。
　今，お聞きした話は，将来の選択肢として，考慮に値すると思います」
　穏やかな口調ではあるが，そこには古江工場長の素直な気持ちが現れていた。

「大手町が工場への投資を渋るたびに，皆さんには悔しい思いをさせてきましたが，古江さんのお陰で，工場は，今ある設備を，最大限効率的に動かして，上手く対応してくれました」

寺田社長は，日頃から感じている感謝の気持ちを口にしながら，古江工場長のほうを見る。

「新たな親会社は，投資に理解を示してくれるところだとありがたいですね」

頷きながら応える古江工場長は，すでに，新たな親会社に気持ちが向いているような雰囲気さえ漂わせている。

「その新たな親会社ですが，実は，内々に『自分たちで探せないか』という話をしているんです」

と西郷は言い，古江工場長を見る。

ビックリした表情で西郷を見つめる古江工場長。

「そんなこと，できるんですか？」

「分かりません。でもトライしてみようと思っています」

ベストオーナー探しは，困難を極める作業であることを，認識しはじめている寺田社長と西郷であるが，努めて前向きな姿勢を見せようとしていた。

三人の間に静寂な空気が漂う。

「経営企画は大変ですね。そういう仕事もしなければいけないんですね。どうぞ良い親会社を探してきてください」

と言い，古江工場長は，西郷のほうを向く。

古江工場長の言葉を聞きながら，寺田社長と西郷は，顔を見合わせる。普段からそうなのだが，古江工場長は，工場の利害に直接関係すること以外には，深い関心を示さない。

西郷は，

「いえいえ，私が探してくるということではなくて，ミツカネ電子の事業を今後さらに成長させるために，どのような会社が親会社となったらよいかを，皆で考えていこうということです。

そこで今日は，古江工場長から，新たな親会社についてのお考えを伺いたい

のですが……」
と，今日の会談の主旨を丁寧に説明する。

　また沈黙。

「そんなこと……考えたこともないですから……」
　確かに平時は，誰もそんなことを考えて仕事をしていない。
　西郷が先日話をした富田営業部長も，最初は同じ反応だった。

「実は，先日，営業の富田さんにも，『どういう会社が新たな親会社として相
応しいか』について，考えを聞いてみたのですが，競合他社が新たな親会社に
なることについては，否定的な意見でした」
　会話の糸口を探る西郷。

「それはそうでしょうね。国内の同業は，日々，前線で戦っている相手ですか
ら」

海外の会社も選択肢の一つか?

「国内の……ですか……」
　富田の話は，徹頭徹尾，国内の話であり，西郷の思考も海外まで及んでいな
かった。
　西郷は，弱点を突かれたことにドキッとする。

「正直言うと，海外については，あまり考えていませんでした。古江さんは，
海外の会社が親会社になることもありうると考えますか?」
　寺田社長も，古江工場長の発言に興味を示した。

「いやぁ，分かりません……技術はウチのほうが上です。同業であっても，海
外なら営業現場での摩擦は，国内よりは少ないと思いまして……グローバルな
時代ですし」

　自分が想定していた選択肢は狭かったと感じる西郷。
　同時に，西郷は，自分たちのベストオーナー探しには，まだ探索の余地があ
ることを悟り，希望が出てきた。

「確かにそうですね。海外も選択肢に入れる必要がありますね」

と西郷は，低い声で応える。

投資ファンドも選択肢の一つか？

　西郷は，さらに話を広げようとして，こういう話も付け加えてみた。
「他にも選択肢を広げるという意味で……たとえば投資ファンド[10]も候補にな
りえるかと思いますがいかがですか？
　ウチは，それなりにキャッシュを稼げていますので，多くの投資ファンドは，
ウチへの投資に興味を示すと思います。とはいえウチの規模の会社に投資でき
るファンドは，それほど多くはないと思いますが……」

　投資ファンドとは，主に，未上場の株式への投資を行うファンドである。
　昨今，投資ファンドは，大企業の子会社やノンコア事業への投資を加速させ
ている。

　このとき，古江工場長の表情が急にこわばった。
　寺田社長と西郷も，その古江工場長の変化に気がつき，（どうしたのか？）
と思いながら，古江工場長の顔を見る。

「投資ファンド！　そんなところも，今回，検討するのですか？」
と声を荒げる古江工場長。そして，荒く息を吐き，
「投資ファンドなんかダメです。絶対にダメです！」

　古江工場長の腹の底から響く声に驚いた寺田社長と西郷は，お互いに顔を見
合わせた。

「なぜ投資ファンドは，ダメなんでしょうか？」
　西郷は丁寧な口調で古江工場長の真意を探る。

投資ファンドは『ハゲタカ』？

「すみません。つい声を荒げてしまいました。それは……従業員が可哀そうだ
からです」
　大声を出したことを詫びながら，古江工場長は答える。

10　ここで言う投資ファンドとは，主にプライベートエクイティファンド（PEファンド）
　のことを指す。

「どうして，従業員が可哀そうだと思うのですか？」
　西郷は重ねて尋ねる。

「昔，『ハゲタカ』っていうドラマ[11]がありましたよね。
　投資ファンドが投資先の会社を馬車馬のように働かせて，最後は自分たちががっぽり儲ける，という話でした。
　従業員もあのドラマを見ていますから，ウチが投資ファンドに買収されると分かったら，従業員はパニックになります。
　特に，工場が立地している地方部では，投資ファンドに対するアレルギーが強いので，家族も不安を覚えるのではないでしょうか」
と言い，古江工場長は顔をしかめる。

「あのドラマは確かにヒットしましたね。
　映画にもなって，『投資ファンドは悪者。死体に群がるハゲタカ』というイメージが，すっかりと定着しました」
と，西郷は，古江工場長の発言をフォローしながらも，
「でもそれは，15年以上も前の話です。
　最近のドラマで出てくる投資ファンドは，白馬の騎士や救世主のような役回りに変わってきていますよ。
　今でもあの頃のハゲタカの印象を持つ人たちがいるでしょうかね……」
と，近年における投資ファンドの役割の変化について説明する。

投資ファンドにまとわりつく再生のイメージ

　そこへ，寺田社長。
「う～ん……私は，古江さんが言わんとすること，分かる気がするなぁ。私の周辺の人達の投資ファンドに対するイメージは，まだ『事業再生』かもしれない。とはいえ，『ハゲタカ』よりは，随分マシだけど……」

11　『ハゲタカ』は，NHK総合テレビおよびBSハイビジョンの「土曜ドラマ」枠で2007年2月17日から3月24日まで毎週土曜日に放送された日本のテレビドラマ。作家・真山仁の経済小説『ハゲタカ』シリーズを原作とし製作された実写映像化作品。経済小説『ハゲタカ』は，第1作『ハゲタカ』が2004年（平成16年）にダイヤモンド社より刊行されたのち，講談社よりシリーズ化された。既刊5作品およびスピンオフ2作品。2009年には続編となる映画『ハゲタカ』が製作された。

2000年代に，わが国の投資ファンドは，再生案件を数多く取り扱っていた。

仮に，ミツカネ電子が，投資ファンドに買収されると，その頃のイメージを持っている人たちの目には，「ミツカネ電子は，実は，業績が芳しくない再生企業だったのだ」と映るかもしれないことを，寺田社長は，心配していた。

「かつて再生企業に投資していた投資ファンドも，今は，事業承継[12]案件や大企業からのカーブアウト案件などの成長事業に投資するようになっています。

投資ファンド自体が年々進化してきていますが……」

西郷は，成り行き上，投資ファンドをフォローする側に回っている。

西郷の大学時代の同級生のなかには，当時の興長銀[13]や都銀[14]に就職したものの，それらの銀行を早々に辞めて，投資ファンドに転職した者が何人もいる。そのため，西郷は，投資ファンドの仕事について，それなりの知識を持っていた。

レバレッジを活用する投資ファンド

古江工場長は，なおも話し続ける。

「そもそも投資ファンドは，投資するにあたって，その投資資金の一部を銀行借入でまかなうらしいですよ。

あろうことか，その借入は，その投資ファンドが返済するんじゃなくて，投資先の会社が創出するキャッシュで返済するんです。

投資ファンドの懐は全く痛みません。他人のふんどしで相撲を取って[15]，濡れ手にアワで儲けるんですよ！」

と語気を荒げる。

---

12 事業承継とは，会社の経営を現在の経営者から別の後継者へと引き継ぐこと。

13 興長銀とは，長期資金の安定供給を担っていた日本興業銀行と日本長期信用銀行のこと。日本興業銀行は，2000年にみずほフィナンシャルグループの傘下に入り，日本長期信用銀行は，米国の投資ファンド・リップルウッドを中心とした投資組合に売却され，2000年に新生銀行に改称した。

14 都銀とは，都市銀行のこと。普通銀行の中で，東京や大阪などの大都市に本店を構え，広域展開していた日本の銀行のことで，現在までに，三菱UFJ銀行，三井住友銀行，みずほ銀行，りそな銀行に再編されている。

15 「人の褌（ふんどし）で相撲をとる」とは，他人の力や物などを利用し，自分が得をするために活用するという意味の諺。

　古江工場長が，投資ファンドを頭から否定するのには，訳があった。

　古江工場長の大学時代の友人が勤めていた会社が，少し前に，投資ファンドからの出資を受け，古江工場長は，その友人から，投資ファンドについて詳細な話を聞いていたのであった。

「多くの投資ファンドは，おっしゃるとおり，借入金を活用するLBO（レバレッジド・バイアウト）[16]を用いますし，ノンリコースローン[17]ですからそういう形になりますよね……」

　古江工場長の迫力にタジタジとなりながらも，西郷は，投資ファンドのファイナンスの仕組みについて説明する。

　古江工場長は，さらに強い口調で，投資ファンドのことを話し続ける。

「投資ファンドは，ドライです。外資系もいます。

　彼らは，投資後，利益率とか，在庫日数とか，幾つもの指標を会社に突き付けて，『これまでのようなぬるま湯体質じゃダメだ。もっと利益を意識しろ！もっと稼げ！』と次々と圧力をかけてくるらしいです。投資ファンドが我々の株主になっても，何年か後に，我々は，またどこかに売られるんですよ……投資ファンドはそれをEXIT[18]って言っています……EXITのときには，相当高い価格で売るんです。それで彼らは儲けるんです」

　古江工場長は，大学時代の友人から，色んなことを聞かされているようだ。

投資ファンドが入る利点

（古江工場長の指摘は，そのとおりなのだが，それが投資ファンドというものだ。

　LBOローンは，往々にして，財務制限条項（コベナンツ）[19]が厳しいので，

16　LBOとは，「Leveraged Buyout（レバレッジド・バイアウト）」の略で，M&A（企業の合併・買収）の際に，対象会社の資産または将来のキャッシュフローを担保に，金融機関等から資金調達をして行うことをいう。

17　ノンリコースとは，借り手が担保を処分しても返済額に満たない場合，それ以上の返済を求められない融資のこと。その分，レンダー（貸し手の金融機関）は，リスクを金利に上乗せする。日本よりも欧米で普及している。

18　EXIT（エグジット）とは，オーナー経営者や投資ファンドなどの投資家が，これまで経営してきた企業を売却して利益を得る行為のこと。

金融機関からのプレッシャーも大きいのだろう)

と思いながら，

「近年は，事業会社でも，傘下の事業や子会社を，投資ファンドに売却するケースが増えています。

　古江さんのご友人が勤めている会社もそうだと思いますが，事業会社ではなく，投資ファンドが株主になったという事実に鑑みると，それなりの背景が何かあったと思いますが，その辺りは何か聞いていませんか？」

　西郷はポジティブな話に持っていこうと水を向ける。

　記憶を辿る古江工場長。

「そう言えば，ガバナンス[20]のことを言っていました。友人が勤めている会社は，いわゆるオーナー企業[21]なのですが，ガバナンスが緩いことが経営課題だったらしく，『ガバナンスを強化することによって企業価値を上げる』と投資ファンドは言っていたらしいです」

と言い，西郷を見る古江工場長。

「ガバナンスの強化ですか。ご友人の会社では，投資ファンドが具体的にどういうことを実行したのですか？」

　寺田社長も，古江工場長の友人の会社の件には興味がありそうだ。

「言いにくい話ですが，たとえば個人の好き嫌いによって，経営判断や人事が偏るようなことを排除したようです」

「たとえば？」

「う～ん……一部の経営陣が……まぁ社長ってことですが……合理的でない判断をしても，周りがそれを許容してしまうような専横体制とか，社長に忖度す

19　コベナンツとは，「約束・誓約」の意味。「コベナンツ融資」とは，「財務制限条項付き融資」とも呼ばれ，借入契約内容に一定の特約条項（義務や制限など）を記載する融資制度であり，シンジケートローン，ノンリコースローン，LBOローンなどの組成融資（複数の金融機関が参加する融資）に活用されている。

20　ガバナンス（governance）とは，日本語で，統治，支配，管理のこと。ビジネスにおいては，コーポレートガバナンスを意味する。

21　オーナー企業とは，創業者やその親族，創業時のメンバーが，社長や会長といった経営者となり，経営にあたっている企業のこと。

るばかりで取締役会が機能しないとか，コスト削減をしようとしても至る所にしがらみがあって実行が困難だったようですが，そういったところを改革したようです。

　そういう状況は，内部の人たちでは改革しにくいですが，第三者の立場である投資ファンドだったら大鉈を振るうことができる，ということのようです」

「ご友人が勤めている会社は，投資ファンドが株主になった後，社内の風通しが良くなったのでしょうか？」

「そういう面はあったようです。でもウチは，そんな専横的な経営をしている会社ではないですから」

　古江工場長は，目の前の寺田社長に配慮する術を心得ている。

　その後しばらく，寺田社長と西郷の二人は，投資ファンドが親会社になることについての懸念点について，古江工場長とじっくり話をした。

（投資ファンドが，我々の株主となることについても抵抗が大きいなぁ。
　事業会社もダメ，投資ファンドもダメ……一体どうしたものか……）
　西郷は，途方に暮れていた。

4　事業計画策定のキックオフミーティング

事業計画策定プロジェクトを始動させよう

　ミツカネ電子の寺田社長と経営企画部長の西郷は，ベストオーナー探しに取り掛かりながら，大手町が次期中計の策定に着手したことを受けて，ミツカネ電子においても，事業計画を策定するためのプロジェクトチームを立ち上げ，コンサルティング会社を起用することにした。

　大手町から様々な数字の提出を求めてくることが予想されるため，それへの対応の意味もあったが，それ以上に，皆が納得するような将来の親会社候補を何とか見つけたいと考えてのことだった。

　ただし当面，親会社探しのことは，大手町に内密にしておきたいため，コンサルティング会社にも，『事業計画を策定するためのサポート』という名目で作業を依頼し，『ベストオーナー探し』のことは伏せておくつもりだ。作業内容に『価値共創ができる業界や企業を調査する』というスコープを潜り込ませておき，この調査のなかから，親会社候補を探るという算段である。

　今は，複数のコンサルティング会社に声をかけて，提案書を出してもらう段階であり，どこのコンサルティング会社に仕事を依頼するかは，まだ決めていない。

　事業計画を策定するプロジェクトチームのメンバーにも，もちろん『ベストオーナー探し』のことは伏せてある。

プロジェクトのキックオフ

　今日は，事業計画を策定するためのプロジェクトのキックオフの日である。

　最初に，寺田社長が，このプロジェクトの重要性をメンバーに熱く語る。
「今回のプロジェクトのポイントは，『自分たちの手で，自分たちの事業計画を作る』という点です。

『自分たちの手で』という意味は，『我々にとってベストな事業計画とは何か』を，自分たちの頭で考えるということです。

　マーケットの中で，この会社がどのように成長していくか，全ての制約を取

り払って，自分たちの頭で，白地から考えたいのです。

　当社が今後ステージを上げて，もう一段大きく成長するための事業計画です。

　長丁場になりますが，一緒に，魂が入った熱い事業計画を作っていきましょう」

『ミツカネ電子がグループから外れることについては，ミツカネ工業の次期中計の中で，方向性がやんわりと示されるだけ』と聞かされている寺田社長は，大手町が，次期中計で電子に求めてくる数字は，これまでの延長線上にとどまり，それ以上に発破をかけてくることはないと，踏んでいた。

　強い計画であれば，高値で売却できる可能性が高くなるため，強気の数字が並んでいることは大手町にとって望ましいであろうが，電子があまりにも良い数字を出すと今度は「電子はグループ内に留めていたほうが良いのではないか」という議論を惹起する可能性があり，大手町からすると，そういう事態は，避けたいであろうと読んでいた。

　ミツカネ電子にしてみると，新たに作成する電子の事業計画は，これから出てくるであろう親会社候補に見せるものである。だから，あまり変なものは作れない。数字もさながらストーリーが重要である。

　これまでの中期経営計画策定では，大手町から何らかのガイドラインが示され，それに基づいて，ミツカネ電子は，自社の事業計画を策定していた。

　しかし今回，ミツカネ電子の寺田社長は，（大手町からの指示は，とりあえず横に置いといて，全ての制約を取り払って，自分たちの頭で，ベストと思える事業計画を策定したい）と考えていた。

　寺田社長と一緒に西郷が選定した十名のプロジェクトメンバーは，熱のこもったこの寺田社長のスピーチに聞き入り，緊張した面持ちで，寺田社長を見つめていた。

　寺田社長の挨拶の後，経営企画部長の西郷が，事業計画策定のプロジェクトの詳細についての説明を行い，最後に，
「説明は，以上となりますが，何か質問はありませんか？」
と，メンバーに質問を促す。

中堅若手プロジェクトメンバーの懸念点

　早速，富田営業部長の部下が手をあげた。
「速水君，どうぞ」

「はい，事業計画策定の概要は，承知しました。頑張ります！　それで……これは，大手町の次期中計と連動しているのですよね？」
と確認する。

「はい。大手町も次期中計に着手しはじめています。その大手町の次期中計には，今回の作業の内容が反映されることになります」
と，西郷が答える。

「では，大手町からは，もうそのガイドラインとか，数字とかは，来ているのですか？」
　他のメンバーも，（そう，そう，それが知りたい……）と頷きながら，西郷の反応を待っている。

（あー，社長の話が全く伝わっていない。社長は『自分たちの事業計画』と言ったのに……）
　西郷はガッカリする。

「さっき社長からも説明があったように，今回の事業計画は自分たちで作るのです。数字は，大手町に頼らず，自分たちのものを，自分たちの頭で作ります」
　西郷の口調は，ややぶっきらぼうだ。

「自分たちの頭で……そうですか……それは分かりました。
　じゃあ，早い段階で，大手町と数字について，すり合わせを行ったほうが良いですね。
　それはいつ頃のタイミングになるんでしょうか？」
と中堅若手の速水は，切り返す。

「いや，だから……今回は，すり合わせは，基本的には，行いません。
　自分たちにとってベストな計画とは何か？　それを追求するのが，今回のプ

ロジェクトの目的です」

さらにぶっきらぼうな口調になる西郷。

　速水は怪訝な表情となる。

「ええっ？　それでは，大手町が想定している数字と違ったら，どうなるんですか？

　そうなったら，我々の作業はやり直しです。

　我々メンバーは，この作業の間，現場を離れます。そうなると，それぞれの現場には，我々の分の負担がかかってきますので，できるだけ早くこの作業を終えて，現場に復帰しなきゃいけないと思います。だから無駄になる作業は，極力したくないのですが」

　十名のメンバーは，隣同士でひそひそと話を始め，場がざわつく。

　西郷と寺田社長は，顔を見合わせる。

「先程の社長の話にもあったように，今回の事業計画は，全ての制約を取り払って我々の頭で考えて策定します。

　繰り返しになるが，我々がマーケットでいかに勝負して，どういう成長ストーリーを描くのか，我々自身で分析して計画を策定する。

　それが例年と異なる今回の事業計画の肝だ」

西郷の口調には，いらだちが表れている。

　それを察知しながらも，

「しかし……」

と速水。

　西郷は，速水を睨む。

　睨まれても，ひるまない速水。

「自分たちで事業計画を策定することは，分かりました。

　しかし，我々の事業計画が大手町の数字と乖離していたら，大手町は修正を求めてきます。特に，投資については，投資枠を睨みながらどの投資を優先させるかを検討しますから，数字を大手町と先にすり合わせておかないと，無駄な検討をすることになります。

　結局，最後は，大手町の数字に合わせることになりますから。

でも今回は，大手町が何か言ってきても，それを聞かなくてもよいということなのでしょうか？　やりたい投資は，全てできるということでいいんですか？」

他のメンバーも，（そうだ。そうだ。そこが問題なんだ！）と言わんばかりに，西郷を見る。

「繰り返しになるが，自分たちでベストと思う計画を作ってほしい」

短く答える西郷。

「でも現実問題として，そうはいきませんよね。

大手町からの『ここを修正してほしい』という指示は，我々に，直接，落ちてくることもあります。投資については，特にそうです。

でも仮に大手町から何か言われたら，『今回は大手町の指示は受けない』と大手町に返答をしても良いということでしょうか？」

なおも食い下がる速水。

ミツカネ電子では，これまでも大手町に「それはできない。無理だ」と言っても，大手町から『相談』という名の指示がきて，結局は大手町に押し切られたことが何度もあった。大手町が，電子の現場に，直接，指示することもあった。

電子と大手町の言っていることが異なると，現場は『どちらの言うことを聞けば良いのか』と板挟みにあう。

その際，大手町からの出向者で構成されている電子のマネジメントチームは，大手町と真正面から議論をする訳でもなく，電子の方針を変更する訳でもなく，成り行きに任せてしまい，結局は，大手町が言うとおりになってきたという過去がある。

寺田社長が見せた覚悟

西郷は，ハッとした。

（我々マネジメントチームの姿勢が，試されているのだ……）

その時，寺田社長がすくっと立ち上がった。そして，プロジェクトメンバーの顔を一人ひとり見ながら，

「電子のマーケットのことは，我々が一番よく知っている。

　繰り返しになるが，今回は，全ての制約を取り払って，我々の頭でベストであると思える事業計画を作りたい。投資についても同様だ。

　私はそのような事業計画が見たい。

　その事業計画を手に持って，今後，電子がミツカネグループでどうあるべきか，西園寺社長をはじめ大手町の人たちと意見交換したい。

　今回の事業計画の策定は，皆さんの思い通りにやってほしい。

　策定の過程で大手町が何か言ってきたら，どんな細かいことでもよいので，私や西郷さんと相談してほしい。

　私が盾になる。

　私が皆さんを守るので，我々にとってベストな事業計画を自分の頭で考えて策定してほしい」

　寺田社長の並々ならぬ決意。

　そしてそこに居並ぶ，経営企画部長の西郷，営業部長の富田，そして古江工場長というマネジメントチームの面々。

　彼らの顔が，キリリとした表情に変わっていくのを見た事業計画策定のプロジェクトメンバーは，今回の事業計画の策定に対するマネジメントチームの強い思いを読み取り，若い彼らの胸にも，新たな決意と熱い思いが，湧き起こってきた。

　キックオフの場は，これから起こることに対する期待感の中で，散会した。

5　ポストキックオフミーティング

寺田社長を労う西郷

　キックオフ終了後に，寺田社長の部屋に同行した西郷。

「お疲れ様でした。
　社長の意気込みと覚悟は，プロジェクトメンバーに，確かに伝わったと思います」
と寺田社長を労う西郷。

（寺田社長がこんなに頼もしい社長だったとは！）
　西郷は感動している。

「うん。それにしてもなぁ……今日はおおいに反省したよ」
　本音をさらりと言えるところが，寺田社長の凄いところだ。
　この寺田社長の人柄が，ミツカネ電子の風通しの良さを創り出している。

　だから西郷も
「私もです……」
と，本音で応じることができる。

自立しなければいけないのは自分たち

「『大手町の指示は絶対だ』と思い込んできたのは，社員だけではない。我々も同じだ。こっちが何を言ったところで，『大手町は聞く耳を持たない』と，諦めていた。
　理屈に合わないことや，反対すべきことがあっても，我々は，大手町からの指示に，表立って反対してこなかった。『長いものに巻かれろ』ではないが，そういう姿勢があったことは，否定できない。
　そんな我々を見てきた社員に，いくら『自分たちの頭で考え，自分たちの事業計画を作成してくれ』と発破をかけたところで，彼らは『そんなことを，一方的に，突然，言われても……』と思うだろう。だとしたら，彼らは，全力投球などしてくれない。様子見をしながら，仕事をするだろう。

　だから『大手町が何か言ってきても私が盾になる。皆を守る』と言わなきゃとダメだと，咄嗟に思いついた。それを聞いてはじめて，彼らは動き始めてくれるんじゃないかってね」

　おおいなる反省の弁と，思うところを口にする寺田社長。

「はい……」
と言いながら，深く頷く西郷。

「大手町から離れて，新しい親会社を見つけるためには，まず，自分自身が，大手町から自立しなければいけないことを痛感したよ」

親会社のほうにも問題がある

　西郷は，寺田社長が言っていることは，（そのとおりだ）と思う一方で，（ミツカネ電子の自立心の欠如だけが問題なのではなく，大手町のほうにも問題がある）と思っている。

「我々が，大手町の意向を気にするあまり，結果として，我々の自立心を削いできたことは，確かにそのとおりです。

　他方，大手町のほうにも，子会社に対する配慮がなく，『子会社だから，泣いてもらうことも致し方ない，子会社は，親会社の言うことを聞いて当然だ』という意識がありませんか？

　個人だったら『それはないでしょう』というような理不尽なことを，組織になると，大手町は平然として，やってのける。

　そんな非道な大手町の犠牲になったことが，過去に，何度あったことでしょう。

　ウチだけでなく，他の子会社も，そういう経験をしています」

　寺田社長は，西郷を見る。
「大手町は，中にいると，良い会社なんだけどね。

　若手の意見をよく聞いてくれて，社員のモチベーションも極めて高い。

　しかし，一旦それがグループ経営となると，子会社の意見には，聞く耳を持たない。いきなり上意下達になって，子会社の事情や気持ちに，関心を払わない。

　子会社を統治することを，植民地経営のように，上から目線で接することだ

と勘違いしている人が多い。

　大手町が『グループ内で子会社と機能分担をしている』という姿勢になって
くれれば，皆，気持ちよく仕事ができるのだが」

　酒が入るといつもこの手の話題になるが，今日は，まだ陽が高い。

自分たちで事業計画を作り上げられるだろうか？

「ところで今回，ウチで策定する事業計画に対して，大手町は，何か指図をし
てきますかね？」

と，話題を変える西郷。

「どうかな……実は，今は，大手町からの干渉よりも，自分たちの事業計画を
自分たちの力で，ちゃんと作り上げられるかどうかのほうが心配だ」

と言い，西郷を見る寺田社長。

「どういうことですか？」

「さっきの速水君と西郷さんのやり取りを聞いて，そう思った」

と言い，深いため息をつく寺田社長。

　そして，

「彼らには，『どうせ最後は親会社の言いなりだ』という考えが染みついてい
る。

　親会社からの『指示待ち』になってしまって，自分の頭で考える力が十分に
育っていない。これは私の責任でもあるのだが……」

と言いながら，寺田社長の顔が暗くなる。

「大手町の指示は，絶対ですからね。

　ウチの社員も，常に大手町を見ながら，仕事をしています。

　テーマによっては，大手町も，細かい指示を出してきます。

　大手町と議論をして『あいつは，反抗的な社員だ』と，変な烙印を押される
よりも，大手町の言うことに従っていた方が楽だと考えている社員は少なくな
いです。

　だから，『指示待ち』が染み付いているのだと思います。

　私も，ここへ出向してきた当初，それが気になっていましたが，大手町とい
う存在がある以上，その組織風土を変えることは難しいと思っていました」

と西郷。

「上からの指示に従う姿勢は，必ずしも悪いというわけではないのだが……でも今回は，大手町のガイドラインは置いといて，まっさらから，自分たちの頭で考えて数字にしていく。

　しかしね……そうなると『社長，どう考えていますか？』と，今度は，大手町の代わりに，私に指示を求めてくるのではないだろうか？」

「なるほど……そうかもしれません……」

「私は，電子の将来に向けて，今回の事業計画で，大きな方向性を打ち出したいと思っている。

　しかし，それを実際に実行するのは，彼らの世代だ。彼らが，『自分で作った事業計画を，自分で実行する』，そういう事業計画を策定したいと思っている。

　他人が作った事業計画を実行するのは，それこそ他人事なので，やる気が起きない。自分たちで作った事業計画は，納得感があるので，頑張って達成しようとする。見てくれが良かろうと悪かろうと，自分たちで作るところに意味がある。

　でも果たして，彼らに，そういう事業計画を策定する力があるだろうか」

　寺田社長の正直な感想である。

「そうですね。『指示待ち』体質のなかで，どれだけ自分たちの事業計画が作れるかは，確かに不安です。それに……テクニカルなスキル面でも不安がありそうです」

と言い，寺田社長を見る西郷。

「スキル面？」

「電子は，これまで，日々の業務を回すことに精一杯で，本格的な業界分析作業や情報収集をやったことがありません。そのためのデータベースなどのツールも，ここには十分にありません。これまで，そういった作業は，大手町に頼り切りでした。

　今回の事業計画策定においては，業界内外の情報収集や分析もスコープに入ってきます。現時点では，その作業を支援してくれるコンサルを選定中ですが，

電子では，これまで自分たちでコンサルを使ったこともありません。

　そういった面まで，今の陣容のスキルでやっていけるかどうか……そこもポイントになるかもしれません」

　西郷も，事業計画の策定の大変さを，頭の中で想像していた。

「そうだね。今回の事業計画の策定は良い機会だ。

　我々は，親会社が存在するという環境の下で，親会社に依存する体質になっている。

　今のような状況では，次にどこが親会社になったとしても，またそこに依存しようとする。

　それでは，今後の事業展開は厳しい。

　まずは，この依存体質を何とかして打破することが必要だ。

　今回の事業計画策定の真の目的は，依存体質からの脱却だ」

寺田社長の表情が，さらに引き締まってきた。

解説　大型のカーブアウト型M&Aの売り手

1. 金額上位50件の大型ディール

■金額上位50件の大型ディールのプロファイル

　本章の解説では，カーブアウト型M&Aの金額が増えはじめた2016年から直近2022年の７年間に開示されたカーブアウト型M&A2537件のうち，上位50件[22]を中心に，わが国における大型カーブアウト型M&Aの特徴をみていきたい。

　図表 4 – 1 は，1985年〜2022年のカーブアウト型M&A8533件のうち，2016年〜2022年の７年間に開示されたカーブアウト型M&Aが2537件あることと，同期間における金額上位50件について，売却対象となった事業の所在地を国内外別に示したものである。

図表 4 – 1 ▶金額上位50件のカーブアウト型M&Aの対象となった事業の所在地

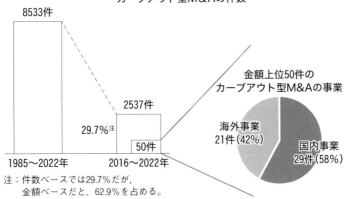

注：件数ベースでは29.7％だが，
　　金額ベースだと，62.9％を占める。

注：国内と海外事業を同時に売却した件は，事業規模が大きい方の海外事業として分類
　　　　　　　　　　　　　　　　　　　　　　　　（出所：レコフデータ調べ）

　これを見ると，切り出しの対象となった事業の半分以上は国内事業であるが，海外事業も21件あるなど，海外事業の売却事例が少なくないことが分かる。そこで，

22　2016年〜2022年の７年間に開示されたカーブアウト型M&Aのうち金額ベースでのトップ50件は，巻末の添付資料に掲載。

以下において，海外事業のカーブアウト型M&Aについてみていきたい。

■切り出し対象となった海外事業

　図表4−2は，2016年〜2022年の7年間に開示された金額上位50件のカーブアウト型M&Aのうち，売却対象となった海外事業21件について，買収やジョイントベンチャー（JV)[23]によって取得した事業13件[24]の取得時点と売却時点を示したものである。

図表4−2 ▶買収・JVによって取得した海外事業の取得時点と売却時点

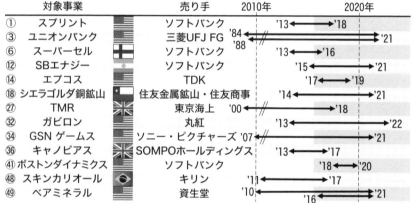

注：対象事業および売り手の名称は，略称で記載している。

（出所：レコフデータ調べ）

　これを見ると，保有期間が10年に満たない海外事業が多く売却されていることが分かる。これらのうち買収時期が2013年頃のディールが幾つか目につく。

　2013年というと，安倍政権の経済政策「アベノミクス」[25]が始動した年である。金融緩和，財政出動，成長戦略の「三本の矢」を好感した市場では，年初から円

23　JVは，共同企業体（ジョイント・ベンチャー）のこと。複数の企業が出資し，事業を行う事業体。

24　残りの8件については，3件は資源の権益，3件はグリーンフィールドで育成した事業，2件は以前に買収した会社が日本国外に保有していた事業の売却である。

25　「アベノミクス」は，2012年12月にスタートした第2次安倍内閣で安倍晋三首相（内閣総理大臣）が掲げた経済政策のこと。安倍首相は2020年8月28日（金）に辞意を表明し，9月16日（水）に退任した。

安・株高が進み，景気回復ムードが高まった。この年は，2020東京オリンピック[26]
開催が決まった年でもある。

　買収後，10年に満たない事業が売却されるというのは，一体どういうことなので
あろうか。

　バブル経済崩壊後，1990年代半ばには生産年齢人口[27]が，2010年頃には総人口が
減少[28]に転じる中，内需の伸び悩みが顕在化し，国内の事業展開だけに依存してい
ると成長が見込めないとして，日本企業はグローバル化を進め，海外展開に注力し
てきた。海外企業とのジョイントベンチャー（JV）にも積極的に取り組み，大きな
期待とともに大枚をはたいて海外企業を買収してきた。そうやって苦労して開拓し
た海外事業を，10年経たずに売却しているのだ。

　当時の買収自体に無理があったのだろうか。買収後まもなく自分たちは，買収し
た事業のベストオーナーではないと悟り，日本の子会社にでさえしっかりとできて
いないグループガバナンスが，海外子会社に対してできる訳がなく，コントロール
が効かなくなったのかもしれない。

　海外事業は，地理的にも距離があり，文化も異なり，日本本社から目が届きにく
い。現地からはしきりに「オートノミー[29]をくれ」と言ってくるし，よほど注意し
てモニタリングしていなければ，いつの間にか現地の状況がつかめなくなる。当初
の想定どおりに事業運営ができなければピボット[30]するなど何か手を打てば良いの
だが，日本の本社は，他力本願で，「誰かが建て直してくれるのでは？」と淡い期
待を寄せるだけになることも多い。

　時間だけが無為にズルズルと経つと事業価値はどんどん下がっていくため，対象
事業の毀損が進行する前に売却したのであれば，それは名誉ある撤退ともいえる。

　全てのM&Aが成功するとは限らない。とはいえ，わが国企業におけるグローバ

26　新型コロナ感染拡大の影響により，実際の東京オリンピックは2021年に開催。
27　少子高齢化の進行により，わが国の生産年齢人口（15～64歳）は1995年をピークに減
　少に転じた。
28　総務省によると，「一貫して減少するようになった最初の年を人口減少社会の始まりと
　考えると，人口減少社会「元年」は，平成23年（2011年）」としている。
29　オートノミーとは，自主性，自律性の意味。自己の行動を外部より拘束されず，みず
　からの意志で決定すること。
30　ピボット（pivot）とは，「回転軸」を意味する英語。近年では企業経営における「方向
　転換」や「路線変更」を表す用語として使われる。

ル化は，果たしてどれほどが成功したと言えるのか，気になるところである。「拙
速はいけない」という声も聞こえるが，早く対処したほうが良いことも多い。

　海外事業については，１年後，３年後，それから５年後くらい事業運営が安定し
て巡航になるまでは，定期的に点検を実施した方が良い。2010年以降に買収した海
外事業がこうも売却されている実態を見るにつけ，この頃に買収した海外事業を有
している企業は，当時の買収戦略に照らして，現地の経営状態をいま一度チェック
しておいたほうが良いのではないだろうか。ここ10年くらいの間に経営環境は激変
している。グローバルでは，地政学的リスク[31]が顕在化し，DX化[32]のスピードが
速くなり，当初想定した前提が崩れている可能性がある。

■金額上位50件の大型ディールの譲渡先

　図表４-３は，2016年～2022年の７年間に開示されたカーブアウト型M&Aの対
象となった金額上位50件の事業について，その譲渡先を国内外でとったグラフであ
る。

図表４-３ ▶金額上位50件のカーブアウト型M&Aの買い手

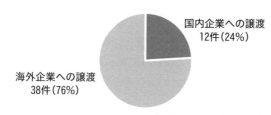

（出所：レコフデータ調べ）

　これを見ると，50件中，国内企業への譲渡は12件にすぎない。４分の３にあたる
38件は，海外企業への譲渡であった。後述するが，この海外企業には海外の投資フ
ァンドを含んでいる。

31　地政学とは，国の特性や政策を地理的な要素から研究する学問のことで，地政学的リ
　スクとは，ある特定の地域が抱える政治的もしくは軍事的な緊張の高まりが，その地域の
　経済もしくは世界経済全体の先行を不透明にするリスクのこと。目下，ウクライナ問題，
　米中問題などが地政学的リスクとして認識されている。
32　DX（デジタルトランスフォーメーション）化とは，ITの浸透によって，人々の生活を
　利便性の高いものに変化させる動きのこと。スウェーデンのウメオ大学のエリック・スト
　ルターマン教授が2004年に提唱しはじめた。

　国内志向が強い日本企業は，自前主義が強い。純血主義も強く，海外企業への売却を嫌がる傾向にある。これまで日本企業は海外にどんどん出ていったが，外国企業を積極的には受け入れてこなかった。

　それくらい国内志向が強かった日本企業が，カーブアウト型M&Aで海外企業にこんなにも多くの事業を売却していることに驚かされる。

　この動きは，対内投資の増加にも寄与しているのではないかと思い，対内直接投資残高の数字をみてみると，案の定，増えており，図表 4 - 4 のとおり，特に2016年頃からの伸びは大きい。

　日本企業においては，ここのところ行動変容が起きはじめているようである。

図表 4 - 4 ▶対内直接投資残高

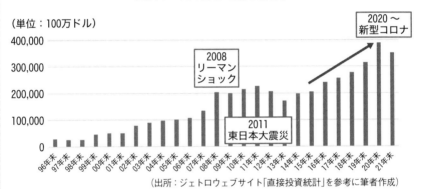

（出所：ジェトロウェブサイト「直接投資統計」を参考に筆者作成）

■譲渡事業×譲渡先

　次に，図表 4 - 5 において，カーブアウト型M&Aの対象となった金額上位50件の事業について，国内外の事業ごとに，買い手が国内外のどちらであったかをみてみた。

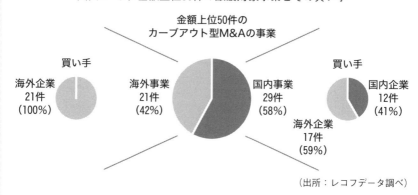

図表 4 - 5 ▶金額上位50件の譲渡対象事業とその買い手

金額上位50件の
カーブアウト型M&Aの事業

買い手
海外企業
21件
(100%)

海外事業
21件
(42%)

国内事業
29件
(58%)

海外企業
17件
(59%)

買い手
国内企業
12件
(41%)

（出所：レコフデータ調べ）

　これを見ると，海外事業は全て海外企業に売却されていることが分かる。金額上位50位のディール金額は約700億円である。ということは700億円以上の規模のディールにおいて，日本企業が手放した海外事業を引き受けた国内企業は，一社もなかったということである。自社の戦略に合わないため興味がなかったのか，あるいは大型案件になりがちな海外事業を引き受ける体力が国内企業にないということなのか。

　いずれにしても，今後，海外事業を手放す計画がある日本企業は，買い手を探す際には，グローバルベースで検討する必要がある。

　国内事業についても，半分以上の案件は海外企業に売却されている。

　大型のカーブアウト型M&Aについては，買い手に海外企業が多いことが大きな特徴である。

2．3000億円以上のディール

■3000億円以上のディールランキング

　図表 4 - 6 は，2016年〜2022年のカーブアウト型M&Aにおいてディールサイズが3000億円以上のディール15件を金額が大きい順に並べたものである。

　2015年までは，前途の松下電器産業がMCAを切り離したディール（約4730億円，1995年）[33]が最大規模のカーブアウト型M&Aであったが，この規模を超えるディー

33　本ディールの概要については，第 2 章の解説を参照。

ルが2016年以降，10件出てきている。

　ここにあがっている15件の中では，国内企業への譲渡が２件，他の13件は海外企業への譲渡である。大型になるほどカーブアウト型M&Aでは，海外企業への譲渡[34]が多い。

図表4-6 ▶2016年～2022年のカーブアウト型M&Aのうちディールサイズ3000億円以上のディール

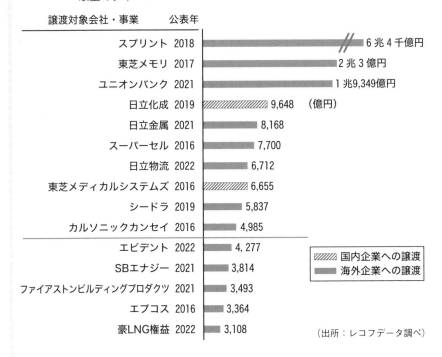

譲渡対象会社・事業	公表年	
スプリント	2018	6兆4千億円
東芝メモリ	2017	2兆3億円
ユニオンバンク	2021	1兆9,349億円
日立化成	2019	9,648（億円）
日立金属	2021	8,168
スーパーセル	2016	7,700
日立物流	2022	6,712
東芝メディカルシステムズ	2016	6,655
シードラ	2019	5,837
カルソニックカンセイ	2016	4,985
エビデント	2022	4,277
SBエナジー	2021	3,814
ファイアストンビルディングプロダクツ	2021	3,493
エプコス	2016	3,364
豪LNG権益	2022	3,108

国内企業への譲渡
海外企業への譲渡

（出所：レコフデータ調べ）

■売り手トップ5

　図表4-7は，金額上位50件のうち，売り手トップ5をランキングしたものである。No.1は，かつて「御三家」[35]と呼ばれた上場子会社を譲渡した日立製作所であ

34　第5章の解説にて後述するが，海外企業には，投資ファンドを含む。

35　日立グループの御三家は，日立化成（現在の昭和電工マテリアルズ株式会社），日立金属（現在の株式会社プロテリアル），日立電線（後に日立金属と合併）の三社。最近では日立新御三家が出てきている。新御三家とは，株式会社日立ハイテクノロジーズ，日立キャピタル株式会社，日立マクセル株式会社（現在のマクセル株式会社）の三社と言われている。

図表 4 - 7 ▶2016年〜2022年のカーブアウト型M&A金額上位50件の売り手トップ 5

No.	売り手	件数	売却対象会社・事業
1	日立製作所	7	④日立化成，⑤日立金属，⑦日立物流，㉒日立国際電気，㉕画像関連事業，㉙日立工機，㉚クラリオン
2	武田薬品工業	6	⑨シードラ，⑯和光純薬工業，⑲コンシューマーヘルスケア，㉛糖尿病治療薬，㊸南米で販売している製品のポートフォリオ，㊿欧州で販売する一部医薬品の工場
3	ソフトバンクグループ	4	①スプリント，⑥スーパーセル，⑫SBエナジーインディア，㊶ボストンダイナミクス
4	東芝	3	②東芝メモリ，⑧東芝メディカルシステムズ，㊲東芝キャリア
4	ENEOSグループ	3	㉔英国事業，㊻培地事業，㊼シンクルード・オイルサンド

注：売却対象会社・事業の番号は，2016年〜2022年の 7 年間におけるランキングを示す。

（出所：レコフデータ調べ）

る。 4 位に日立化成が， 5 位に日立金属， 7 位に日立物流がランクインしている。日立製作所の事業売却については，本章にて後述する。

　No.2の武田薬品工業（以下「武田」）は，眼科用治療薬「シードラ」の事業を，スイスのノバルティスに売却したディールを， 9 位にランクインさせている。シードラは，武田が2019年に買収したシャイアー社が保有していたドライアイ治療薬である。

　武田の世界シェアはアイルランドのシャイアー社を買収するまで，15位から20位くらいであったが，シャイアー社買収によって，武田は，「グローバルトップ10」に入り，メガファーマの仲間入りを果たした[36]。武田は，「主要な 5 つのビジネスエリア（消化器系疾患，希少疾患，血漿分画製剤，オンコロジー，ニューロサイエンス）」に注力するとニュースリリースにおいて開示しており，それ以外の領域では事業売却を進め，シャイアー社買収で膨らんだ有利子負債[37]の返済にあてている。

　有利子負債の圧縮と並行して，武田は，2022年には米国の医薬品研究開発スター

---

[36] 2022年版製薬会社世界売上高ランキング（2021年12月期決算）において，武田は前年の10位から11位になった。

[37] 武田は，2019年 1 月に約 6 兆2000億円でシャイアー社を買収し，有利子負債が約 5 兆4000億円に膨らんでいた。

トアップのニンバス・セラピューティクスの全額出資子会社を40億米ドル（約5500億円）で買収するなど，スタートアップの買収にも取り組んでいる[38]。

　No.3のソフトバンクは，１位に，当時史上最大規模のディールと言われたスプリントとTモバイルの三角合併のディールをランクインさせた。この合併は，2018年４月に合意されたが，米規制当局の承認や州政府による差し止め訴訟に時間がかかり，取引自体は，2020年４月１日（米国東部時間）に完了した[39]。合併会社の社名は「Tモバイル」。ソフトバンクが24%，Tモバイルの親会社であるドイツテレコムが43%を出資し，経営権はドイツテレコムが握る[40]。

　ソフトバンクは，６位にはスーパーセルの株式を中国インターネットサービス大手のテンセントへ譲渡したディールをランクインさせている。スーパーセルの売却理由についてソフトバンクは，「ソフトバンク2.0[41]に向けた取り組みの一環として，財務体質の強化を含め，規律ある投資配分の最適化をさらに推進するもの」[42]と解説している。

　No.4の東芝は，東芝メモリが２位に，東芝メディカルシステムズが８位にランクインしている。

　2015年に不正会計が明るみに出て以来，本執筆時点においても，日系投資ファンドの日本産業パートナーズを中心とする連合軍から非公開化に向けた買収提案を受けるなど，東芝の事業再編については，再建策について数多くの報道がなされている。

　２位にランクインした東芝メモリ[43]は，2015年度には，売上8456億円，1100億円

38　日本経済新聞　2022年12月13日。
39　ソフトバンクグループ　プレスリリース「当社子会社スプリントのTモバイルとの合併完了のお知らせ」2020年４月２日。
40　補足情報であるが，2023年に入り本ディールに関連してソフトバンクの税務処理に関する報道がなされている。ソフトバンクがスプリントとTモバイルの合併に伴って，スプリント株を手放し，新会社の株式を取得した取引について，ソフトバンクはデューデリジェンス費用などを雑損失として計上した。これに対して，東京国税局は，株式の取得対価として資産計上すべきだと主張したという件が起きている（日本経済新聞2023年１月25日）。
41　2015年６月19日に開催された定時株主総会で，孫正義社長は，これまでの日本中心のビジネス「SoftBank1.0」を海外中心「SoftBank2.0」にすると宣言した。
42　ロイター記事，「ソフトバンクがスーパーセル売却で合意，売却額7700億円」2016年６月21日。
43　2023年５月現在，持ち株会社がキオクシアホールディングス株式会社，事業子会社がキオクシア株式会社。

の営業利益を稼ぎ出すなど，東芝の優良な主力事業の一つであった。2016年3月の段階で半導体メモリ事業は，原子力事業と並ぶ「経営の柱」として位置づけられていたが，債務超過[44]を回避[45]するために，紆余曲折を経たのちに，2017年に米国投資ファンドのベイン・キャピタル[46]（以下「ベイン」）連合軍[47]に売却された。

　No.5のENEOSグループについては，大型と言っても24位にランクインしている約1900億円の規模の英国事業[48]の売却が最大であるが，金額上位50件の中には，三件の売却案件がランクインしている。

　これに加えて，金額上位50件の中には，JSRからエラストマー事業を買収した案件が33位に入っているなど，ENEOSは，売却と買収の両方に取り組んでいる。ENEOSグループは，「『エネルギー・素材の安定供給』と『カーボンニュートラル社会の実現』との両立に向け挑戦します。」[49]を新たな長期ビジョンとして定め，事業ポートフォリオの入れ替えを積極的に推進しており，英国事業の売却においても「当社が取り組んでいるポートフォリオ戦略の一環」であると語っている。

■親会社都合のカーブアウト型M&A
　このように見ていくと，カーブアウト型M&Aの背景には，売り手である親会社の都合が見え隠れしていることが分かる。

44　2016年12月に，東芝グループの原子力企業ウェスティングハウス・エレクトリック・カンパニーが買収した原子力サービス会社CB&I（ストーン＆ウェブスター）の資産価値が想定を大きく下回ったため，親会社の東芝は，巨額の損失額を会計計上せざるを得ない状況となったことが発端。

45　2015年に発覚した粉飾決算の影響で，「特設注意市場銘柄」に指定されていたため，増資による債務超過解消は不可能であり，8位にランクインしている優良子会社東芝メディカルシステムズを2016年にキヤノンに売却したばかりの東芝には，当時，半導体メモリ事業しか売却できる事業はなかった。

46　ベイン・キャピタル（Bain Capital LLC）は，米国・マサチューセッツ州ボストンに本社を置く，独立系投資ファンド。全世界で約12兆円の資金を運用し，これまでに1030社の企業買収・投資を実行。2006年に日本オフィスを開設して以来，2022年現在40名以上の投資プロフェッショナルが所属。日本で活動する投資ファンドでは最大規模。

47　日米韓企業連合が設立した買収目的会社Pangeaに全株式を譲渡後，東芝はPangeaに約3500億円を再出資。Pangeaの持ち株比率は，Bain Capitalなどが49.9％，東芝が40.2％，HOYAが9.9％。

48　ENEOSの主要な事業会社の一つであるJX石油開発による売却。ENEOSグループの主要な事業会社の一つであるENEOS社による買収。

49　2023年5月11日ニュースリリース「ENEOSグループ「第3次中期経営企画（2023-2025年度）」の策定について」より。

　親会社の都合とは具体的には，親会社に負債を圧縮する必要があるなど，バランスシート[50]を改善させたいという事情である。売却損が出たとしてもキャッシュがほしいというキャッシュニーズの場合もある。一時的で良いから，PL[51]を改善させたい場合に，売却による益出しを狙うこともある。

　従来であれば，「バランスシートの見栄えが良くないからといって事業を売却するなどケシカラン！」と言われ，事業が売却対象となることはなく，非稼働資産や有休資産の売却により，なんとか凌いできた。しかしながら，資産の効率性を投資家に厳しく指摘される時代に入り，多くの日本企業は有休資産を保有し続けられなくなった。有休資産がなくなれば，次はノンコア事業である。ノンコア事業は，親会社の事業とは距離がある事業内容であるため，本業とはリスクの中身が異なる。このリスクをマネージできないと考えれば，これをリスクオフ[52]したいと考える。事業売却はこれまで聖域[53]とされていたが，いまやノンコア事業であれば，事業も売却対象になる時代に入っているのである。

　これを，立場を変えて読み解くと，子会社としては，業績が良くとも親会社の都合によって，いつ売却対象になるか分からないということである。

　そうであるとしたら子会社は，自分たち目線で，「自分のベストオーナーは誰か？」を，普段から自問自答しておくことが必要なのではないだろうか。そういった準備をしておけば，ミツカネ電子のように，ある日突然，親会社から引導を渡されても，慌てることなく対応できる。それが子会社なりの防衛策かもしれない。

　人間の世界では「親は選べない」。しかしながら企業の世界では，不特定多数の株主を持つ上場企業はともかく，特定の親会社を持つ子会社は，「親は選べない」などと言ってはいられない時代に入ってきたということである。

3．日立製作所の事業ポートフォリオの入れ替え

■日立製作所の純利益の推移

　次に売り手トップ5の中で，1位にランクインされ，近年，多くの事業を売却している日立製作所のカーブアウト型M&Aについて，その純利益率の推移をみてい

50　バランスシートとは，貸借対照表のこと。企業の財政状態を意味する。
51　PL（Profit and Loss statement）とは，損益計算書のこと。
52　リスクオフとは，投資リスクを下げる，あるいはなくすこと。景気後退時などにリスクが顕在化しやすい投資を避け，相対的に安全と思われる事業や資産に資金を移すこと。
53　聖域とは，侵してはならないとされる所や事柄のこと。サンクチュアリともいう。

く。

　図表 4 - 8 は，1991年～直近の2022年までの日立製作所の純利益をとったグラフである。

　日立製作所の連結業績は，半導体関連事業の不調に加えて円高による為替差損により，2009年に従来予想の150億円の黒字から一転して，設立以来最悪の，かつ当時の日本の製造業では過去最大の7873億円の最終赤字[54]を計上した。

　当時の日立製作所は，日立製作所本体や非上場子会社の業績の悪さを上場子会社の好業績が覆い隠し，結果として業績の悪い事業に対する打ち手が遅れていた。この状況について当時の経営者は，「業績の悪い事業を良い事業がカバーしてしまう[55]」状態だったと語っている。その反省から日立製作所は，構造改革を断行するに至った。

図表 4 - 8 ▶ 1991年～ 2022年の日立製作所の純利益

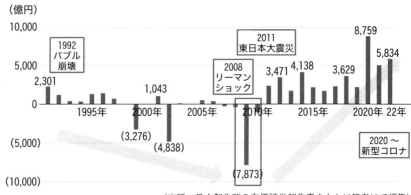

（出所：日立製作所の有価証券報告書をもとに筆者にて編集）

■2008年までの日立製作所のM&A

　日立製作所は2002年 2 月に，FIV[56]と呼ばれる独自の指標を導入している。

　図表 4 - 9 は，その2002年から過去最悪の最終赤字を出した年の前年にあたる2008年の期間に実施したM&A取引である。

図表4-9 ▶純利益の推移と2002年～2008年のM&A取引

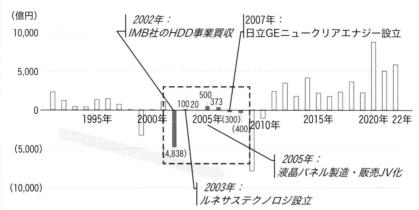

注：斜体文字は強化施策，立体文字は転換施策をさす

（出所：日立製作所の有価証券報告書をもとに筆者にて編集）

この期間のことであるため，実際には赤字に陥った不採算事業の売却を実施した可能性はあるが，いくつかの買収はあっても，規模が大きい売却案件はみられなかった。

■2009年以降の日立製作所のM&A

　図表4-10は，2009年から2022年までの純利益と，主なM&A取引を示したグラフである。これをみると，2011年以降は，黒字を重ねていることが分かる。

　日立製作所は，これらのカーブアウト型M&Aの実行と並行して，鉄道など中核事業については，投資ファンドや欧州の同業から次々と事業・企業を買収し，経営資産をより戦略適合性が高い領域に組み替えている。

　図表4-10下のグラフにおいて，四角で囲った譲渡ディールは，2016年～2022年のカーブアウト型M&A金額上位50件にランクインしたディールである。新型コロナウイルス感染拡大の影響で，経済環境が不透明になりはじめた2020年以降においても，ノンコア事業を手放す手は緩めておらず，むしろ2020年以降の譲渡件数は以前よりも多くなっている。

　日立製作所は，ホームページ[57]において「高収益企業への変革をめざして，事業

57　https://www.hitachi.co.jp/about/corporate/group/connect/　HITACHI:連結経営について

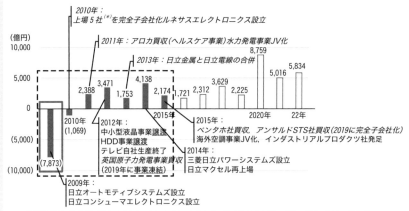

図表 4 -10 ▶ 2009年〜 2022年の日立製作所の純利益とM&A取引

注：斜体文字は強化施策，立体文字は転換施策をさす　　　　（出所：日立製作所の有価証券報告書をもとに筆者にて編集）

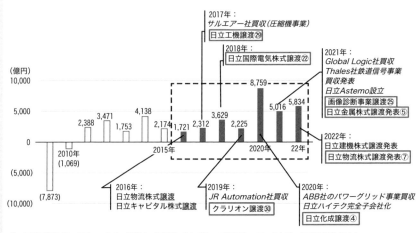

注：四角で囲んでいるディールは，図表 4 - 7 のランキングトップ50に入っているもの．数字は順位を示す．
注：斜体文字は強化施策，立体文字は転換施策をさす　　　　（出所：日立製作所の有価証券報告書をもとに筆者にて編集）

ポートフォリオの再構築を加速しています」と宣言している。そして，「新時代の
ライフラインを支えるソリューション」領域と，「高度技術グローバル製品領域」
に経営資源を集中し，注力事業を強化し，注力事業分野とのシナジー効果が小さ
く，前述のFIVの黒字化が困難な事業については， 1 〜 2 年のうちに撤退・売却を
図る，つまりカーブアウトさせるという大胆な事業改革を展開している。

　ランキングでは30位に入っている2019年のクラリオンを譲渡した時，当時の日立

製作所のCFOは，「自動車関連事業で，強みである制御関連技術に経営資源を集中させる」と語っている[58]。

　ランキングでは7位に入っている日立物流のKKR（コールバーグ・クラビス・ロバーツ　以下「KKR」）[59]への譲渡においては，「日立は，本取引で得た資金を財務基盤の強化や成長投資等への原資として活用し，データとテクノロジーでサステナブルな社会を実現して人々の幸せの実現を支える社会イノベーション事業により，企業価値のさらなる向上に努めていきます[60]」との報道がされており，売却で得た資金を他の成長投資に活用する方針が語られている。他方，日立物流は，「グローバル・サプライチェーン・ソリューションプロバイダー」として高付加価値化，事業成長の推進を加速させている[61]。

　ランキング5位の日立金属のベイン・キャピタル連合への譲渡[62]においては，「日立は日立金属の売却で3820億円の現金を取得すると見込んでいる。同社は7月に米IT（情報技術）企業のグローバルロジックを1兆円超で買収しており，巨額のM&A（合併・買収）で膨らむ負債を事業売却などで圧縮する方針を示していた[63]」と報道されている。

　カーブアウト型M&Aを実行することで，会社の戦略を社内外に明確に示すとともに，譲渡で得た資金を新たな事業買収の資金として活用しており，むしろ投資資金を得ることが，カーブアウト型M&Aに取り組む大きな誘因となっていることが分かる。

58　日本経済新聞　2018年10月26日。
59　KKRは，プライベート・エクイティ，エネルギー，インフラ，不動産，クレジット，ヘッジファンドを含む様々な資産クラスの運用を行っている世界有数の投資ファンド。
60　日本経済新聞　2022年04月28日
61　マールオンライン「カーブアウト系M&A　投資会社が買い手の動向」24年で8兆円。うち外資系が8割超。2022年7月号　333号（2022/06/02）
62　ベイン連合には，ベイン・キャピタル，日本産業パートナーズ（JIP），ジャパン・インダストリアル・ソリューションズ（JIS）が参加している。
63　日本経済新聞　2021年11月30日。

第5章

ミツカネ電子に対するセラーズDD

1　親会社の情報共有セッションにおける議論

次期中計の進捗状況の報告

　この頃，ミツカネ電子の親会社であるミツカネ工業，つまり「大手町」においても動きがあった。

　ミツカネ工業では，西園寺社長ら経営幹部が，社外取締役と意見交換をする機会[1]を，定期的に設けている。

　その一つが毎月の取締役会終了後の「情報共有セッション」である。この「情報共有セッション」では，社内取締役と四名の社外取締役が比較的長い時間をかけて自由な議論を行っており，そのアジェンダは，大型のM&A案件，サステナビリティ経営[2]のあり方など，多岐にわたる。

　今回の「情報共有セッション」は，9時開始の取締役会終了後，11時頃から開始された。

　テーマは「次期中期経営計画の進捗状況」についての情報共有である。

　最初に，経営企画部長が，次期中計の骨格を説明し，全ての子会社を，"遠ざける会社"と"近づける会社"に分類していることについて説明した。

1　コーポレートガバナンス・コード【原則4−13. 情報入手と支援体制】は，「取締役・監査役は，その役割・責務を実効的に果たすために，能動的に情報を入手すべきであり，必要に応じ，会社に対して追加の情報提供を求めるべきである。」としている。
2　サステナビリティ（sustainability）とは，「持続可能性」という意味。サステナビリティ経営とは，環境問題や社会・経済に配慮した事業展開を行い，その課題を解決したうえで，企業価値の向上を目指す経営のこと。

　会社からの説明のあと，最初にコメントしたのは，豊田である。

　豊田は，数年前まで，ミツカネ工業よりも幾分か規模が大きいメーカーの副社長を務め，ミツカネ工業では，筆頭格の社外取締役である。

「次期中計では，大鉈を振るうことになりそうですね。

　今走っている中計は，世間の動きに先駆けて2040年に，脱炭素・カーボンニュートラルを実現するために，バックキャストで何をすべきかを検討したものです。その計画自体は，野心的でしたが，目標年次が相当先なので，足元で何を実行するかが不明確になりました。それが今の収益力低下を招いた要因の一つです。

　この次期中計は，まだ骨格の段階だが，具体的に何をしたいのかが，明確な内容になりそうだ」

　次に発言したのは，和泉教授である。

　和泉教授は，シンクタンクから大学教授に転じた雇用機会均等法世代で，ミツカネ工業では，初めての女性取締役である。

「次期中計の目玉は，『事業ポートフォリオの入れ替えに，本格的に取り組む』ことだと理解しました。

　これまでミツカネ工業では，いくつかの買収案件はありましたが，大きな売却案件はなかったと記憶しています。事業ポートフォリオの入れ替えであれば，売却も実行することになります。

　買収と売却の両方を扱うことになると，経営企画の負担は大きくなりますが，FAなどの外部リソースも活用して，買収と売却それぞれのクロージングのタイミングを見極めながら，上手にハンドリングしてください」

　和泉の後にコメントしたのは，スクリーンの向こうにいるジェニファーである。

　ジェニファーは，新型コロナウイルスが世界的に流行する少し前に，ミツカネ工業の社外取締役に就任し，流行後は，ほぼ毎回，オンラインでの会議出席である。

「事業ポートフォリオの入れ替えをするのですね。その方向性は支持します。

　しかし，全体として，スピード感が感じられません。

　たとえば“遠ざける会社”の件も，『次期中計では方向性を示す』とありましたが，方向性が合意されたら，直ちに実行に移したらどうですか？」

　流ちょうな日本語でコメントするジェニファーの後に発言したのは，大倉である。

　大倉は，中央官庁を退官後，民間に身を投じた。

「ジェニファーさんがおっしゃるとおりです。

　時間をかけてじっくりと検討するのは，大切なことですが，決めたらすぐに実行に移した方が良いと思います。特にM&Aは，相手がいることですから，こちらのスケジュール感だけで，モノゴトは進められないでしょう。できるだけ早く着手して，プロセスを進めるなかで，クロージングの時期を見定めれば良いのではないでしょうか？

　変化が速い時代では，歩きながら考えることも大切です。

　それとも早々に着手できない理由が何かあるのでしょうか？」

もっと議論を尽くしたほうが良いのでは？

　再度，豊田が発言する。

「時間軸については，皆さんがおっしゃるとおりだ。

　ただ……"遠ざける会社"と"近づける会社"の分類だが，『本当に売却して大丈夫なのか？』という子会社がありそうだ。

　もう少し慎重に検討したほうが良いのではないかね？

　売却してしまったらもう戻ってこないよ」

　実務家らしい発言である。

「たとえば，どの子会社のことをおっしゃっていますか？」
と問う経営企画部長。

「たとえばミツカネ電子とか……それから海外に事業基盤を広げる足掛かりとなった米国の海外子会社もそうだ。

　そもそもミツカネ電子だが，次世代事業としての期待があったんじゃなかったのかね？

　毎年，利益貢献してくれる親孝行な子会社だと見ているのだが」

「おっしゃるとおり，毎年，利益を稼ぎ出してくれますし，一時期は，次の事業の柱になると目されていました。

　でもこの次期中計策定のなかでシミュレーションを重ねてみた結果，ミツカ

ネ電子を次の事業の柱とするためには，それ相応の投資をしなければいけないことが分かりました」

　経営企画部長は，目の前の三名の社外取締役とスクリーンの向こうにいるジェニファーに目を移しながら，

「ミツカネ電子に，それなりの投資を充てたとしても，その成果がキャッシュとして出てくるのは，3年以上先のことになります。

　お恥ずかしい話ですが，今，足元で非鉄の本業が傷んでいます。投資はできるだけ非鉄に振り向けないと，それこそ非鉄は坂道を転がるように転落していきます。

　今のミツカネ工業には，電子に振り向けられる投資枠がないのです」

　キッパリとではあるが，口惜しさが滲み出る口調で伝えた。

「3年先の果実より目の前のことか……ミツカネ電子に投資をする余裕がないのか……」

　豊田が低い声で，呟くように，確認する。

「はい。電子がこのままウチにいても，今後，電子への投資が細っていくと，電子事業の将来展望が描けなくなります」

　申し訳なさそうに付け加える経営企画部長。

「急に，負のスパイラルに入ってきたみたいだ。潮目が変わってきているということか……」

と呟く豊田。

「大変言いにくいことなのですが」

と前置きをして，経営企画部長が，説明を加える。

「今の収益力であれば，電子はかなり高いバリュエーションになりそうです。

　電子の毎年の利益貢献がなくなるのは，確かに連結にとって痛いことです。

　でも，今の電子は利益を出せているし，事業として成長性があるので，大きな売却プレミアムが期待できます。

　非鉄のほうは，今ならまだ手を打てます。本業がにっちもさっちもいかなくなる前に，将来に向けて態勢を整えないといけません」

「本業の非鉄を救うための人身御供か……」

と大倉がボソリと呟く。

その場は，重い空気に包まれた。

「戦略」の観点と「キャッシュ」の観点

その重い空気を破ったのは，豊田である。
「ウチの状況は，よく理解できた。

最近，主力工場で事故が散発しているのが気になっていた。まずは安全最優先だ。ただ闇雲にカネを付けても，必ずしも事故防止につながるというわけではない。

安全対策については，現場が一番よく分かっている。現場との議論を深めて，事故の根本原因を突き止めて，問題を一つひとつ，地道に潰していくことが大切だ。経営陣は，もっと現場に足を運んで，現場と意見交換をしなければいけないよ」

長年，メーカーの経営を担ってきた豊田のアドバイスである。

「おっしゃるとおりで，私もここのところ，頻繁に，現場に行っています」
これまで静かに経営企画部長の隣で社外取締役たちの意見を聴いていた西園寺社長が口を開く。

「うむ，それが良い。先程の説明だと，ESG対応にもカネがかかるということだったね。設備を入れ替えて，安全対策を強化しながら，ESGにも対応するとなると，確かにそれなりのカネはかかりそうだ」

「本業である非鉄の工場については，安全対策など，向こう3年分の投資を精査中ですが，かなりの規模の投資額になりそうです」
と経営企画部長。

「D/Eレシオ[3]は，すでにそれなりに高いところにきていますよね。
だとするとウチには，借入余力は，もうそれほどないということになります。
そうなると『戦略の観点』に加えて，『キャッシュの観点』から，事業ポートフォリオの入れ替えを考えていかなければいけないということですね？」

3　D/Eレシオとは，デット（Debt＝負債）がエクイティ（Equity＝株主資本）の何倍に
　　当たるかを示す指標。

と和泉教授が確認する。

「投資の原資をどのように工面するかは，現在のミツカネ工業の喫緊の課題です。ですから，おっしゃるとおり『キャッシュの観点』は極めて重要です。
　極端なことを言うと，『戦略の観点』が二の次になってもやむをえない，という状況もあるかもしれません」
と暗い声で説明する経営企画部長。

　スクリーンの向こうで，
「その『キャッシュの観点』から最も効果がありそうなのが，『ミツカネ電子の売却』ということですか？」
とジェニファーが確認する。

「はい。ミツカネ電子はそれなりの規模ですし，業界自体も成長していますから，電子を欲しがる買い手候補は，結構いると思います」

「小さい会社も大きい会社も，売却の手間に，大差はありません。小さい子会社をいくつか売却するよりも，ミツカネ電子を売却したほうが効率的です。そういう観点からは，ミツカネ電子を売却対象とすることについては，一定の合理性がありそうです」
　ジェニファーはドライなことを言う。

非鉄事業の位置づけ

　大倉が，豊田の方をチラリと見ながら口を開く。
「しかし，豊田さんもかねがね心配しておられた点ですが，この議論は，『ミツカネ工業は将来的に非鉄を主力事業として残すこと』が前提になっています。その点は，社内で合意形成がなされているのでしょうか？
　以前は，『非鉄は，次の事業の柱ができるまでの間，頑張ってもらう位置づけだ』という議論だったように記憶していますが，そこら辺は，どういう整理になっているのでしょうか？」

「その点は，最重要論点として毎日のように議論しています。議論は，ほぼ出尽くしていて，後は経営判断になるかと……」
と言い，経営企画部長は，西園寺社長のほうを見る。

　西園寺社長は，ゆっくりと社外取締役のほうに視線を向けて，

「そういう経営判断をしなければならない時期に来ています。

　皆さんとも，その議論を早々に始めなければいけません。

　したがって次回の『情報共有セッション』のテーマは，『非鉄事業のあり方』になると考えています」

と落ち着いた口調で伝える。

セラーズDDを入れたらどうか？

　社外取締役の四名は，小さく頷いたり，口を一文字に結んだりと，めいめいに，状況を理解した素振りを見せながら，ひと呼吸おいたところで，和泉教授がこう発言する。

「今の主力事業である非鉄事業のあり方とミツカネ電子の売却は，相互に関連する話になりますね。

　私ども社外取締役は，非鉄事業については，工場視察にも行っていますから，それなりの情報を持っています。でも電子については，必ずしも理解が十分ではありません。

　そこでご相談ですが，次期中計策定作業と並行して，ミツカネ電子にセラーズデューデリジェンスを入れられませんか？

　第三者が中立的な立場で調査を行ってくれれば，私ども社外取締役は，それをもとに議論をすることができます」

　セラーズデューデリジェンス（セラーズDD）とは，売却対象の企業・事業に対して，売り手が実施するデューデリジェンス（DD）のことである。セラーズDDのメリットは，重大な経営課題を，買い手より先に発見することによって，表明保証義務違反になるような契約解除や損害賠償などのリスク回避を図ることができるところにある。

「セラーズDDですか……ウチは，今まで買うばかりで，売却をしたことがなかったから，セラーズDDはやったことがないのですが……」

　経営企画部長が，困惑顔になる。

「作業自体は，外部のコンサルに依頼できます。起用するコンサルに適切な指示を出して，進捗をコントロールしていけば，こちらの負担はそれほど大きく

ならないと思いますよ」
と和泉教授。

「That's a good idea ！」
とスクリーンの向こうで，和泉教授の提案に賛成するジェニファー。
　　続けて，
「セラーズDDで，ミツカネ電子の経営実態が確認できれば，客観性が高いバリュエーションも得られます。
　今のミツカネ工業においては『キャッシュの観点』が重要なのですから，ミツカネ電子がどれくらいの金額で売却できるかの値頃感を持っておくことは重要だと思います」
と言うジェニファー。

　大倉も頷きながら，
「売却の方向性を議論するための情報収集として，セラーズDDを活用するということですね」
と言い，賛同の意を示す。

「しかし……セラーズDDをいれるとなると，どういう名目でミツカネ電子に，外部コンサルを入れるかだ……そもそも，ミツカネ電子は『自分たちが“遠ざける会社”に分類されている』ということは，知らんのだろう？」
　豊田は，心配そうに，西園寺社長に質問する。

「いえ，ミツカネ電子は知っています。先日，私からミツカネ電子の寺田社長に話しました」
と答える西園寺社長。

「えっ？　もうそんなにこの話は進んでいるのか……ミツカネ電子の寺田社長は，知っているのか……」
　驚きと心配と不安が入りまじった表情になる豊田。

　和泉教授も，
「そうなんですか……それで，寺田社長の反応は，どうでした？」
と西園寺社長に訊ねる。

「驚いていましたが，理解はしてくれたと思っています」
と短く答える西園寺社長。

「分かった。ミツカネ電子がその旨を承知しているのだったら，ここは策を弄
することなく『セラーズDDを入れるから協力してくれ』と，寺田社長に真正
面からお願いするのが良いかもしれないね」
と呟くように発言する豊田。

　その後も，ミツカネ工業の今後の事業展開について様々な議論が展開され，
今日の「情報共有セッション」は，西園寺社長の言葉によって，締めくくられ
た。
「今日は，次期中計についてご議論頂きまして，ありがとうございました。
　次期中計では，スピード感をもって施策を実行する意識を強く持ちながら，
内容の検討を進めていきたいと思います。
　なお本日は，『ミツカネ電子にセラーズDDを入れること』など，いくつか
貴重なご意見を頂戴しましたので，持ち帰って，経営企画部の中で検討させた
いと思います」

2　親会社の社外取締役どうしの井戸端会議

社外取締役のランチ会

「情報共有セッション」を終えたミツカネ工業の社外取締役たちは，ランチを取るために，別室に移動した。

　普段であれば，社長や社内取締役が同席して，取締役会の議題をはじめとして最近気になっている話題について，カジュアルな雰囲気の中で，意見交換をしながらランチを取るのだが，今日は，筆頭格の社外取締役である豊田が「すまないが，今日のお昼は，社外取締役だけで話をしたい[4]ので，我々だけにしてくれないか」と，取締役会事務局に持ち掛けたことから，海外にいるジェニファーを除く三名でのランチとなった。

「今日は，すまんね。先程の『情報共有セッション』では，実に色んな話が出てきた。それで，お二人の意見を聞いておきたいと思ってね」
と豊田が言う。

「ジェニファーさんがいなくて残念ですが，社外取締役だけで意見交換することは，とても有意義だと思います。今日は，重い話がいくつもありましたし……」

　和泉教授が，弁当の包み紙を開く手を止めて，豊田に相槌を打つ。

社外取締役は経営判断を追認する役目ではない

「今日の議論の中で私が気になったのは，ミツカネ電子が"遠ざける会社"に分類されていることについて，西園寺社長が，ミツカネ電子の寺田社長に，すでに話をしたとおっしゃったことでした。

　豊田さんが『この話はそんなに進んでいるのか』と驚いていらっしゃいまし

4　コーポレート・ガバナンス・システムに関する実務指針（CGSガイドライン）は，2.6.2.社外取締役への情報提供や意見交換（取締役会以外の会議体の活用等）において，「社外役員だけで集まる場を設けて社外役員同士のコミュニケーションの確保や経営陣に対する意見形成を実施する」を，取締役会において実質的な議論が行われるための工夫の一つとしている。

たが，私も同様なことを感じました」
と和泉教授が言う。

「うん，次回の『情報共有セッション』のテーマは，『非鉄事業のあり方』に
なると言ってたよね。
　電子の売却については，その議論も踏まえながら，方向性を決めるものだと
理解していたが，すでに，その売却話を電子の寺田社長にしたというのは，ど
ういう了見なのかと思ったよ」
と憮然とした表情になる豊田。

「ミツカネ工業では，これまでも，そういうことがありましたね。
『社外取締役は，経営判断を追認すれば，それで良いのだ』という意識がある
のでしょうか……」
と残念な口調で呟く大倉。

「私もその言葉が，ここまで出かかったよ」
と言いながら，豊田は，喉のあたりを指さす。
「でもあの場でそれを言ったら，肝心の話題が，ポートフォリオの見直しから，
ガバナンスのあり方に移ってしまうので，止めておいた……だが皆さんもその
ように感じておられるなら，それについて後で西園寺社長にはやんわり伝えな
きゃいけませんね」
と付け加えた。

非鉄事業をどうみるか

「それはそうと，非鉄事業と電子事業を今後どうするかだが，お二人はどうい
う考えをお持ちかと思ってね」
と，改めて仕切り直す豊田。

　豊田の問いかけに誘われるように，大倉が身を乗り出して話し始める。
「今日の説明を聞いていると，優先順位として，まずは非鉄を建て直すことが
大切だと思いました。非鉄がキャッシュを生んでくれないとこの会社は成り立
ちません。
　しかし，キャッシュを生ませる目的だけのために，非鉄事業を再建するとい
うことでしたら，将来性が感じられません。長期的な見通しに基づいた確固た

る理念の下での事業運営が必要です」
と言う。そして，
「私たちの生活は，人と資源で成り立っています。ですので，資源の先にある
素材の事業は，世界中の人たちにとって，とても重要です。
　この弁当の野菜も肉も魚も地球の資源です。弁当の器も木からできています
し，包装のビニールも原油から作られています。
　加工で使う工場の機械だって鉄でできていますが，その鉄も鉱山から掘り出
した地球の資源です。
　そうやって資源を人の手で加工することによって，我々の生活は成り立って
います。
　しかし，そういう資源も，資源の中で競争があります。
　非鉄は，なくなる事業ではないと思いますが，いつ代替品が出てくるとも限
りません。マーケットや外部環境が変化していく中で，ミツカネも今の形のま
まで続いていくことはないでしょう。いかに付加価値を上げていくかについて
常に考えておかなければなりません。だから，未来シナリオを描いて，しかる
べき理念のもとで，事業運営を行っていく必要があります」
と続ける。そして，（これも言っておかなきゃ）という雰囲気を醸し出しなが
ら，
「ミツカネは，今，ESGに取り組んでいますが，これは，素材を扱うミツカネ
のような会社こそ，やらなきゃいけない重要な取り組みだと思います。
　Eは環境なので地球そのもの。Sは社会つまり人ですよね。Gはガバナンスで
仕組みです。地球と人をどういう仕組みでまわしたらよいのか。素材を扱うミ
ツカネ工業の立ち位置で，このESGにどう取り組むかは，とても重要なことだ
と思います」

「なるほど。さすが，元官僚ですね。私とは異なる視点で，モノゴトをみてい
らっしゃる。こういうざっくばらんに話ができる場は，やはり大切ですね」
　豊田の表情が明るくなっていく。

「本当にそうですね。非鉄は，やり方によっては，収益性を高めることができ
るという点は，私も同感です。
　でも具体的な事業の絵姿を見せないと，市場は納得してくれません。
　大倉さんがおっしゃるように，会社の存続のために，利益創出マシーンとし

て非鉄を建て直すということではなく，私たちの生活の源泉が，人と資源であるとすると，その資源に付加価値をつける方向で，非鉄を建て直していくというストーリーのもと，具体性のある施策を示しながら，非鉄を残すことを説明していけば，ステークホルダーの理解が得られると思います。

その文脈の中で人に対してさらに投資をしていく方向性を強く打ち出すことも重要です。今は人の奪い合いの時代ですし，人的資本[5]については今後開示を充実させることが求められています」
と和泉教授がコメントする。

「会社の中で，非鉄事業のあり方について，どのような議論がなされているのかについては，次回の情報共有セッションにおいて確かめよう。

それから，電子事業だが……実は，私もあまりこの領域は詳しくないんだ」
と豊田が言う。

ミツカネ電子に対するセラーズDD

「多分，我々は三名ともそうかもしれません。

ですので，セラーズDDの話をさせて頂いたんです。

ある事業を売るべきか，維持すべきかを判断する前に，どれくらいの投資をすればさらなる成長余地があるのか，あるいはすでに成長限界にあるのかなどの基本的な情報が必要です。

他の会社においてもそうなのですが，本社は，子会社を取り巻く事業環境について，案外知らないことが多いのです」
と和泉教授が追加説明をする。

「私の時代は，セラーズDDというのはなかった。

前職でも買収はいくつかやったので，それを思い出していたんだが……売り手は，対象会社の事業について，良いことばかり並べ立てて，ちょっとしたことを，針小棒大に見せていた。あとから『騙された』と思ったこともあったよ。

そんな経験をしたせいか，対象会社が出してくる資料であっても，出所に外部コンサルの名前があったら，客観的な分析がなされていることが確認できて，

---

5 金融庁は，2023年3月期決算以降の有価証券報告書に，人的資本に関する一部の情報を記載することを義務付ける方針を示している。

ちょっと安心していたなぁ」
と前職のことを思い出す豊田。そして，
「電子事業についても，バイアスがかかっていない第三者に見てもらったほう
が良いかもしれないね」
と付け加えた。

「会社がセラーズDDを実施するか，それと寺田社長がセラーズDDを受け入
れるか，これはなかなかのチャレンジかもしれませんね。
　この会社は，新しいことをあまりやろうとはしませんから……」
と言う大倉。

「うむ，セラーズDDについても，後で，西園寺社長に私たちの考え方を伝え
ておこう。
　それからジェニファーさんにも，我々の話を共有して，彼女の意見も聴いて
おこう」
と言う豊田の締めで，ランチは散会となった。

3　ミツカネ電子の寺田社長とセラーズDDについての相談

大手町に呼ばれたミツカネ電子の寺田社長

「情報共有セッション」での議論を受けて，ミツカネ工業の経営企画部は，ミツカネ電子の寺田社長に，セラーズDDについて協力を得るための打診を行うことになった。

　今日は，ミツカネ電子の寺田社長に，大手町の本社に来てもらう日である。

　本社に着いた寺田社長は，いつもとは異なる来客用会議室に通された。

　運ばれてきたお茶を飲んでいると，かつて部下として一緒に仕事をしたことがある経営企画部長と，そのまた部下の大久保が入室してきた。

「お待たせしてすみません。本日は，事柄の性格上，こちらの会議室の方が良いと思いまして……」

　経営企画部長は，音をたててお茶をすすりながら，寺田社長に来社してくれたことへのお礼や，近況やらを一方的に喋る。そして，おもむろに，

「西園寺社長からすでに話があったと思いますが，今日は，次期中計の件で来て頂きました」

と今日の主旨を切り出す。

　寺田社長も，頷きながら，

「先日，西園寺社長から『次期中計では，電子を"遠ざける会社"に分類する方向で検討中だ』と伺ったが，その件で？」

と応じた。その時，会議室のドアをコンコンと叩く音がする。

　三人ともドアのほうを見る。

　すると，秘書が入ってきて，「会議中にすみません。西園寺社長が経営企画部長をお呼びです。至急だとのことです」と告げ，頭を下げる。

　秘書のこの突然の出現によって，なんと経営企画部長は，お詫び早々，急ぎ足で会議室から出て行ってしまった。

　（なんだ！　あいつ，出て行くのか……）

寺田社長は，心の中で憮然とするが，表情には出さない。

ミツカネ工業の経営企画のひよっ子

　会議室に取り残された二人。

「すみません，寺田社長の時間のご都合もあるでしょうから，部長の代わりに，私から説明します」

と言い，大久保が説明をはじめる。

　寺田社長の目には，大久保は単なるひよっ子にしか見えない。会うのは初めてかもしれない。こういう時，寺田社長は，一世代下の社員とは，接点が薄くなっていることを，つくづくと実感する。

（まぁ，いいや）

　寺田社長は，感情を表に出さず，静かに大久保の説明に耳を傾ける。

「実は，先日，社外取締役の皆さんにも，次期中計について説明したところです」

　大久保は，状況を淡々と伝える。

「そう。それで？　社外取締役の方々の反応は？」

　寺田社長は，社外取締役の反応が気になる。

「次期中計で"遠ざける"との方向性が示されるのだったら，スピード感を持って，実行に移すべきとのことでした」

「ええっ？　早まるの？」

　ひよっ子にしか見えないので，つい「早まるの？」と，ぞんざいな喋り方をしてしまったが，ひよっ子とはいえ，本社のしかるべきポジションにいる大久保には，「早まるのですか？」と，丁寧な言葉使いをすべきだったかもしれない。

　でも寺田社長にとって，かつての部下である経営企画部長のさらに下のこのひよっ子に，丁寧語を使うのは，癪に障ることだった。

　組織の中では，リベラル派だと自認してきた寺田社長だが，自分の心の奥底には，（嫌なものは嫌だ）と感じる頑固な反発心があることを改めて自己認識した。

「はい，時期についてはまだ検討中ですが……でもウチの社外取締役がうるさくて……」

（経営企画の若手も，西園寺社長を見倣ってそういうことを言うのか……）
　寺田社長は，思わず苦笑する。
　（それにしても，すでに社外取締役にも説明が行われ，このひよっ子までがこういう言い方をするということは，電子を"遠ざける会社"にすることは，大手町では既成事実になっているのかもしれない……）
　西園寺社長から話を聞いた時点では，電子がミツカネグループに残る可能性について少しはあるかもしれないと思ったが，目の前のこのひよっ子の言い振りからすると，どうもその可能性は薄そうだ。

　（しかし売却が早まるとなると……社内の態勢づくりとか，ベストオーナー探しとか，時間をかけてやっていけば良いと思っていたが，そんな悠長なことは言ってられない）
　寺田社長は，身を引き締めて，大久保の次の言葉を待つ。

ウチにセラーズDDを入れる？

「それで，近いうちに，電子さんに，セラーズDDを入れたいと思います。本日は，それへの協力について，ご相談したいと思いまして」
と，大久保は，今日の用件を伝える。

「セラーズDD……」
　寺田社長もかつてミツカネ工業の経営企画部にいたことがあったが，その時代にはセラーズDDなどなかった。
　そもそも売却案件自体がほとんどなかった。
　しかし，買収のためのDDを何度か経験している寺田には，セラーズDDがどういうものか，おおよその見当はつく。
　それにしても，自分の会社が売却対象になっていることを，このような形で，しかもこんなひよっ子に，再認識させられるのは心穏やかではない。

「セラーズDDの実務作業は，コンサルが担当しますので，そのコンサル部隊を受け入れて頂きたいのですが……」

（このひよっ子は，事務的に話を進めるんだなぁ）
と思いながら，
「いつから？」
　寺田社長はぶっきらぼうな言葉で聞く。

「今，コンサルの選定をやっています。決まれば来月からでも……」

（えっ？　こっちは，まだ『受け入れる』とは言ってないのに，もうコンサル
の選定作業を始めているのか！
『子会社が親会社の依頼を断ることはない』と踏んでいるんだ。チクショ
ウ！）
　寺田社長の顔色が微妙に変わったのを見て，
「もちろん電子さんのご都合に合わせますが……」
と言い添える大久保。

（電子さん……さん？）
　いつもなら気にならない「電子さん」の「さん」が，さっきから妙に気に障
る。
『お前はもう大手町の人間じゃない』と言われているように聞こえる。

「ウチの都合……来月下旬だったら，どうにか……」
　手帳を見ながら，ぶっきらぼうに返事する寺田社長。
　ここは「来月下旬からでしたら，受け入れられます」と丁寧に答えるべきか
もしれない。
　話す相手との関係性により，言い方を変えなければならない日本語は，こん
な時には実に面倒だ。

「承知しました。セラーズDDを担当するコンサルが決まりしだい，ご連絡い
たします」
　引き続き丁寧に対応する大久保。

（えっ，これでおしまい？　わざわざ呼び出しておいて，意見交換もなくて，
もうおしまい？　こんなに軽く扱われるなんて……
　拍子抜けというか不愉快というか……
　そもそも，子会社とはいえ，社長である自分のカウンターパートがこのひよ

っ子というのは，一体どういうことだ！）

　大手町に軽くあしらわれたと感じ，腹が立ってくる寺田社長。

　（アイツもアイツだ！

『西園寺社長からの至急の呼び出し』があったとしても，このひよっ子に，私の相手をさせるとは無神経だ。

　あるいは，自分でこの話をするのが気まずいので，『西園寺社長からの至急の呼び出し』を自作自演したのか？）

自分の存在が中途半端なのだと悟る寺田社長

　そんなことをツラツラと考えていると，

　（あっ，そういうことか！）

と寺田社長は，突然，気がつく。

　自分は，大手町のなかで，腫れ物に触るような存在になっているんだ。

　なぜ？　それは，ミツカネ工業における自分の位置づけが中途半端だからだ。

　親会社からの落下傘子会社社長。しかもそのうち売却されることになっている。

　ウチの人でもない。ソトの人でもない。

　自分をウチの人と思っている経営企画部長は逃げた。

　自分をソトの人と思っているこの若造は，自分を社外の人間としてみており，他人行儀な対応をしてくる。

　一方，そんなことを思う寺田社長の心の中にも，ウチとソトの両方の気持ちが混在していることを感じる。

　だから結局，どう対応されても傷つき，違和感と寂しさだけが残る。

　ウチとソト。厄介な線引きだ。

　それにしてもセラーズDDを受けるとなると，これからもこのひよっ子と付き合わなければいけないのか……勘弁して欲しい……。

　寺田社長の耳に，突然，大久保の声が響く。まだ，話は終わっていなかった。

ひよっ子の相手は西郷にやってもらおう

「コンサルについて，何か希望はありますか？」

　大久保が，寺田社長に，淡々とこう聞く。

「えっ，希望？」

「はい，業界のことを良く分かっているコンサルを知っているとか，逆に，出入り禁止にしているコンサルがあるとか……何か希望があれば，参考にさせて頂きます」

「あー，いや，普段からそれほどコンサルを使っているわけではないので……」
　依然として語尾が定まらない寺田社長。

（待てよ。
　事業計画策定で「コンサルを使え」って西郷に指示したんだった。そちらはまだ選定が終っていない。
　この際，このひよっ子が連れてくるセラーズDDのコンサルを使わせてもらおうか。
　そうすれば費用は大手町持ちになる！　コンサルフィーもばかにならない。
　我ながら名案！）
　この寺田社長の軽い思いつきが，後々大変な事態を招くことは，この時の寺田社長には知る由もない。

「実は，ウチも事業計画を策定しなきゃいけないので，コンサルを雇う予定でね。
　セラーズDDをやるためのコンサルがウチにやって来て，さらに，ウチでも別のコンサルを雇うとなると，コンサルが二社入ることになる。
　そうなると，通常業務に支障をきたさないとも限らない。
　ウチの事業計画策定を，そっちで選定するコンサルに手伝ってもらうことはできないかな？」
　本日，最も長い文章を寺田社長は口にした。

　少し考える大久保。
「電子さんの事業計画策定のためのコンサルでしたら，本来ならば，電子さんのほうで費用負担してもらわなければいけませんが……しかし，電子さんの事業計画は，買い手候補に見せるものになりますよね……だったら……たいした費用の増加にはならないし……分かりました。ついでに手伝えるようスコープ

を少し広げておきます」
　依然として，淡々とした口調だ。

　大久保に自分の思い付きを受け入れてもらえ，ホッとして，軽く頷く寺田社
長。
　どうしても「ありがとう」の言葉が出てこない。
　子供じみているが，頑固な反発心のせいだ。

　しばし沈黙。

（あっ，そうだ！
　コンサルの件は，西郷が担当しているから，このひよっ子の相手も西郷にや
ってもらおう！）
「コンサルが入るなら，この件は，経営企画を担当している西郷部長に担当さ
せようと思うのだが……」
　西郷の名前を出して，寺田社長の心が少し軽くなる。

「そうですか。では，今後のことは，西郷さんと連絡を取り合えば良いです
ね」
　大久保も居心地の悪さを感じていたのだろう，大久保の声のトーンが少し高
くなった。

4 ミツカネ電子の寺田社長の思い付き

筋を通さない大手町

　大手町での打ち合わせを終えたミツカネ電子の寺田社長は，すぐに大手町を後にして，先程帰社したところである。

　（まずは美味しいコーヒーを飲もう）とパントリーに向かうと，そこには西郷がいた。

「あっ，社長。大手町でしたか！」
「西郷さんもコーヒー？　ちょうど良かった。話がしたかったんだ。私の部屋で一緒にどお？」
と寺田社長は，西郷を社長室に誘う。

　社長室のソファーに腰をおろし，コーヒーカップを片手に持った寺田社長は，「西郷さんは，大手町の経営企画部にいる"大久保さん"っていう中堅を知ってる？
　入社年次は，西郷さんより7～8年下かな……」
と大久保の年のころを推測し，その姿かたちを西郷に伝える寺田社長。

「ああ，その大久保さんですね。直接の面識はありませんが，知っています。
　以前は，非鉄で営業をしていて，その後，経営企画部に異動したようです。今は確か，M&Aチームのリーダーだったと思います。優秀だとの噂ですよ」

「そうなんだ……」
　寺田社長は，（余計なことは言うまい）と思い，西郷に，大手町の来客用会議室で，経営企画部長が席を外した後に，その大久保からセラーズDDの受け入れについて説明を受けたことを淡々と伝えた。

「そうですか……大久保さんが社長にそういう話を……でもそれって……本来ならば，西園寺社長が出てきて，『セラーズDDをやるから協力してほしい。具体的な手順は経営企画部と打ち合わせてくれ』という挨拶があって，経営企画部長が実務的な説明をするというのが，筋だと思いますけど……」

と感想めいたふうに，ボソッと呟く西郷。

（そうなんだよ。自分も忸怩たる思いがした。あんなやり方で協力を求められても，協力しようという気は起こらない。自分たちでベストオーナーを探してきて，ウチにとっての最善の動きを模索しようという思いがますます強くなってきたよ……）

　寺田社長は声を大にして，そう言いたかったが，西郷の手前，愚痴を言う訳にいかず，唇をへの字に曲げるだけにしておいた。

コンサルの利益相反

「それでね。ウチの事業計画を策定するためのコンサル選定を西郷さんにお願いしているが，その作業は，一旦ストップさせて，大手町の大久保さんに連絡をとって欲しいんだ。

　大手町が選定するセラーズDDのコンサルに，ウチの事業計画策定の手伝いをしてもらおうと思ってね。それについては，大手町も同意している」
と西郷に伝える寺田社長。

（えっ？）
　絶句して，しばし固まる西郷。

「それって，大手町が選定するコンサルに，ウチの事業計画策定を，手伝ってもらうということですか？」
と確認しながら，西郷は，困惑したような表情になる。そして，
「こちらのコンサルの選定をストップさせることは，特に問題はありませんが……でも，大手町が選定するコンサルは，ウチに対するセラーズDDを担うんですよね。その同じコンサルが，ウチの事業計画策定を支援するってことですか？……いやぁ……直感ですが……それって，本当に上手くいくでしょうか……」
と言い，西郷は，不安な表情になる。

「うん，まぁね……でも現実問題として……ウチが雇うコンサルと，大手町が送ってくるセラーズDDのコンサルと，二つのコンサルがウチに入るという状況のほうが，実務的な負担が大きいと思うんだが……」
と言い，西郷を見る寺田社長。

「まあ，それはそうですが……でも……大手町が連れてくるコンサルに手伝っ
てもらって，自分たちのイニシアティブで，自分たちの事業計画を作成するこ
とができますかねぇ……」
と厳しい表情をする西郷。

「う～ん……しかし同じ時期にコンサルが二社入ってくると，双方から，事業
内容とか業務の実態を聞かれるし，資料依頼も二社からくる。そうなると現場
は，混乱の極みだ。
　そもそも，片方のコンサルは，事業計画の支援をしてもらう目的だから，現
場にその目的であることを伝えられるが，大手町から送られてくるコンサルの
ほうは，どういう目的でここに来ているかを，現場の社員には伝えられない」
と，寺田社長は，コンサルが二社来ることの懸念点を西郷に伝える。

「はい，その点は理解します。でも……実務的にワークするでしょうか……」

　二人は，黙り込む。

そもそも何のためのセラーズDDなのか？

　そして，西郷が沈黙を破る。
「そもそも……大手町は，何のためにセラーズDDをやるんですか？」
　単純な問いであるが，重要な点である。

　寺田社長は，しばし目を閉じて，記憶を辿りながら口を開く。
「大久保さんの口ぶりでは，『経営企画部としては，電子は売却の方向ですで
に意思決定済み』という感じだった。
　『電子さんの事業計画は買い手候補に見せるものになる』ため，事業計画の策
定のためのコンサル費用も，ついでだから大手町で負担できると言っていたこ
とに鑑みると，少なくとも経営企画部にとっては，『売却のためのセラーズ
DD』なんだろうなぁ……」

「そうですか……セラーズDDを入れることは，社外取締役が言い出したこと
なんですよね？」
とセラーズDDを入れることになった経緯に立ち戻る西郷。

「うん，そう聞いている」

「社外取締役は，何のためにセラーズDDをやって欲しいのでしょうか？

　セラーズDDの意図や，その結果をどう活用したいのか，それを受けてどういう展開を構想しているのかについて，大手町の経営企画は，社外取締役たちや西園寺社長の思惑を，正確に把握して動いているのでしょうか？」
と心配する西郷。

　大手町では，この手の不一致はよくあることだった。いわゆる同床異夢というやつだ。あることを実行しようとしても，意思決定の際の思惑が異なるので，実行の段階に入ってから，問題が多発するのだ。

　寺田社長も，大手町ではこういう不一致が少なからず起こることについては，経験してきたから西郷の心配は理解できる。

「断片情報になるが……大久保さんによると，社外取締役は『方向性が示されたら，スピード感を持って実行に移すべき』と言っていたそうだ」
と伝える寺田社長。

「そうですか。とはいえ，社外取締役の立場で，売却の第一歩として『セラーズDDを早くやりなさい』と，執行に係わるところまで，指示するとは思えませんが……」
と西郷が憶測する。

「それに……大手町の経営企画の目的が『売却のためのセラーズDD』だとしたら，大手町が雇うコンサルも，売却を念頭に置いた事業計画策定の支援をするでしょうね。

　大手町の経営企画部が見せたいストーリーと，我々が作りたいストーリーとの間に，ギャップが生じるかもしれません」
と付け加える西郷。

「そうかもしれない……」

「そうなると，そのコンサルも，大手町とウチの間で板挟みになって困るのではないでしょうか？

　さらに経営企画部が『売却』の思惑でセラーズDDを実施したとしても，西園寺社長や社外取締役のセラーズDDに対する思惑が別のところにあるとしたら，セラーズDDをやり直しさせられる可能性がありますよ」

　西郷の心配は尽きない。

「そうなると，また我々に負担がかかってくる。それは避けたいね。
　社外取締役の意図を，私が直接聞くことはできないが，西園寺社長には，機会をとらえて，確認しておいた方がよいね。
　でもとりあえずは『歩きながら考えていく』しかなさそうだ。色々と心配なことは多いが，前に進んでみないか？」
と言い，寺田社長はソファーから立ち上がって西郷の右肩をポンとたたいた。

5 ｜ Sプロが始まった

「Sプロ」始動

セラーズDDの話が起こってから，3週間が過ぎた。

その間，大手町のミツカネ工業では，セラーズDDを開始するための社内調整がなされ，コンサルの選定も終わった。プロジェクトも組成された。

プロジェクトの名称は，「セラーズDDおよび電子市場調査とミツカネ電子の事業計画策定支援」プロジェクト。

長ったらしい名前である。

当初，大手町のなかでは，「電子へのセラーズDD」プロジェクトという名称であった。

この名称を，ミツカネ電子の寺田社長に伝えたところ，「プロジェクト名は，関係者しか見ないだろうから，名称に，セラーズDDが入っていることは，あえて許容するが，電子業界の調査やミツカネ電子の事業計画策定の支援が含まれていることを，コンサルには分かってもらいたいから，それを明示して欲しい」と言ってきた。

こういう経緯があって，この長ったらしい名称のプロジェクトになったのだが，実際には，誰も，この名称では呼ばない。

結局，この3週間の間に，「Sプロジェクト」，さらに縮めて「Sプロ」と称されるようになった。

「Sプロ」という名称であれば，ミツカネ電子の社員にも「Sプロ」の存在自体について隠す必要はない。とはいえ，この「Sプロ」の中にセラーズDDが含まれていることは，ミツカネ電子の社員には，厳秘である。セラーズDDは，一般的には，売却の下準備とされるため，ミツカネ電子の社員の動揺を惹起しないようにとの配慮からだ。

そのうちコンサルの部隊が，ミツカネ電子に常駐することになるが，西郷は，「これらのコンサルは，先日，寺田社長のイニシアティブで立ち上げた電子の最高の『事業計画プロジェクト』を支援するために来ている。「Sプロ」のSは，「Supreme（最高）」の頭文字のSである」と説明するつもりである。

「Sプロ」の顔見世会議

　本日は，この「Sプロ」の第一回目の実務者による顔見世会議の日である。

　この会議には，プロジェクトオーナーであるミツカネ工業の経営企画部，ミツカネ電子，それからコンサルの三者が参加している。

　ミツカネ工業からの出席者は，経営企画部長，M&Aチームのリーダーである大久保とその部下二人の合計四人。

　ミツカネ電子からは，西郷経営企画部長とその部下二人の合計三人。

　西郷は，この部下二人には，セラーズDDが「Sプロ」本来の目的であることを伝えたが，電子の社内では極秘にするよう，よくよく言い含めてある。

　コンサルティング会社からは，パートナーと，実務を担当するマネージャー，それに二人のスタッフの合計四人が出席している。

　コンサルティング会社のパートナーと言えば，キャリアパスとして，最終到達目標になる役職だが，このパートナーは，まだ40歳そこそこにしか見えない。西郷よりも若い。

　マネージャーは30歳代半ばだろうか。

　その部下の二人は，まだ30歳前後だろう。二名ともメガネがよく似合っており，いかにも外資系という出で立ちだ。

　司会役の大久保に促され，パートナーが，「Sプロ」で実施する作業内容，スケジュール，体制などを説明した。

　説明で使用した資料は，ミツカネ工業に対するコンサルからの提案書の抜粋のようだった。

　今日，説明した内容は，ミツカネ工業とコンサルの間では，すでに合意されていたようだ。コンサルは，始終，西郷たちミツカネ電子の三人のほうばかり見て説明していた。

　コンサルからの説明が終わると，司会役の大久保は，
「以上，今回のプロジェクト概要について説明してもらいました。

　それでは，ミツカネ電子さん，今，ご説明頂いた段取りについて，日程など，何か質問はありませんか？」

と言い，西郷のほうを向く。

「ご説明，ありがとうございます。日程的には問題ないです。

　しかし，3カ月半というのは少し長いという感じがしますが，やはりそれくらいはかかるのでしょうか？」
と期間について確認する西郷。

「年末年始が入りますので……」
　申し訳なさそうに答えるパートナー。

「年明けにスタートというわけにはいきませんか？」
　一応，食い下がってみる西郷。

「年明けのスタートだと，プロジェクトの終了が4月に入ってしまいます。

　その頃は，新年度に入りますし，ミツカネ電子さんも，何かとお忙しいのではないかと思いまして」
と，今度は，大久保が答える。

　ミツカネ電子の事情を慮ったとのことだが，本当はミツカネ工業の事情なのだろうと思う西郷。

「それに，ミツカネ電子さんの事業計画策定についても……まぁ，できる範囲にはなりますが……『手伝ってもらいたい』と寺田社長からの直々のお願いですので，その工数分のスケジュールもみています」
と付け加える大久保。

「分かりました。

　ウチでは，部門横断の事業計画策定プロジェクトが少し前から走っていますので，コンサルの皆さんには，そのプロジェクトメンバーと一緒に，業界環境の調査分析などにも取り組んでもらえるとありがたいです」
　事業計画策定に際して，もともとコンサルをフル活用しようと考えていた西郷は，大久保の，「できる範囲」とか，「手伝い」という表現が少々気になっていたが，今日は，これくらいの言い方にしておいた。

ミツカネ電子では極秘のセラーズDD

　西郷の言葉を引き取って，大久保が，

「コンサルの皆さんがセラーズDDの作業を行うことについては，ミツカネ電子の社員の方々には，極秘になっていますので，くれぐれもよろしくお願いします」

と再度，コンサルに釘をさす。

「はい，よく理解しています。大丈夫です。

　ミツカネ電子さんに入る弊社のコンサルタントにその点は，しっかりと徹底してます」

と言い，周りを安心させるパートナー。

「セラーズDDに係わるところについては，先に，管理資料を見せて頂きます。

　どういう資料が必要かは，事前に，電子さんにお知らせしますし，追加資料が必要であれば，都度，連絡します。

　ご提供頂く資料は，共有フォルダーを作りますので，そこにアップしてもらえれば良いです」

と実務を担当するとみられるマネージャーが，西郷たちに伝える。

「分かりました」

と答える西郷に，マネージャーは，

「そのあと，インタビューやディスカッションをさせて頂きますが，それは，『事業計画策定の支援を行うために，ミツカネ電子さんの事業のことを勉強しなければいけない。だから事業の実態や過去実績などについても質問させて頂く』という建て付けになります。

　とはいえ質問の内容によっては，『なぜそんなことまで聞かれるのだろうか』と思われるかもしれません。

　そこのところはご容赦ください」

と，付け加える。

「分かりました。

　それでは，インタビューには，私が同席して，必要に応じて，適宜フォローを入れます。したがってインタビューの対象者はできるだけ絞ってもらえればありがたいです」

と言い，西郷は，部下の二人に目配せをした。

　そして西郷は,

「こちらから事業計画策定に必要な,たとえば業界情報や競合の動向などの情報提供を御社にお願いする場合は,どうしたら良いですか?」

と,気になっていたことを,マネージャーに訊ねる。

「必要な情報のリストを頂ければ,当方で作業します。出来上がったドキュメントは,順次,共有フォルダーにアップします」

と,マネージャーはテキパキと答える。

(なんと効率的に作業を進める人たちなんだろう。セラーズDDにも慣れているんだな。これだったらメンバーとの接点も少ないし,なんとかなるかも)

と思いながら,西郷は,(これから忙しくなりそうだ)と身を引き締めていた。

6　Sプロの軌道修正

構造的な問題が露呈

　Sプロが走り始めて10日ほど経ったある日，Sプロのミツカネ電子側の責任者である経営企画部長の西郷が，寺田社長の部屋のドアを叩いた。

「あー，西郷さん，Sプロは順調？」
　寺田社長が西郷を部屋に招き入れる。

「いや，実は……今日は，その件でご相談です」
　浮かない表情の西郷。

「どうしたの？」

「このプロジェクトは，やっぱり構造的に無理がありそうです」
と暗い声で，寺田社長に申し訳なさそうに伝える西郷。

「構造的にって，大手町がセラーズDDを行う傍らで，我々は事業計画を策定するという構造のこと？」

「はい。そうです。その二つの作業を同じコンサルが担っているところが，やはり問題になりそうです。と言うか，すでに問題になっています。
　ウチのプロジェクトメンバーは，Sプロの本来の目的がセラーズDDであることを知りません。ですから，コンサルから情報提供依頼があるたびに，『事業計画策定において，なぜ，そんな資料まで要求してくるのだろうか？』と疑問を抱き始めています」
と説明する西郷。

「うん，そうか……想定の範囲ではあるが……それは主に経営管理に関する情報だね。『今回の事業計画策定では，ウチの経営管理資料についても，コンサルに改善のアドバイスをお願いしている』とメンバーには伝えるしかないだろうな……」
と言う寺田社長。

「はい，すでにそう言っています。『コンサルにウチのことをよく知ってもらうことは極めて大切なので，申し訳ないけど，細かい質問にも我慢してくれ』とも言ってあります」

「うん……」

「それに……インタビューが数日前からはじまっていますが，セラーズDDのためのインタビューは質問が深くて，事業計画の策定のためのインタビューとは，その内容と深さに大きなギャップがあるので，『そんな細かいことまで答える必要がありますか』と言いはじめる者が出てきています。

　私が同席していますので，インタビューが始まる前に『コンサルの皆さんには，できるだけ真の姿を知ってもらったほうが良いので，機密情報でなければ，聞かれたことには，できる限り答えてください』と言っているのですが……」

　寺田社長の表情に，憂いの色が表れはじめる。

「それから……事業計画策定のほうにも問題が出てきています。

　コンサルの事業分析や情報収集があまりに浅いので，『それだったらリサーチ会社と同じだ。コンサルを雇っている意味がない。コンサルだったら，もっと洞察のある分析をしてもらいたいし，事業計画策定作業ももっと積極的にリードして欲しい』と発破をかけたんです。

　顔見世会議の際に，大手町の大久保さんが，事業計画策定の支援については，『できる範囲で』とか，『手伝い』でという言いぶりだったので，少し心配だったのですが，本当に『ついでにやってあげている』といった姿勢なのです。だから……つい，そんな言葉を発してしまいました」

「そうか……それで？」

「そしたら，コンサルは，大手町とも相談したようです。

　その後，事業計画策定の実務作業については，多少，積極的に協力するようになりました。でも我々の意思を尊重して作業をするというよりは，大手町の意向を受けて事業計画を策定している感じなのです」

「えっ？　どういうこと？」

「ウチのメンバーには，社内の事業計画策定プロジェクトのキックオフのとき

に，『今回の事業計画は，大手町の意思とは関係なく，自分たちで作る事業計画だ』と，社長から檄を飛ばして頂いてます。

　私も『今後，我々がどのマーケットでどのように勝負して，どういう成長ストーリーを描くのか，多少，夢の要素が入っても良いので，やりたい絵姿を描いていく』という方針をメンバーに示しています。

　でも……たとえばですが……今，トップラインをみているチームがあります。

　コンサルは，新製品のネタがありそうだとみたら，『マーケッタビリティがあるという資料を作って，その数字を乗せましょう』と何でもかんでもトップラインにのせてくるんです。

　『説明資料さえ整えられれば，中身は多少あやしくても，とりあえず計上する』という姿勢です。

　これには，さすがに現場も『ウチは，そういう領域に手を出すつもりはないので，外します』と抵抗しましたが，『利益に貢献するものは，入れましょう。やるかどうかは，将来，その時点で決めればよい。とりあえず入れておけばよい』といった姿勢なのです。

　こういう状況ですので，いったい誰の事業計画か分かりません……すみません。私の力不足です。ウチで雇ったコンサルであれば，我々の意図を伝えて，我々のほうを見て，事業計画策定の支援をしてもらうのですが……」

　寺田社長は，表情を硬くして，大きなため息をつく。
「大手町は『強い事業計画にしろ』ってコンサルに耳打ちしているんだろう。少しでも高くウチを売りたいということなんだろうね……」

「恐らくそうでしょうね。
　それから……私の関心は，ベストオーナー探しにもありますので，買い手候補探しに使える幅広い情報を提供してほしいのですが，そういったリクエストについては，体良く聞き流すといった姿勢です」

「そうか……困ったことだ」
　寺田社長の表情が，さらに険しくなっていく。

「……」

　二人とも，大きなため息をつき，しばし沈黙。

西郷が少し明るい話題を提供する。

「でも，来ているコンサルの資質は悪くないと思います。以前，電子業界にいたコンサルもいて，業界知識についても問題ないです」

寺田社長は，何か思案するように，しばし目を閉じ，唇を真一文字に結び，眉間に皺をよせている。

その寺田社長に，西郷は，さらにこう伝える。

「一部のメンバーは『今やっている事業計画策定は，裏で大手町が糸を引いているのではないか』と疑いはじめています。

ですから……早い段階でこのプロジェクトの建て付けに修正が必要ではないかと思いまして……」

プロジェクトの建て付けを修正

西郷のこの一言で，寺田社長は，背中を押されたように，閉じていた目を開ける。

そして，覚悟を決めた眼差しで，西郷を見る。

「知らせてくれてありがとう。私の判断がまずかった。私の安易な思いつきのために，心配をかけてすまない」

寺田社長は，自分の非を素直に認める良いところがある。

そして，

「当初，西郷さんが指摘してくれたとおり，セラーズDDを実施するコンサルに，ウチの事業計画策定を手伝ってもらうという建て付けに無理があるんだね。

私の時代は，セラーズDDなんてなかったから，どういうことになるか，予見できなかった。でもまだ早いこの段階で，話をしてもらって良かった。

大手町から報酬をもらっている以上，コンサルも，大手町のほうを向いて，仕事をせざるを得ないだろう。

コンサルが，お金を払ってくれる人に忠実なのは，当然だ」

と言い，寺田社長は視線を一旦床に落とす。

そして大きな深呼吸をして，

「いまここでセラーズDDを止めることはできないが，コンサルと大手町には

話をしてみようと思う。

大手町がコンサルに依頼している業務のうち，『ミツカネ電子の事業計画策定の支援』の業務は，ウチが別のコンサルと契約をしたほうが良いだろう。途中でストップしてもらったが，西郷さんにお願いしていたコンサル選定を復活させることはできますか？」

と言う。そして，

「ウチの事業計画策定プロジェクトのメンバーには，セラーズDDの対応と，事業計画の策定と，二重の負担をかけることになる。

だから，『今いるコンサルの目的がセラーズDDである』ことは，知らせるべきだろう。もちろん，メンバー以外には極秘にしてもらうが……。

我々の組織の中では，秘密を極力排除して，できる限り透明性を確保していきたい。そうでないと，社員の間で憶測が飛び交って，疑心暗鬼が生じる。

まずは，我々が透明性を高めて，社員にできる限りの説明を尽くすことが大切だ。誰かの顔色を窺うような組織風土にはしたくない。

セラーズDDのことをこのまま秘密にしておいても，遅かれ早かれ，ウチのメンバーは，気がつくだろう。そうなると我々マネジメントチームとメンバーの信頼関係が崩壊してしまう」

西郷は，実のところ，ここ数日，現場での実態を寺田社長に話すことについて，迷いがあった。

しかし今，この寺田社長の決断を聞いて，（今日，この話をして良かった）と心の底から感じていた。

プロジェクトメンバーに包み隠さず話す寺田社長

それから数日経ったある日の午後。

いつもの会議室に，ミツカネ電子の事業計画策定プロジェクトのメンバー十人が勢ぞろいした。

メンバーは，事前に，寺田社長から重要な話があるとだけ，知らされていた。

最初に，事業計画策定プロジェクトをリードしている西郷経営企画部長が，露払いをする。

「皆さんには，事業計画の策定作業に，おおいに力を発揮してもらっています。

ここ2週間ほどは，コンサルが入ってきているので，皆さんの忙しさに拍車

がかかっていると思います。

　今日は，その件について，寺田社長から，重要な話があります」

　この西郷の言葉を受けて，寺田社長は，短く挨拶した後，真剣な表情で，
「もう何カ月か前のことですが，残暑が厳しい日でした。

　大手町の西園寺社長から呼び出しがあって，次期中計において，『ミツカネ電子を“遠ざける会社”に分類する方向である』ことを，突然，聞かされました。

　要は，大手町が，ウチを売却する方向で検討しているということです」
と，淡々と話し始めた。

　冒頭から，驚愕する内容の話である。

　その場にいるメンバーは，顔を見合わせ，そして言葉にならない，低いどよめきが起こった。

　寺田社長は，動揺しているメンバーを前に淡々と話を続ける。
「皆さんもご存知のとおり，ミツカネ電子は，ミツカネグループの中で，経営状況が最も良い会社の一つです。

　本業の非鉄事業が伸び悩む中，私は『電子事業がミツカネグループの次の主力事業になる』と思っていました。

　ですから『ミツカネ電子が売却の方向にある』ことを聞いた時には，本当にショックで……頭が真っ白になって……全身の力が抜けました。同時に，『大手町では，一体，何が起きているのか』と恐ろしささえ覚えました」

　当時のことを思い出したのか，寺田社長の声が少しうわずる。

　でも，すぐに平静さを取り直して，
「この話は，現時点では，大手町において，機関決定されたわけではありません。皆さんも，そのつもりで，私の話を聞いてください」
と静かに伝え，深呼吸する。

　神妙な表情で座っているメンバーは，息をのみ，寺田社長の目をジッと見る。

　全員の視線を受けて話す寺田社長は，
「当初の話では，『ミツカネ工業の次期中計の中では，売却の方針がやんわりと示されるものの，実際の売却実行は，先の話になる』ということでした」

と，ゆっくりとした口調で，付け加えた。

　会議室は，咳払い一つなく，静まりかえっている。
　寺田社長の心の動きが，聞いているメンバーに，痛いほど伝わってくる。

　寺田社長は，さらに話を続ける。
「西園寺社長の話を，最初に聞いたとき，『親会社の方針である限り，我々は，まな板の鯉なので，大手町の判断に従うしかない』と思いました。
　しかしその後，マネジメントチームの西郷さんたちと話をする中で，売却されることについてはともかく，どこが新たな親会社になるかについては，『自分たちで考えることが良い』という考えに至りました。
　ミツカネグループの中で，電子事業のことを一番よく知っているのは我々だからです。
　自分たちの会社が今後伸びていくためには，どこの傘下に入って，どのような事業展開を行うのが良いのかについて，ベストな判断ができるのは，我々しかいないはずです」
　寺田社長の口調に，力強さが加わる。

　寺田社長の話は，さらに続く。
「今回の事業計画では，これまで何度も言ってきましたが，『自分たちの夢を，自分たちの手で描きたい』と，強く思っています。
　自分たちの手で作った，この事業計画に基づいて，今後の電子のあり方を，大手町と虚心坦懐に議論していきたい。
　キックオフのときに，私が『今回の事業計画の策定においては，大手町との調整は必要ない』と伝えたのは，そういう思いがあったからです」

　一言も聞き漏らすまいと，食い入るように，寺田社長の話を聞いていたメンバーは，
（あー，そうなんだ……あの日の社長の発言には，そういう背景があったのか……）と，合点がいったという表情になってくる。

「ところが，大手町の中で『もっとスピード感をもって，本件を進めるように』という動きがあったようで，今度は，先月，突然，ウチに『セラーズDDを入れる』と，大手町が言ってきました。

　それで，2週間ほど前から，コンサルがウチに常駐するようになったのです」
と言い，セラーズDDとはどういうものかについて説明した。

　数人のメンバーは，（あー，なるほど……そういうことだったのか）という表情になる。
　別の数人は，放心状態のままである。

　寺田社長は，さらに続ける。
「セラーズDDには，事業計画策定の際に必要となる作業も入ってくるので，大手町にお願いして『電子で行っている事業計画策定の支援』を，コンサルの作業スコープに入れてもらいました。
　しかし，先日，西郷さんから，『コンサルは大手町のほうばかり見て，事業計画策定については，なかなか我々のほうを見て作業をしてくれない』との報告を受けました」
　これを伝える寺田社長の声のトーンが，少し低くなった。

　そして，こう付け加える。
「冷静になって考えてみると，セラーズDDと同じコンサルに，ウチの事業計画策定も支援してもらうという構造に無理があったのです。
　そのために，皆さんの負担を増やすことになってしまったことを，この場を借りて，お詫びしたいと思います」
　寺田社長は，社員に対しても，自分のミスを素直に認め，謝ることができる，懐が深い人物である。

「今回の事業計画策定は，ミツカネ電子の将来を決めるとても重要なプロジェクトです。その作業を担う皆さんには思う存分に仕事をしてもらいたい。
　だから，ウチの事業計画策定の支援については，セラーズDDとは別のコンサルにお願いすることで，大手町と話を付けました」
と言い，今度は，自分を納得させるように，軽く頷く。

　そして，
「今，契約の巻き直しの最中です。
　ウチの事業計画策定に関するスコープについては，別のコンサルとウチが直

接契約しますので，皆さんは，コンサルを使い倒すくらいの気持ちで，事業計画策定作業を進めてください。

　それから今来ているSプロのコンサル部隊に対しても，真摯に対応してください。

　皆さんの獅子奮迅の活躍に期待しています」

　再度，強い声のトーンに戻り，ゆったりと微笑んで，メンバーの顔を見渡す寺田社長。

プロジェクトメンバーの反応

　少し間を置いて，今度は，先程までの公式的なトーンとは異なり，袴を脱いだカジュアルな雰囲気で，

「皆さん，驚いたでしょう」

と，メンバーに語りかける。その声には，温かみが滲み出ている。

　寺田社長が事実を包み隠さずに話してくれたことが安心材料となっているのか，メンバーのどの顔も穏やかである。

　寺田社長からの説明が終わり，場の緊張感が少し緩んだところで，西郷が，やはり穏やかな声で，こう仕切る。

「何か質問は，ありませんか？　あるいはコメントでも良いですよ。

　今日は，皆さんの意見を聞きたいし，社長は，皆さんの質問に全て答えるとおっしゃっています。

　この後，社長は，何も予定を入れていませんので，時間を気にすることはありません」

　会議室には，静寂な空気が漂う。

　でも重い空気ではない。

　すると，周りの様子を窺いながら，速水が，手を挙げる。

　営業出身の速水は，メンバーの中では，リーダー格の中堅若手である。

「社長，細部にわたり，包み隠さずに話をして下さって，ありがとうございます。社長のお考えがよく分かりました。僕には，合点がいく話でした。

　プロジェクトチームが発足して，当初は，自分たちだけでの作業でしたが，途中からコンサルが入ってきて，どれくらい支援してくれるのかと期待してい

たら，支援どころか，『あの資料を出してくれ，この資料の意味は何だ？』とか，『インタビューを設定してくれ』とか，事業計画策定の実務作業とは関係ないことを言ってくるから……。

　だから『コンサルがいても面倒なだけだ。コンサルは，要らないのでは？』と仲間内で話していたところでした。

　あのコンサルには，別の目的があったんですね。だとしたら納得です」
ここのところ感じていたモヤモヤが，寺田社長の説明で一挙に解けたようだ。

　速水のコメントに，周りのメンバーも頷いている。

「皆さんには，苦労をかけているが，よくやってくれていて，ありがたいと思っている」
　寺田社長は，速水のコメントに，頷きながら，これまでの苦労を労う。

「これからは，事業計画の策定作業とセラーズDDのSプロへの対応と，明確に仕事が分かれますから，引き続き，頑張ってください」
と応じ，
「他に，何か質問やコメントはありませんか？」
と西郷は，他のメンバーにも発言を促す。

　今度は，工場から来ている若手メンバーが発言する。
「僕は，今回，事業計画を策定するプロジェクトメンバーに入れてもらったことで，会社の仕組みが分かって，良い経験になっています。

　コンサルタントの方々と一緒に仕事をするのは初めてだったので『そういうものなのか』と思っていただけで，そんなに苦労をかけられたとは思っていません。

　それよりも，あの人たちは，いつ寝ているんだろうと思うほど，すごく仕事が早くて，反応が良いので，いつも驚いていました。

　貴重な機会なので，彼らから，いろんなスキルを学びたいです」

　引き続き，ポジティブなコメントである。
　コンサルの件については，理解を得られたようで安堵するものの，西郷が本当に知りたかったのは，ミツカネ電子が "遠ざける会社" に分類されたこと，つまり売却されることについて，メンバーが本心ではどう思っているかである。

もう，ここは，直截的に聞いたほうが良いと思い，
「皆さんが前向きに仕事に取り組んでくれているようで，心強いです。
　コンサルの存在も，良い刺激になっているようですね。
　ところで，ウチは，ミツカネグループから出ていくことになりますが，それについては，何かコメントとか，質問は，ありませんか？」
と改めて投げかける西郷。

意見を求められても困る

　その西郷の投げかけを受け，メンバーは，お互いに，顔を見合わせ，（先にどうぞ）と言わんばかりに，目で発言を押し付け合っている。

　誰も発言しない。

　西郷も，無言で，各メンバーの顔を，一人ずつ見る。
　どのメンバーも，そっと西郷から目線を外す。

　仕方ない。コールドコール[6]だ。
「速水君，何かコメントはありませんか？」
　西郷は，メンバーのリーダー格である速水に発言を求める。

「えっ，あーっ……僕。僕は，『電子がミツカネグループから出ていく方向で検討がなされている』と，先程，突然聞かされて，正直，腰を抜かすほど驚いています。
　でも，こういうことは大手町と寺田社長の間で決めることだし……自分のような一社員は，賛成とか反対とか言えるような立場にはないですし……でも，これまで大手町との間では，ギクシャクすることがよくあったので，売却というのは……まぁ『くるべき時がきたか』という感じです。
　ただ……『ミツカネという金看板が外れて，今後，ウチは大丈夫かな』という不安もあります。とはいっても，会社がなくなるという訳でもありませんので，そこまで切実という訳ではないのですが……」
　しどろもどろである。

6　コールドコールとは，いわゆる「電話版飛び込み営業」のことであるが，ここでは，挙手していない人に発言を求めることを言う。

　普段から考えていることであればともかく，『ミツカネ電子の売却』という想定外のことについて急に聞かれたので，自分の考えを，文章としてまとめきる時間がなかった。でも，言いたいことは，おおよそ言った。

　仮に，もう一度同じことを聞かれれば，
「ミツカネ電子がミツカネグループから"遠ざける会社"と分類されたのであれば，それに従うしかない。
　子会社の一社員がどうあがいたとしても犬の遠吠え。親会社の意思決定を覆すことなどできない。
　それなのに，意見を求められても困る」
と言うであろう。
　でも速水は，突然のコールドコールに，そこまでの思考は及ばなかった。

「子会社というものは，親会社には従うものだ」と教えられ，そう躾けられてきた。
　それに抵抗したこともあるが，抵抗しても無駄であることを経験してきた。
　本当は，（電子は，ウチのグループの中では，稼ぎ頭であると自負している。それなのに売却対象となるのはなぜか，社長のお話からは，その部分の説明がない……何だか腑に落ちない）と思った。それでも，そう言わなかったのは，親会社の意思決定に従うことが子会社社員の本能の一部になっているからだ。

　速水の発言に引きずられて，他のメンバーも，一人ずつ発言する。
「売却されることは，もう決まったことなのですね。
　だったら，仕方ないですよね。
　ポイントは，『次の親会社をどう探すか』ですか？
　でもそれは……僕らには，何とも……」
　まぁ，そうかもしれない。

「特に，意見はないです。感想ということでしたら……うまい言葉では言えないけど，喪失感かな……寂しさ……不安……そういった気持ちかな……う〜ん……」
　後の言葉が続かない。

「僕も，不安でいっぱいです。守ってくれる人が，いなくなるような……でも，

こうやって，ここにいるメンバーと一緒に，この話を聞けたから……この不安な気持ちは皆，一緒だし……だから気持ち的には，まだ楽です。

これを一人のときに，聞かされたらと思うと……きっと……一人で落ち込んだと思います」

素直な感想であろう。

「ミツカネ電子が"遠ざける会社"に分類されると知って，社長や西郷さんたちが『何か対応をしなければならない』と，一生懸命に動いてくれていることが頼もしいです。僕にできることがあれば，何でもします」

率直に，ありがたいと思う。

「僕たちが何かしても『売却される』という状況が変わる訳ではありません……でも，売却になるのであれば，今後，『大手町から離れても十分やっていける』，いや，それ以上に，『大手町から離れて逆に良かった』という方向に持っていかなければと思います」

と言ってくれるメンバーの言葉に，西郷は，嬉しさを覚える。

「今作っている事業計画も，結局は，大手町とのすり合わせが必要になるのですか？」

目の前の実務が気になるメンバーもいる。

他にも様々な意見や反応があった。

少なくとも，「今回の事業計画を策定する背景や目的が分かったので，事業計画の策定作業は，やりやすくなった」という点だけは一致していた。

他方，「売却されること」については，戸惑いや動揺を伴った消極的な反応，突然なのでどう考えたらよいのか分からないという反応，将来を見据えて積極的に行動すべきだという反応など，様々な反応があった。

「自分たちで新たな親会社を探すこと」については，特段のコメントはなかった。子会社の社員の人知が及ぶような話ではないということであろう。

（今日は，いきなり，こんなことを聞かされたばかりだが，これから先，この話が進んでいくと，このメンバーたちは，色んなことを考え，それぞれに，今，言ってくれたこと以外のことも，感じるだろう。この件が，公になると，家族も心配することだろう。

メンバーたちとは，機会をとらえて，できる限り，多くの対話を重ね，彼らの気持ちに寄り添っていかなければならない）

寺田社長は，一人ひとりのメンバーの顔を見ながら，強く決心していた。

誓約書

その時，あるメンバーが恐る恐る質問する。

「あのー，この件は，我々にだけ，話してくださったのですよね？」

西郷は，（あっそうだ！　それを忘れてはいけない）と，一瞬ドキッとする。

でも，そのドキッを，メンバーには，１ミリも悟られないように，平然として，

「もちろんだ。今日のこの話は，このメンバー限りだ。

この話が社内に広がると，動揺が走り，仕事どころでなくなります。

社内でこのことを知っているのは，寺田社長をはじめ，マネジメントチームの四人だけです。

大手町でも，知る人は限られています」

と言いながら，メンバー一人ひとりに，誓約書を配り始める。

「皆さんのことは，もちろん信用していますが，今日の話は，インサイダー情報[7]です。機密保持の誓約書にサインしてください」

メンバーたちは，これほど大きな機密情報を，自分たちに話してくれたことに対して，くすぐったいような気持ちが高まってきて，その顔が上気している。

同時に，機密情報を外に漏らしてはいけないという重い使命を抱え込んでしまった緊張の表情も見て取れる。

「この会議が終るまでに，誓約書をよく読んで，サインして提出してください」

組織人にとって，他の誰かと共有できない事実を知ってしまうことは，何かと辛く面倒なことである。

でも，やむなしだ。

7　インサイダー情報とは，重要事実とも呼ばれ，企業の株価の動きに影響を与えるような内部情報のこと。

「もっと話をしたい人は，私はこの場に残りますので，時間が許す限り話をしましょう」

寺田社長のこの言葉で，この会議は中締めとなった。

丁寧に社員と接する寺田社長

中締めの後，寺田社長は，個別の質問に，自ら丁寧に応じた。

最後のメンバーが部屋を出た時には，会議が開始されてから，ゆうに三時間が経っていた。

メンバー全員が，それぞれの職場に戻っていったことを見届けた後，寺田社長と西郷経営企画部長は，メンバー全員分のサイン後の誓約書を手にして，社長室に戻っていった。

西郷は，寺田社長に本日の会議の感想を伝える。

「お疲れ様でした。

社長からメンバーたちに，直接話をしてくださって，メンバーたちも納得した表情をしていました。

大手町の西園寺社長から『電子は売却の方向にある』と伝達された時の社長の気持ち，それからの心の動きなどを，社長ご自身の言葉で，率直に話して頂きましたので，彼らには，社長の気持ちが十分に届いたと思います。

実は私も，社長の話を聞きながら，色んなことを思い返して，感に耐えませんでした」

「社員には正直に本音で向き合いたいからね……」

寺田社長の心の中では，「正直は最善の策」（Honesty is the best policy）[8]という言葉が響いていた。

「しかし……誰も，『電子は当グループのなかで稼ぎ頭と自負している。なのになぜ売却対象となるのか？』とは，聞いてこなかったね。速水君あたりが，突っ込んでくると思っていたんだが……」

寺田社長が，率直な感想を伝える。

8　アメリカ合衆国の初代大統領ジョージ・ワシントン（1732 ～ 1799）の名言の一つ。

「そうですね。『この背景には，大手町の戦略の転換がある』と，社長が，さらっと説明されましたので，親会社が意思決定したことについて，子会社の一社員が云々言っても仕方がないと思ったのかもしれません」
と西郷が応じる。

「そこなんだよね。親会社から何か言われたら，すぐに諦めてしまう風土を何とかしたい。自分たちが『これが社会のためになるんだ』という信念があったら，納得いくまで質問するし，粘り強く取り組む姿勢が，今後は必要になると思う。彼らも，本当は，もっと色々と聞きたいことや言いたいことがあったかもしれない。これからは，彼らとのコミュニケーションをもっと増やさなきゃいけないね」
と寺田社長は，自分の問題意識を西郷に伝え，続けて，
「ところで，コンサルとの契約のまき直しのほうは大丈夫？」
と，西郷に尋ねる。

コンサルの内情

「はい，社長が大手町との間で，『電子の事業計画の策定支援』は外す方向で，仕切り直して下さいましたので，今，新たな契約締結に向けて，詰めの作業をやっています」
と西郷が答える。

「ウチが雇うコンサルのほうも，選定作業は順調？」

「はい，そちらも，そろそろ提案書が出揃ってきましたので，明日にでも，どこを雇うか，相談させてください」

「それは良かった。
　プロジェクトチームは，『セラーズDDのSプロ』と『事業計画の策定支援のコンサル』の二つに対応することになって，作業的には大変だろうと思うが，西郷さんの方で上手くハンドリングしてほしい。よろしく頼むよ」

「承知しました。
『事業計画の策定支援』は，プロジェクトチームにとっては，強力な助っ人になりますから，大助かりです。

　それにしても……今回の契約変更については，大手町もコンサルも，よくこんなに，すんなりと受け入れてくれましたね」
　西郷は，寺田社長の仕切り直しに感心する。

「実はね……コンサルにとって，今回，契約を『セラーズDD』一本にしたことは，大歓迎だったみたいだよ」
と言い，微笑む寺田社長。

「えっ，どうしてですか？」
と聞く西郷。

「うん。コンサルは，当初，『セラーズDD』だけのスコープで，大手町に，提案書を提出していたようだ。
　そこに，私が『ミツカネ電子の事業計画策定支援』の業務を追加してくれと言い出したものだから，困ってしまったらしい。コンサルファームの中でも，その内容の新たなスコープが追加されると，『利益相反[9]になるのではないか』と議論になったらしい。
　とはいっても，コンサルとしては，それを理由に仕事を断ると，他のコンサルにこの仕事を取られてしまうから，社内手続きでは，多少，無理をして，この仕事を引き受けることにしたらしい。何しろ，コンサルにとって，大手町は上顧客だからね」
と説明する寺田社長。

「無理をして……ですか……」

「大手町とコンサルとの契約は，あくまで『セラーズDD』で，その付帯業務として『ミツカネ電子の事業計画策定支援』を行うという建て付けにしたらしい。付帯業務については，『必要に応じて資料提供をする』ということだ。
　だから，コンサルは，西郷さんからのリクエストには本腰が入らず，体良く聞き流したということのようだ」
と説明する寺田社長。

　9　セラーズDDは依頼主であるミツカネ工業のために実施するものであるが，ミツカネ電子のために実施するミツカネ電子の事業計画策定支援は，内容によっては，依頼主であるミツカネ工業の利益に反することになるかもしれないことを指している。

「あー，なるほど……それで，キックオフの時に，大手町の大久保さんが，しきりに『できる範囲で』とか『手伝い』といったような表現を使っていたというわけですね」

　謎が解けた西郷。

「そういうことだ。ただね，コンサルにとっては良かったが，大手町にとってみると，ウチの事業計画が大手町の関与の外で策定されるので，心配しているようだ。大手町からは，事業計画の進捗については，ウチから適宜，報告するように言われたよ」
と言い，寺田社長は苦笑いする。

コンサルによる買い手候補のロングリスト作成

「そうだったのですね。ところで，大手町は，セラーズDDの中で，ウチの買い手候補のロングリスト10を作成することもコンサルに依頼しているようですね」
と，話題を変える西郷。

「うん，その話は，契約の巻き直しの話をしに行った時に，大手町から聞かされたよ……コンサルからも協力依頼があるからよろしくって」

「そうだと思いました。早速，社長にインタビュー依頼がきています」
と答える西郷。

「もうきてるの？　早いね」

「大手町がコンサルに難題を出しているので，コンサルも困っているようです」

「難題？」

「はい，大手町から，『ミツカネ電子の売却は，業界再編のきっかけとなるような，そんな社会的意義のあるディールにしたい』とのリクエストがあったそうです。単に，ミツカネ電子の親会社を，ミツカネ工業から別のどこかに変え

10　ロングリスト（Long List）とは，候補を集めた企業リストのこと。ここでは，新たな親会社となりうる買い手候補のリストのこと。

るだけじゃダメだということらしいです。

『虎の子のミツカネ電子を売却するのだから，世の中にインパクトのあるディールにしたい』と思っているのですね」
と伝える西郷。

寺田社長は，（そういうところは，大手町らしいなあ）と，感じる。

「親会社探しでは，大手町に先を越されるかもしれませんね」
と呟く西郷。

以前，寺田社長と西郷は，営業本部長の富田と古江工場長に「どういう会社が買い手としてありうるか」について意見を聞いたことがある。

その結果は，「同業はダメ」，「投資ファンドはダメ」ということで，海外企業に至っては議論にもならなかった。

それ以降，電子においては，新たな親会社の候補を探す作業は，目立った進展を見せていなかった。

「うん。私もコンサルから，色々と話を聞いてみたい。

大手町にいた頃は，売却案件がほとんどなかったので，売却のときに，どうやって買い手候補を探したらよいのか，皆目，見当がつかない。

我々のベストオーナー探しも，そろそろ本格化させなきゃいけない」
と，多少，焦りの色を見せる寺田社長。

「了解しました。できるだけ早い機会に会談をセットします」

▶解説　カーブアウト型M&Aにおける譲渡方法

1．カーブアウト型M&Aで用いられる手法

　本章の解説では，カーブアウト型M&Aにおいて用いられる譲渡方法について解説する。ここでいう譲渡方法とは，どういう属性の買い手にどれくらいの持ち分を譲渡するかである。

　図表5-1は，その方法を分類したものである。

図表 5-1 ▶カーブアウト型M&Aの譲渡方法からみた分類

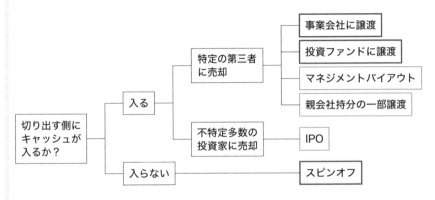

　前章までに紹介した2016年～2022年のカーブアウト型M&A金額上位50件のディールは全件とも，この六つの分類の中では，「事業会社[11]に譲渡」と「投資ファンド[12]に譲渡」に分類されるものであった。この六つの分類の中で実例はまだ少ないが，近年，関心が高まっているのが「スピンオフ」であるため，これら三つの手法については，この後解説する。

　その他の手法として，「マネジメントバイアウト」「親会社持分の一部譲渡」「IPO」があるが，これらの概要についても本章の解説において簡単に触れる。

11　買い手である事業会社のことをストラテジックバイヤーともいう。
12　買い手である投資ファンドのことをフィナンシャルバイヤーともいう。

2．事業会社への譲渡と投資ファンドへの譲渡

■事業会社と投資ファンドの割合

　前章で示した2016年〜2022年の7年間に開示されたカーブアウト型M&Aの金額上位50件の事例について譲渡先をみてみると，図表5-2に示すとおり，事業会社への譲渡が3分の2，投資ファンドへの譲渡が3分の1であった。

図表5-2 ▶ 金額上位50件のカーブアウト型M&Aの譲渡先

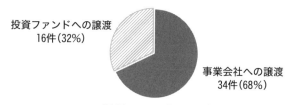

投資ファンドへの譲渡
16件(32%)

事業会社への譲渡
34件(68%)

（出所：レコフデータ調べ）

　投資ファンド[13]とは，投資家から集めた資金を資産運用の専門家であるファンドマネージャーが運用し，その収益を投資家へ分配するビジネスのことである。

　投資ファンドへの譲渡がこれだけの数あることについては，昨今の報道での露出の多さを目にしていることもあって，認識を新たにする読者も多いことと思う。

　図表5-3は，2016年〜2022年における3000億円以上のカーブアウト型M&A15件のうち，投資ファンドによるディールを示したものである。Ⓕ印の6件が投資ファンドによる買収であるなど，大型のカーブアウト型M&Aにおける投資ファンドのプレゼンスは極めて高い。金額トップは，2017年に発表された東芝が東芝メモリをベインに売却した事例であり，投資規模は，約2兆円であった。この5件以外においても，最終的には事業会社が買い手となった事例において，入札時には投

13　投資ファンドには，その投資対象や投資スタイルに応じて「商品ファンド」や「ヘッジファンド」など，幾つかの種類がある。本書でいう投資ファンドは，投資ファンドの中でも，プライベート・エクイティ・ファンド（以下「PEファンド」）のことである。PEファンドとは，未上場の株式への投資を行うファンドである。PEファンドという名称よりも投資ファンドのほうが，読者には馴染みがあると思われるため，本書では投資ファンドの名称を使う。わが国で活動するPEファンドの実態については，第6章の解説において詳述する。

図表5-3 ▶3000億円以上のカーブアウト型M&Aにおける投資ファンドのプレゼンス

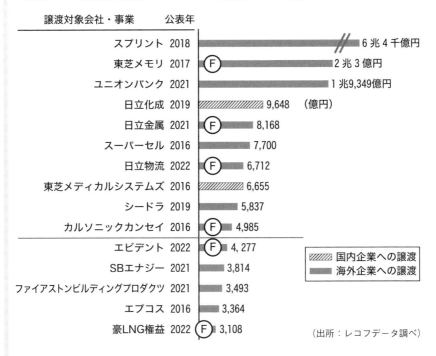

（出所：レコフデータ調べ）

資ファンドが参加していたディールは少なくない。

　図表5-4は，買い手である事業会社と投資ファンド各々について，国内外別に
みたものである。

　これを見ると，大型のカーブアウト型M&Aにおいて買い手となっている投資ファ
ンドは，海外勢ばかりである。日系の投資ファンドは，大型のカーブアウト型
M&Aでは買い手として登場していない。これは日系の投資ファンドの規模がまだ
小さく，大型案件に取り組むことがむずかしい[14]ためである。

　事業会社への譲渡においても，国内の事業会社への売却が3分の1，海外の事業
会社へは3分の2と，ここでも海外勢のプレゼンスが極めて高いことが分かる。

14　投資ファンドについての詳細は，第6章の解説を参照のこと。

図表 5 - 4 ▶事業会社と投資ファンドの国内外別の分類

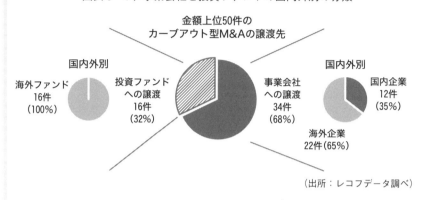

金額上位50件の
カーブアウト型M&Aの譲渡先

国内外別

海外ファンド
16件
（100%）

投資ファンド
への譲渡
16件
（32%）

事業会社
への譲渡
34件
（68%）

国内外別

国内企業
12件
（35%）

海外企業
22件(65%)

（出所：レコフデータ調べ）

　図表 5 - 5 は，買い手である事業会社と投資ファンド各々について，買収した事業の所在地の国内外の別をみたものである。

図表 5 - 5 ▶事業会社と投資ファンドの対象事業の所在別の分類

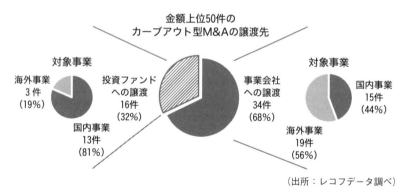

金額上位50件の
カーブアウト型M&Aの譲渡先

対象事業

海外事業
3件
（19%）

投資ファンド
への譲渡
16件
（32%）

国内事業
13件
（81%）

事業会社
への譲渡
34件
（68%）

対象事業

国内事業
15件
（44%）

海外事業
19件
（56%）

（出所：レコフデータ調べ）

　投資ファンドが買収した案件の大半は，国内事業である。

　わが国において投資ファンドが本格的に活動しはじめたのは，日本のM&A取引が急増しはじめた1990年後半のことである。2000年台に入ると，多くの海外の投資ファンドが日本に上陸してきた。本書で何度か登場しているKKRやベインも，2006年に東京オフィスを構えた。海外の投資ファンドは，日本に上陸後，着実に地盤を固めており，その成果が国内の事業買収におけるプレゼンスの高さとしてあらわれている。

　事業会社への譲渡34件については，国内事業と海外事業が半々である。第4章の解説において前述したように，19件の海外事業の売却先は，全て海外の事業会社であった。

■上場子会社の非上場化

　カーブアウト型M&Aは，親子上場の解消にも一役買っている。

　親子上場とは，親会社と子会社の両方がそれぞれ上場している状態をいう。

　親子上場を解消する方法には，親会社が上場子会社を売却[15]するか，あるいは完全子会社化してグループ内に取り込むかの方法があり，いずれの場合も子会社は上場廃止となる。

　親子上場の状況にあると，たとえば親会社が株主の立場から子会社に対して，親会社に有利な条件による取引を強いることができるなど，親会社と子会社の一般株主との間に潜在的に利益相反の関係が生じるとの問題点が指摘[16]されている。

　図表5-6は，親会社が上場子会社を売却することによって非上場化させた事例の数である。

図表 5 - 6 ▶ 事業会社と投資ファンドが取り扱った非上場化案件

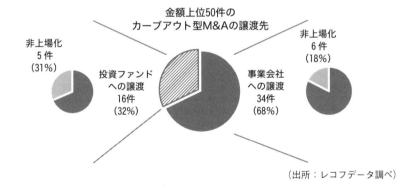

（出所：レコフデータ調べ）

　親子上場解消を目的としたカーブアウト型M&Aが起きている背景には，2019年

15　買い手が少数株主の持ち分を含めて買収する場合のことである。

16　2007年に東京証券取引所が出した「親会社を有する会社の上場に対する当取引所の考え方について」。

202

6月に閣議決定した「成長戦略実行計画」の議論の中で，親子上場の問題[17]が取り上げられたことがある。親会社と一般株主との間に生じる利益相反リスクについては，グループガバナンスの実効性を確保するために一般的に有意義と考えられるベストプラクティスを示す実務指針[18]が出されるなど，昨今厳しい目が向けられている。

ノンコア事業と分類された上場子会社の譲渡には，戦略目的に加えて，このようなコーポレートガバナンスの強化の動きが後押しとなっている。

既出の金額上位50件のうち，非上場化となった事例は11件あった。

投資ファンドが買い手となったディールが5件，事業会社が新たな親会社となったディールが6件である。その11件の詳細は，図表5−7のとおりである。

図表5−7 ▶対象会社が非上場となった事例

	対象事業	売り手	買い手 社名（略称）	種別	国内外
④	日立化成	日立製作所	昭和電工	事業会社	国内
⑤	日立金属	日立製作所	ベイン連合	投資ファンド	海外
⑦	日立物流	日立製作所	KKR	投資ファンド	海外
⑩	カルソニックカンセイ	日産自動車	KKR	投資ファンド	海外
⑯	和光純薬工業	武田薬品工業	富士フィルム	事業会社	国内
㉒	日立国際電気	日立製作所	KKR	投資ファンド	海外
㉓	関西の3銀行注	りそなHD/三井住友FG	りそな(関西みらい)	事業会社	国内
㉙	日立工機	日立製作所	KKR	投資ファンド	海外
㉚	クラリオン	日立製作所	フォルシア	事業会社	海外
㉟	LIXILビバ	LIXIL	アークランドサカモト	事業会社	国内
㊺	コネクシオ	伊藤忠商事	ノジマ	事業会社	国内

注：りそなHD傘下の近畿大阪銀，三井住友FG傘下の関西アーバン銀，みなと銀は2018年4月に統合。新設する持ち株会社「関西みらいフィナンシャルグループ」の傘下に入る。りそなHDが50%超の株式を保有して連結子会社化し，三井住友FGも出資
注：対象事業の番号は，2016年〜2022年の7年間におけるランキングを示す。

(出所：レコフデータ調べ)

17　成長戦略実行計画（2019年6月21日閣議決定）：上場子会社のガバナンスの在り方を示し，企業に遵守を促す「グループ・ガバナンス・システムに関する実務指針」を新たに制定。
18　「グループ・ガバナンス・システムに関する実務指針」上場子会社に関するガバナンスの在り方（第6章），経済産業省

上場子会社を非上場化させるにあたって買い手は, 当該上場子会社にTOB[19]を かけることになる。そのTOBプレミアム[20]は, 近年高騰しており, 30〜50%, ケースによってはそれ以上のプレミアムになることもある。

わが国における上場子会社の非上場化の動きは, 2006年以降, 着実に進んでいることが, 図表5-8を見ると分かる。

図表5-8 ▶親子上場企業の推移

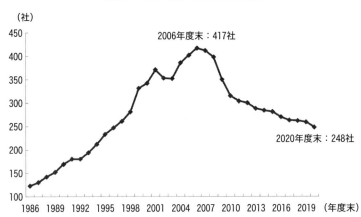

（出所：野村資本市場研究所ウェブサイト「親子上場の状況（2021年度末）―前年度比29社
減：東証の市場改革で企業再編が加速―」（西山賢吾）の図表（大株主データ（東洋
経済新報社）, 及び各社開示資料より野村資本市場研究所作成））

■EXITを前提とする投資ファンド

次に, 投資ファンドへの売却における特徴についてみていきたい。事業会社に売却する場合は, いまの株主から「譲渡先で早く居場所を作って, 末永く企業価値向上に向けて頑張ってください」と言われて送り出される。しかしながら投資ファンドに売却する場合は, そうはいかない。売却された事業にとって投資ファンドは終の棲家ではない。投資ファンドのもとにいるのは, いわゆる「腰掛け」[21]である。これが投資ファンドへの売却の特徴である。

19　TOBとは, 株式公開買付のこと。Take-Over Bidの略。
20　TOBプレミアムとは, TOBによる買付価格と市場株価との差分のこと。
21　「腰掛け」は, 江戸時代から使われている言葉。本当に希望する職業やポジションがあっても, 別の仕事やポストに付きながら機会をうかがうことや, そのような人のために一時的に作られる仕事や地位のことを言う。

　投資ファンドが買収企業を保有する期間は，平均4年〜5年[22]と言われている。長くとも8年くらいであり，その間に投資ファンドは，買収した事業をバリューアップ[23]させ，その後，当該事業を事業会社や他の投資ファンドに売却する。これが投資ファンド特有の事業モデルであり，売却することをEXIT[24]と言う。

　一定期間しか保有しないのに，なぜ投資ファンドに事業を売却するかというと，たとえば売却対象となった事業の市場が，今はフラグメント[25]な状況にあり，数年後，業界構造に変化が見込めそうなときなど，その数年間，当該事業は投資ファンドのもとにいて，しかるべき業界再編のタイミングを待つことができる。タイミングを見計って上場を目指すこともある。投資ファンドのもとにいる間に，当該事業は投資ファンドの手を借りながら，内部管理体制を整備するなどして企業価値を高めるわけである。対象事業にとってみると，次の段階に打って出るまでの一種のモラトリアム[26]期間とも言える。

　最終的には，どこかの事業会社の傘下に収まるのであろうが，今そこに収まるには都合が良くないから，「方違え」[27]とでもいおうか，投資ファンドのもとで一定期間過ごすということである。

　投資ファンドが買い手としての存在感を増す中で，今後，注目されるのは，どういった形でEXITするかである。2015年以前に投資した案件のEXIT[28]がはじまっており，今後，投資ファンドによるEXIT案件は増えることが見込まれる。

22　一般社団法人日本プライベート・エクイティ協会のホームページから
23　価値を上げること。
24　EXIT（イグジット）とは，ビジネスにおける投資資本を回収するための出口戦略のこと。
25　フラグメントとは，断片の意味。市場が細分化され，バラバラな状態であることを指す。
26　モラトリアムとは，「アイデンティティの確立を先延ばしにする心理的な猶予期間」のこと。E.H.エリクソンが使った精神分析学の用語。
27　かたたがえ。かたちがえ。陰陽道に基づいて平安時代以降に行われていた風習の一つと言われている。
28　KKRは，2014年にパナソニックから買収したパナソニックヘルスケア（現PHCホールディングス）を，2021年10月に東証一部（現東証プライム）に上場させた。

3．スピンオフ

■スピンオフとは

　実例はまだ極めて少ないが，近年，関心が高まっているのは，「スピンオフ」[29]である。

　スピンオフは，自社事業の一部門や子会社を切り出して独立させることで，切り出した事業を承継させた子会社の株式を，親会社の既存株主に交付する仕組み[30]である。

　スピンオフは，新規事業を社内で育成した企業が，当該新規事業をグループ外の事業環境において，さらに育成させる場合にも活用できる。

　新規事業の場合，ある時点を過ぎると，親会社とは投資戦略や資金調達方法が異なってくることが多い。そういった際に，当該新規事業をスピンオフすると，迅速，柔軟な意思決定が可能になり，経営者や従業員のモチベーションが向上することが期待される。

　わが国においてスピンオフが活用された事例は，後述する2020年のコシダカホールディングス（以下，「コシダカ」）の事例など，数件[31]にとどまっている。しかしながらスピンオフを活用しようとした事例は，これら以外にもいくつかある。いずれも株主総会において否決されるなどして，実行にまでは至らなかったが，たとえば東芝が2021年にスピンオフの計画[32]を公表したことがあった。また株式会社フェイスに対して日本コロムビアのスピンオフが株主提案された事例もあった。

29　税務では，単独新設分割型分割と呼ばれる。
30　似た用語に「スピンアウト」がある。「スピンオフ」は，ディールにおいて切り出した子会社の株式を持つのは親会社の既存株主になるが，「スピンアウト」では，切り出した子会社の株式を持つのは親会社の既存株主以外の第三者である。
31　バッファローブランドのパソコン周辺機器メーカー，メルコホールディングスが2023年1月23日に，製麺を手掛ける完全子会社のシマダヤをスピンオフの仕組みを使って東京証券取引所に上場させる準備をはじめたと発表している（日本経済新聞，2023年1月24日）
32　東芝は，2021年11月に新たな中期経営計画を発表し，インフラサービスとデバイスの二つの中核事業を，それぞれ新規上場会社としてスピンオフし，東芝を含めて独立した三つの会社へと再編する方針を示した。その後，二分割へ変更したが臨時株主総会で否決された。

■スピンオフのメリット

　スピンオフのメリットとして，コングロマリット・ディスカウント[33]の解消により，企業価値の向上につながることがあげられている。スピンオフ実行後は，独立した経営が可能となるため，おのおのの会社が自社の中核事業に専念することができ，迅速・柔軟な意思決定が可能となるためである。また，スピンオフ後は，独自の資金調達の途が拓かれ，それぞれの事業の特性に合った資本構成を構築することが可能になり，その資金を大規模M&Aなどの成長投資に活用できる。

　スピンオフによって独禁法や系列などの制約からも解放され，元の会社の競合相手との取引や，他社とのアライアンスや経営統合の自由度が高まる。

　現行制度では，資本関係が完全に切れるため，スピンオフの後，親子上場にはならない。これは，投資家目線からは評価される点である。

　第2章の解説で触れたカーブアウト型M&Aにおける課題[34]のアンケート調査において，「適当な売却先がない」という項目を課題としていた回答者が多かったが，スピンオフでは新たな売却先探しは必要ない。

　同じアンケートで，「従業員・労働組合との調整困難」や「従業員の雇用条件の維持がハードルとなり，撤退・売却が実現できない」ことも課題としてあがっていたがスピンオフの場合，特定の相手方となる買い手がいるわけではないため，新たに雇用や処遇の条件などについて調整する必要もない。

■スピンオフの課題

　このようなメリットがあるものの，わが国においてスピンオフが活用されてこなかったのは，税負担の課題があったためである。しかしながら平成29年度税制改正によりスピンオフ税制が整備[35]され一定の要件を満たすスピンオフについては，譲渡損益課税の繰延・みなし配当課税の不適用により，法人・株主共にスピンオフに伴う課税負担を生じさせることなく，これを実施することが可能となった。

　スピンオフの使い勝手の悪さについてもう一つあげると，スピンオフすると現行

33　コングロマリットは，複数の事業を有する企業のこと。コングロマリット・ディスカウントとは，複数の事業を有する企業の時価総額が，個別事業の価値を積み上げた総和に対して低い状況のこと。

34　第2章解説を参照。

35　平成29年度税制改正及び平成30年度税制改正により，法人・株主双方にとって課税負担なくスピンオフを実施することが可能となった。

制度では，完全分離となる点があげられる。スピンオフ後も資本関係を維持したいケースでは，スピンオフは使いにくいということである。

　資本関係を維持したい理由の一つに，ミツカネ工業とミツカネ電子のように，親会社と切り出される子会社が同じブランドを使用しているケースがある。スピンオフにより資本関係が全く切れてしまうと，子会社側は，いつまでもそのブランドを使い続けるわけにはいかない。ところが子会社にとってみると，これまで事業を発展させてきた要因の一つとして，このブランド力の強さがあることが多く，子会社側ではそう簡単にブランドを変えるわけにいかない。

　資本関係が維持されれば，こういったブランド使用や親会社から受けているシステムや人事・経理などの総務機能のシェアードサービスの提供も継続しやすい。

　このような課題に対応するために，2023年4月に一年限りの時限措置として「パーシャルスピンオフ税制」[36]と呼ばれる仕組みが導入された。これは，減税要件を現行の完全分離から株式保有出資20%未満に引き下げるという内容である。

　スピンオフが活用されにくいもう一つの点は，事業売却と異なり，スピンオフでは売り手である親会社にキャッシュが入ってこない点である。売却で得た資金を新たな事業買収の資金として活用したい売り手にとっては，スピンオフはメリットを感じにくい。

■わが国のスピンオフ事例

　わが国におけるスピンオフの事例第一号は，2020年のコシダカの事例である。

　コシダカは，『カラオケまねきねこ』事業を中心として成長を遂げ，2007年にジャスダック，2016年には東証一部（現・東証プライム）に上場を果たした。カラオケボックス「カラオケまねきねこ」を運営するコシダカ，フィットネスチェーン「カーブス」を運営するカーブスジャパン[37]などの事業を傘下に有していた。

　そんな中，2020年3月に，祖業であるカラオケ事業と成長戦略や中期経営ビジョンの方向性が異なるとして，フィットネス事業のスピンオフを実施した。

36　ソニーグループは，2023年5月18日の経営方針説明会で金融子会社のソニーフィナンシャルグループをスピンオフ（分離）上場させる方針を明らかにした（日本経済新聞，2023年6月5日）。

37　2005年2月にカーブスジャパンを設立し，米国総本部とマスターライセンス契約を締結し，日本での事業展開権利を得た。その後，2008年10月に株式会社コシダカ（現 株式会社コシダカホールディングス）の連結子会社となった。

　図表 5 - 9 のとおり，スピンオフを実行すると，もともとのコシダカの株主は，カラオケ事業のコシダカと，切り離したカーブスホールディングスの両方の上場会社の株主になる。

　一般投資家にとっても，カラオケ事業に関心があればコシダカの株を，フィットネスに関心があればカーブスを見ることができるためシンプルな投資判断ができる。

図表 5 - 9 ▶ コシダカホールディングスの事例

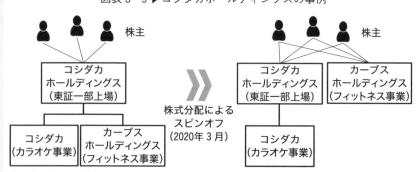

注：主なグループ会社のみ簡略化して記載当時の市場区分で記載

■海外の事例

　海外では，事業特性が異なる事業を分離独立させることによって，コングロマリット・ディスカウントを解消する手法としてスピンオフは積極的に活用されている。

　たとえば，米国の化学大手のデュポン社が，2015年にテフロン，酸化チタンなどの高機能化学事業をケマーズ社としてスピンオフした事例や，同じく2015年に米国のネットオークション企業大手のイーベイが，子会社のペイパルをスピンオフした事例などがある。ペイパルのケースでは，イーベイ傘下のときには取引できなかったアマゾンとの取引が，スピンオフ後は可能となった。

4．その他の手法

■マネジメントバイアウト

　事業を切り離す手法の一つに，マネジメントバイアウト[38]がある。これは，「MBO[39]」と言われ，当該子会社や事業の経営にあたっている「経営陣＝マネジメ

ント」にその子会社の株式を買い取ってもらう仕組みである。

　マネジメントバイアウトは，当該事業の経営に今後コミットする経営人材が存在することが前提である。しかしながらその経営陣は，それまで雇用されていた立場にあり，個人で会社を買い取れるほどの資力がないことが多い。そういった場合は，投資ファンドや金融機関が資金の拠出を支援することが多い。

　マネジメントバイアウトを行う際の留意点は，利益相反の懸念への対応である。特に上場子会社がマネジメントバイアウトにより非上場化する場合は，経済産業省から出されているMBO指針[40]に準拠した手続きを踏むことなどプロセスを進めるにあたって細心の注意が必要である。

■親会社持分の一部譲渡

　次に，親会社持分の一部譲渡であるが，これは，事業上のつながりがある場合などに，100%の議決権を譲渡するのではなく，一部の持ち分を譲渡するケースである。

　切り離し対象が上場子会社の場合，たとえば数十%の持ち分を，グループ外の第三者に譲渡すると，一定の持ち分は残るが，連結子会社から外すことができる。

　たとえば日立製作所は，約51%を保有していた連結子会社の日立建機の株式のうち，26%を国内投資ファンドの日本産業パートナーズと伊藤忠商事へ売却し，連結から外した事例などがある。

■IPO

　IPO[41]は，「新規株式公開」である。エクイティ・カーブアウトともいう。

　これは子会社を上場させ，当該子会社の株式を市場で売却することで資本関係を含めて独立させる手法である。IPOは，米国など諸外国でも切り出し手法の一つと

38　類似の用語に，EBO（Employee Buy Out）がある。EBOは経営陣ではなく，従業員が勤務先の企業から株式を買い取り，経営権を得ることである。

39　MBOとは，Management Buyoutの略称。

40　MBO指針とは，2019年に，経済産業省が公表した「公正なM&Aの在り方に関する指針－企業価値の向上と株主利益の確保に向けて－」のこと。MBOと支配株主による従属会社の買収について，ベストプラクティスに位置付けられるべき公正性を確保するための実務上の対応などを提示している。

41　IPOは，Initial Public Offeringの頭文字をとったもの。

して活用されており，わが国においても，分離独立の手法として活用されている。

　親会社にとってみると，子会社を上場させる際には，親会社が子会社の株式を売却することになるため，前述のスピンオフと異なり，売却によって親会社に資金が流入することになり，新規事業などへの投資に資金を使える。

　子会社も上場により子会社自体の信用力向上が期待でき，人材採用や資金調達が可能となる。また，親会社からの独立性が高まることによって，経営の自由度が増すというメリットがある。

　カーブアウト型M&Aの選択肢を広げるという観点から，IPOは重要な手法の一つであるが，上場時に一度に全ての株式を売り出すことがむずかしい場合，上場させた後，親子上場の状態になる点に留意が必要である。

　段階的に当該子会社の株式を売却することで，時間をかけながら親子上場の状態を解消する場合，親子上場の状態にある期間は，利益相反のリスクが問われるため，子会社側ではガバナンス体制の強化，情報開示の積極化，上場子会社の経営陣の指名や報酬のあり方を整理し，次のステップとして，親子上場の状態をどうするかについて明確にしておくことが必要である。

5．六つの手法における論点

　以上，解説した六つの手法の論点を一覧にしたものが，図表5-12である。

図表5-12▶六つの手法における論点

手法	論点など
事業会社に譲渡	・譲渡先探しがむずかしい，周辺業種か，市場へ新規参入したい会社などが狙い目
投資ファンドに譲渡	・投資ファンドアレルギー対策が必要
マネジメントバイアウト	・バイアウトする気概のある経営陣が必要
親会社持分の一部譲渡	・資本政策が中途半端になりやすい
IPO	・魅力的なエクイティストーリーを作れるか　・親子上場の期間，ガバナンス面の強化が求められる
スピンオフ	・魅力的なエクイティストーリーを作れるか　・使いやすい税制改正になるか

　いずれの手法においても，カーブアウトされる対象事業の経営者にどれくらいの力量があるかが大きい要因である。自分たちのことを全く知らない会社が親会社に

なるかもしれない。自分たちの歴史を知らない人たちである。そこに飛び込んでいくわけであるため，その組織体の経営者は，新たな株主に振り回されずに，しっかりと事業をグリップしておかなければならない。

特にIPO，スピンオフ，マネジメントバイアウトでは，誰が経営者となってどのように旗を振っていくかが極めて重要になる。具体的には，カーブアウトされる事業の経営陣にどれくらいのリーダーシップや自律心，気概，将来を見通す洞察力があるか，それをエクイティストーリーとして投資家にどう伝えられるかである。この力が十分になければ，資本市場を相手にするIPO，スピンオフはむずかしい。

マネジメントバイアウトは独り立ちする手法であるため，経営陣にはしっかりとしたビジョンを描く力が必要である。それができる子会社の経営者人材が増えると，今後，マネジメントバイアウト，IPO，スピンオフは，増えるかもしれない。

子会社というポジションは，平時は「親会社はうるさい」と文句も言いたくなるが，他方で，甘えられる環境にもある。しかしながら未来永劫この環境が続くとは限らない。

親会社にいつ「遠ざける」と宣告されても，自律的に動けるように，日頃からコーポレートプリペアードネス[42]について取り組んでおくことが重要である。

42　プリペアードネスとは，備えのこと。

第6章

投資ファンドか海外勢か

1　投資ファンドのジェイン

専業がいない電子業界

　大手町が雇ったコンサルが，ミツカネ電子の寺田社長のところに，インタビューにやってきた。

　インタビューには，西郷も同席し，インタビュー終了後，二人は寺田社長の部屋に戻ったところである。

「ウチの新たな親会社探しは，我々がやろうとしている『自分たちの手でベストオーナーを探そう』という動きと，大手町の動きが並行して走っている。

　大手町のほうは，あのコンサルに，買い手候補のロングリスト作成を依頼して，着々と作業が進んでいるようだが，ウチの動きは，いま一歩，遅れている。

　結果的に，同じ候補に行き着くかもしれないが，我々は，我々なりの見方で，親会社候補を探したいね」

と言いながら，寺田社長は，西郷にソファーを勧める。

「はい。我々なりの見方をするにあたっても，先程のコンサルとの意見交換は，有意義でした。

　あのコンサルは，買い手候補として，どうも『投資ファンド』と『同業の海外企業』を有力候補として考えているということらしいですね……国内の同業については，あまり目を向けていないようでした」

とインタビューの内容を振り返り，続けて，

「現在，ウチの業界では，それなりの規模を有する専業の国内事業者がいません。

ウチと同様に，他に本業があって，端っこのほうでこの事業をやっていますし，どこの会社の電子事業も，規模がそこそこです。

でも確かに，この状態では，グローバル市場で，厳しい競争を戦い抜くには限界があります。

今後，この市場で，グローバルにも競争力がある日本企業を作っていくためには，『複数の会社が持っている電子事業をそれぞれ切り出して，一定規模を持つ専業の会社を作るべきだ』というコンサルの考えは正鵠を得ており，説得力があります。

しかし，その業界再編を，我々がイニシアチブを取ってやっていくのは……正直，ちょっと荷が重いですね……とはいえ，この業界再編は，日本企業を強くするために，通らなければならないイバラの道なのかもしれません」
と言い，引き締った表情で，寺田社長を見る西郷。

「うん。この業界は，国内の上位三事業体が一緒になってはじめて海外の同業と肩を並べられるくらいの事業規模になるからね。

今後，グローバルでの競争環境は，益々厳しくなる。R&Dに十分な資金を投下するためにも，ある程度の事業規模は必要だ。

そういうことも視野に入れながら，買い手候補を探していかなければならない。今後は，経済安全保障の面から地政学的リスク[1]を考慮に入れることも必要だ」

寺田社長は，遠くを見ながら，静かに頷く。

投資ファンドが親会社になる可能性

「現実問題として……たとえば，国内の上位三事業体が一緒になるということは，他の会社に事業売却の話を持ち掛けなければいけないわけですよね。でも，事業売却に前向きな姿勢を持っている会社は，日本ではまだ少数です。

そういう状況を踏まえて，コンサルは，『モラトリアムとして，一旦，投資ファンドに受け皿となってもらう』シナリオについて，社長の感触を聞いていましたが……」

1　地政学的（Geopolitics）リスクとは，ある特定地域が抱える政治的・軍事的・社会的な緊張の高まりが，地球上の地理的な位置関係により，その特定（関連）地域の経済，あるいは世界経済全体の先行きを不透明にすることをいう。

と西郷。

「うん……」
と呟く寺田社長の頭に浮かんだのは，投資ファンドを毛嫌いする古江工場長の
顔だった。

「投資ファンドでしたら，ロールアップ²して，規模感のある会社にできると
いうことなのでしょうが……」
と西郷。
　西郷も，寺田社長同様，古江工場長のことが気になっていた。

海外勢が親会社になる可能性

「ところで，コンサルは，投資ファンド以外の買い手候補として，『海外の同
業者』も有力候補になると言っていたけど，西郷さんはどう思う？」
と話題を海外の同業に移し，西郷の感想を求める寺田社長。

「グローバルサプライのネットワークを構築したい欧米の大手企業にとってみ
ると，日本やアジアでの事業拠点としてウチの事業は魅力的なので，海外勢は
ウチに興味を示すと思います。
　でも……これも現実問題なのですが……急に，外国企業の傘下に入れと言わ
れても……そもそもウチには英語が話せる社員なんて，ほとんどいません
……」
と，消極的な姿勢を見せる西郷。

「うん……外国企業については，私もあまりイメージがわかないなぁ……」

投資ファンドの「ジェイン」

　そう言いながら，寺田社長は，自分のPCの前に移動して，
「投資ファンドの話に戻るが，先程のインタビューで，コンサルが，いくつか
の投資ファンドの名前をあげていたよね。
　その中に，確か……『ジェイン』と言っていたかな。そのジェインのことが，

2　ロールアップとは，投資ファンドが，同じ業種の企業を複数買収し，規模を拡大する
　ことで，市場のシェアを拡大しバリューアップさせていく手法のこと。

ちょっと気になったんだけど」
と言い，寺田社長は，PCで「ジェイン　投資ファンド」とググる[3]。

「あっ，あった。これがジェインのホームページか……」
　寺田社長は，画面を食い入るように見つめ，マウスを使って画面をスクロールしている。

「2000年に設立された投資ファンドだ。日系だね」

「その頃，日本では，多くの投資ファンドが誕生しました。外資系の投資ファンドもいくつか2000年代に日本に上陸しています。ジェインは，その頃に設立された最大手です」
　どうやら西郷は，ジェインのことを知っているようだ。

「評判は，どうなの？」

「ジェインは，確か，もう5号か，6号ファンドくらいまでいっていたと思います。
　ファンド規模も4桁億円になっていたかと。過去の投資実績を示して，次号ファンドにつなげているでしょうから，投資家からの信頼は厚いのだと思いますよ」

「そうか。あっ，6号と書いてある」
　寺田社長がジェインのホームページを確認しながら，
「投資先企業からの評判は，どうなんだろう？」
と西郷に訊ねる。

「ジェインの投資先企業から，直接，話を聞いたことはないですが……外から見る感じでは，ジェインは，投資ファンド特有の，あのギラギラしたところがないファンドです……とは言っても，投資ファンドですから，投資収益には敏感なんでしょうが」
と西郷。

3　ググるとは，「グーグルで検索する」という意味の俗語。英語でも同様の意味で"google"という動詞が使われており，2006年にオックスフォード英英辞典（Oxford English Dictionary）に採録されたことで話題となった。

「投資ファンドの人たちのあのギラギラ感は苦手だ。それがないのは良いね」
と言いながら，寺田社長は，PCの画面から目を離し，西郷を見る。

「ジェインは，以前は，再生案件に取り組んでいたようです。
　でもここ10年くらいは，カーブアウト案件が多いみたいです。
　投資先の事業を伸ばすという強い意志が感じられるファンドです」
　西郷は，頭に浮かんだジェインの投資実績を二件ほど寺田社長に説明する。

「そうか……それらの案件は，このホームページにも紹介してある。後で読ん
でみよう」
　寺田社長は，ジェインに興味を持ったようだ。

「ジェインは，『業界再編を視野に入れて，企業を強くする』投資を目指して
いると，今日のコンサルは言っていました。
　そのあたりは，興長銀出身者が設立した投資ファンド[4]の特徴がよく出てい
ますね」
と西郷。

「一度，会って話を聞いてみたいなぁ……西郷さんは，ジェインとは，何か接
点ある？」

「はい。大手の投資ファンドは，ソーシング活動[5]の一環で，私のところに時
折来ています。ジェインも情報交換をしたことがある先なので，面識がありま
す。連絡をとってみましょうか？」

「そうしてもらえるとありがたい。でも突然声をかけて大丈夫かな？　来ても
らう趣旨を伝えないとマズイのかな？」

「全然，心配いりませんよ。趣旨など伝えなくとも彼らは来ますよ。
　『最後にお会いしてから時間が経っているので，最近の活動状況についてお聞
かせ下さい』と伝えれば大丈夫です。
　早速，連絡をとってみます」
　西郷は，急ぎ足で寺田社長の部屋を後にした。

4　興長銀出身者とは，日本興業銀行および日本長期信用銀行を辞めた人のこと。
5　ソーシングとは，投資対象企業を探索する初期段階のプロセスのこと。

2 投資ファンドが入った古江工場長の友人の会社のその後

コンサルの評価談義

それから数日後，寺田社長は，経営会議終了後，古江工場長に声をかけた。
「古江さん，こちらでコーヒー，いかがですか？」

ミツカネ電子では，月に二回，経営会議を開催しており，今日は，その経営会議の日であった。

社長室のソファーで，コーヒーを前にして，寺田社長が，労いの言葉を口にする。
「古江さん，セラーズDDへの協力ありがとうございます。

先日，私も，コンサルからインタビューを受けたのですが，『古江工場長が，生産現場について，詳細に至るまで丁寧に説明してくれて助かりました』と，コンサルたちは，すごく喜んでいましたよ」

寺田社長の言葉を聞き，古江工場長は，微笑みながら，
「セラーズDDを担当しているコンサルの中には，電子業界出身者がいるようですね。最先端の技術のことを知っていますし，他社の動向についても熟知しています。彼らと話をしていると，私も改めて気づかされることが多くあります」
と応える。

寺田社長は大きく頷く。
「あのセラーズDDのコンサルは，大手町が雇っているとはいえ，我々の立場にも理解を示してくれています。

セラーズDDのための調査に留まらず，今後，ウチが改善すべき点についても，丁寧に説明してくれます。

西郷さんは，『当たり』のコンサルだと言っています」

寺田社長も西郷も，このコンサルファームには，好感を持っているようである。

「今後，長くお世話になるかもしれませんね」

意味深長なこと[6]を呟く古江工場長。

例の友人に連絡を取ってみた古江工場長

ここで本日の本題に入る寺田社長。
「ところで，少し前に，投資ファンドの話題をしたことがありましたよね。その時，古江さんは投資ファンドに対して否定的な見方をしていましたが，そのことを，もう少しお聞きしたいと思いまして……」

「あっ，あの時の話ですね。
　後になって，冷静になって振り返ってみると，あの時は少し強く言いすぎたと，ずっと気になっていました。
　投資ファンドの実態を，きちんと把握しておく必要があると思いまして，あの後，例の大学時代の友人に連絡を取ってみたんです」
と，少し気恥ずかしそうに話し出す古江工場長。

「投資ファンドが株主として入ってきた企業にお勤めのご友人ですね。それで，そのご友人は何と言っていましたか？」
　寺田社長は，興味深い話が聞けそうだと直感する。

「投資ファンドが入った直後は，意思決定体制にも執行体制にも大きな変化が起こって，業績も想定以上に落ち込むなど，社内は，相当混乱したようです。
　友人は，その頃，不安でいっぱいだったこともあって，私に，投資ファンドに対する不満を発散していました。
　前回，社長から投資ファンドに対する意見を求められたのは，ちょうどその頃です。
　友人の感情的な言葉が頭に残っていたため，つい強い言い方になってしまいました」
と言い，頭を下げる古江工場長。

　寺田社長は，静かに頷く。

6　DDに入ったコンサルが，ディール終了後もポストM&Aを支援するコンサルとして引き続きコンサルティングサービスを提供し続けることが少なくない。

友人の会社は活性化されていた

古江工場長は，さらに話を続ける。
「でもその後，友人の会社の業績は，回復基調にあるようです。

投資ファンドが入った直後に，社内体制や業務の進め方が大きく変わるので，現場が新しい体制・業務に対応できずに，友人の会社も業績が一時的にへこんだんですが，そういうことは，よくあることのようです。

しかし，時間が経つにしたがって，改革の効果が現れてきて，業績は回復したそうです。まさしく『Jカーブ効果7』だったようで，今は，業績もさらに上向きになってきていますし，新たな人事制度や給与制度が導入されて，若手社員のやる気が出てきたと言っていました。

会社っていうのは，利益が出ると元気が出るものですね。

最近では，社内の空気が活性化されているようです」
と嬉しそうに話す古江工場長。

「そうですか。それは良かったです」
寺田社長は，自分の会社の未来と重ね合わせ，明るい気分になる。

「ただ……年寄りにはキツそうです。

部長職のポジションに，中途採用の人たちが入ってきて，これまでのように，安穏とはしていられないようです。

昔のほうが心地良かったと感じる部長たちもいて，そのような人たちは，一人二人と去っていくようです」

「そうですか……それでは，社内には，多少ぎくしゃくした雰囲気も，あるのですかね……」

「私もそう思ったのですが，いなくなった部長というのは，周りから『なんであんなに仕事ができない人が部長職を張っているのか？　あの部長は日長何をしているのか？』と思われていた人だったようで，そういう部長が去ったことによって，社内の風通しが良くなったと言っていました。

7　Jカーブ効果とは，業績がいったん下がってそれから回復すること。回復の軌道が『J』の字の形に似ているので，Jカーブ効果と言う。

　中途採用者も，社内に，新しい風を吹きこんでくれているようです」
今日の古江工場長は，饒舌だ。

「そうですか……投資ファンドの傘下に入って，ご友人の会社は，より強い企
業に変貌していったということですね。
　実は，コンサルと色々と話をしている中で，ウチも，投資ファンドが新たな
株主になる可能性を考えておかなきゃいけないと考えるようになってきまして
ね……ですから，古江さんの投資ファンドに対する考え方が，以前とは異なる
ことが分かって，安心しました」
と言い，寺田社長は微笑む。

　そして，少し間を置き，寺田社長が，
「ちなみに，そのご友人の会社に入った投資ファンドは，どこのファンドです
か？」
と聞く。

　古江工場長は，記憶を辿りながら，
「確か……『ジェイン』という名前だったような気がします……」

「ジェイン！」
　寺田社長は，西郷と顔を見合わせ，二人とも少し嬉しそうな表情になった。

3 　ジェインとの会食

ジェインとの初顔合わせ

　古江工場長と話をした日から2－3週間ほど経った師走の寒い日の夕方，ミツカネ電子の寺田社長，古江工場長，西郷経営企画部長の三人は，東京タワーのたもとにある会席料理屋に車で向かっていた。

　西郷が，たまたま接点を持っていたジェインのマネージャーに，「ウチの寺田社長が，投資ファンドの業務内容に興味を持っているので，一度，話を伺う機会を作って頂けないか」と伝えたところ，ジェイン側から「食事でもしながら，情報交換会をするのはいかがでしょうか」と会食の誘いがあったのである。

　寺田社長たちは，約束の時間の少し前に，会席料理屋に着き，庭を散策しながら，部屋に向かった。

　部屋には，すでに，ジェインの日下部代表パートナー，若手のパートナー，それと西郷と面識があるマネージャーの三人が，寺田社長たちの到着を待っていた。

　寺田社長たちは，部屋に入って名刺交換を行い，その後，寺田社長と日下部代表パートナーが真ん中の席に，お互いに向かい合う形で着席し，その両隣に，それぞれ一人ずつが着席した。

　冒頭，ジェインの日下部代表パートナーが挨拶をする。
「本日は，お忙しい中，お運び頂きまして，ありがとうございます」

　続いて，寺田社長が返礼をする。
「こちらこそ，本日は，お招き頂きまして，ありがとうございます。
　最近，メディアで，投資ファンドのニュースを見聞きすることが増えてきています。
　そういう時代ですから，皆さんが，どういう活動をされていらっしゃるのか，勉強できればと思います」

　ミツカネ電子が売却される可能性があることや，売却先の有力候補として投

資ファンドを考え始めていることについては，もちろん，寺田社長は，おくびにも出さない。

「ありがとうございます。私どもの活動について，ご興味を持ってもらえて，嬉しい限りです」

　日下部代表パートナーは，人懐っこい笑顔で，「後で，時間があるときにみてください」と言い添えて，バインディングされた冊子を，寺田社長，古江工場長，西郷の三人に渡しながら，話し始める。

日本における投資ファンドの活動

「日本における投資ファンドの歴史は，まだまだ浅いです。

　2000年くらいからの歴史です。その頃に，外資の投資ファンドが日本に入ってきましたし，日系の投資ファンドも誕生しました。

　でも，まさにその頃ですよ！

　その大切な黎明期に，「ハゲタカ」という小説が流行って，それが，テレビドラマや映画になりましてね。おかげで『投資ファンドはハゲタカだ』というネガティブなイメージが，すっかりと定着してしまいました。

　ですので，私どもが名刺を出すと，『胡散臭い人たちだ』と見られましたし，地方に行くと，『ウチの地域には出入りしないで下さいね』と真顔で言われたこともあります。それはまぁ，肩身の狭い思いをしました。

　それでも我々は，『日本を強くするために，投資ファンドが果たす役割は大きい。実績を見せて，地道に誤解を解いていこう』という思いで仕事をしてきました。

　その後，主だった投資ファンドが中心になって，協会[8]を作って，皆で，投資ファンドのことを理解してもらう活動をしているんですよ」
と言い，当時のことを思い出しながら，日下部代表パートナーは，投資ファンドの業界の歴史やその社会的役割について説明する。

　寺田社長たち三人は，日下部代表パートナーの話を，頷きながら，聞いてい

　8　日本国内におけるプライベート・エクイティ事業の質的向上と業界の健全な発展を実現し，日本の経済社会発展に貢献することを目的として一般社団法人日本プライベート・エクイティ協会が2005年8月1日に当初会員8社で設立された。

る。

「ある人によると『投資ファンドには，資本主義の歪みを修正する役割がある』というのです。

　私もここで仕事をしていると，その社会的役割を強く実感することが多々あります」
と言い，日下部代表パートナーは，ジェインの投資方針をこれまでの投資実績を用いて，具体的に説明した。

　その中には，古江工場長の友人が勤める会社もあった。

　古江工場長は，寺田社長と西郷に「あの友人の会社のことは，彼の立場に配慮して，ジェインの前では，話題にしないでほしい」と，事前に伝えていたため，三人は，個別の投資先のことについては特に質問をすることもなく，サラッと話を聞いていた。

　その後も，寺田社長ら三名は，運ばれてくる料理とワインを口に運びながら，時折，質問を交えて，熱心に日下部代表パートナーの話を聞いた。

投資ファンドの目に映る電子業界

　ジェインによる説明が一通り終了したところで，今度は，寺田社長が，
「ありがとうございます。

　日下部さんの話をお聞きしていると，日本企業を強くしたいという気持ちがひしひしと伝わってきます」
と感想を述べ，ミツカネグループやミツカネ電子を取り巻く業界構造などを，簡単に説明した。

　そして，
「日々，社内にいると，目の前のことに忙殺されて，自分の会社とその周辺のことしか見えなくなりがちですが，電子業界というのは，投資ファンドの目からは，どのように見えますか？」
と質問する。

　ジェインのパートナー二人は，どちらが答えようかと，顔を見合わせ，そして若手のパートナーが，
「今後，成長が大いに期待される業界です。

　本来は，日本企業が得意とする領域ですが，グローバルの水準からみると，各プレーヤーの事業規模が，ずいぶんと小ぶりです。

　規模感のある日本企業が出てきて，グローバル競争に打ち勝っていけるようになると良いのですが……そこが残念です」
と答えた。

　寺田社長は，頷きながら，
「ウチも親会社は非鉄で，電子事業は，ウチのグループ全体からみると，本業ではありません。

　この構造は，どの会社も似たり寄ったりで，本業からの派生でこの事業をやっていて，電子を本業としている会社がありません。ですから，どこの事業体も小粒です」
と応じる。

　寺田社長のコメントを受けて，件の若手パートナーが，こう話す。
「日本の産業界には，同様の状態になっている分野が多いです。
それをなんとか再編して，グローバルで戦えるお会社さまをご支援したいと，常々考えています」
　"会社" に "お" をつけて，"お会社さま" と表現をするところが，元銀行員であることを物語っている。

「では，ジェインさんは，そういう業界構造にある会社にも投資をされるんですね？」
　少し核心に近づいてみる寺田社長。

「もちろんです」

投資ファンドによるバリューアップ

「ところで，投資ファンドは，投資先をバリューアップ[9]させると言いますが，具体的には，どうやって会社の価値を上げるんですか？」
　今度は，古江工場長が質問する。

9　バリューアップとは，投資後，投資先企業の企業価値を上げること。

「会社で働く全ての社員に……もちろん役員も含めてですが……その人たちに，働き甲斐があると感じてもらう環境を整備することが重要だと考えています。

　働き甲斐をなくしている場合には，その原因はどこにあるのかを探り，その原因を取り除きます。

　実は，その原因は，社内のしがらみにあることが多いのです。こればかりは，内部の人では取り除くことができません。でも私たちのような第三者であれば，しがらみに縛られないので，原因を取り除くことができます」
と，日下部代表パートナーが答える。

　寺田社長は，古江工場長の友人の会社で，新たな人事制度や給与制度が導入されて，仕事をしない部長が去っていき，社内が活性化した話を思い出していた。

「でも……実は……投資ファンドが最も得意としているのは，多分，どこもそうだと思いますが，コスト削減とM&Aなんです」
　打ち明け話のような空気感を醸し出しながら話す日下部代表パートナー。

　投資ファンドにコスト削減を迫られた話は至るところにあるため，（そうなんだろうな）と思う電子側の三人。

　M&Aについては，
「日本では，グローバル競争に勝つために，そして非効率を是正するためにも，業界再編が必要です。

　そのためには誰かがリーダーシップを取らないといけない。それには，大変な労力がかかります。

　でも，だからこそ，我々が，それに取り組まなきゃいけないと考えています。

　我々が得意としているM&Aは，そういうところで活用できるのです」
と説明する日下部代表パートナー。そして，
「我々は，投資ファンドですから，リターンは，もちろん気になります。

　でもカネを扱う人は，志がなきゃいけません。

　扱うカネが大きければ大きいほど，志も大きくないと，ただの守銭奴になり下がってしまいます」
と付け加える。

　デザートが運ばれた後も，寺田社長たち三人は，投資ファンドの活動について，さらに質問を続け，日下部代表パートナーたちは，細かい質問にも丁寧に答え続けた。

　そうこうしているうちに，寺田社長は，食事が終ってから，かなりの時間が経過したことに，ハッと気がつき，腕時計に目をやる。

　そして慌てて，

「いやぁ，すみません。ついつい……時間を忘れてしまって……皆さんに，私たちの質問にお付き合いさせてしまいました……もうこんな時間になって……すみません」

と言い，質問を切り上げる。

　そして，

「今日は，本当に有意義でした。

　投資ファンドの活動について，理解を深めることができましたし，日下部さんをはじめ，皆さんとこうやってお話できたことも，たいへん有意義でした。ありがとうございました」

と，丁寧にお礼を述べ，日下部代表パートナーたちに，深々と頭を下げる。

　古江工場長も西郷も，寺田社長に倣って，頭を下げる。

　帰り際，車に乗り込もうとする寺田社長に，日下部代表パートナーが，小さい声で，

「また近いうちにお会いしましょう。連絡します」

と，ささやいた。

　寺田社長は少しドキッとしたが，ほほ笑みながら軽く頷き，ジェインの三人に，感謝の気持ちを込めて，改めて，深いお辞儀をした。

4 親会社の西園寺社長とやっと会えた寺田社長

近況を報告するミツカネ電子の寺田社長

今日，ミツカネ電子の寺田社長は，大手町にいる。

ミツカネ工業の西園寺社長とのアポが，やっと取れたのである。

寺田を出迎える西園寺社長。

「久しぶりだね。寺田君からアポの要請があったことは聞いていたが，なかなか会えずにすまん。

またしても工場で事故だよ。それで，工場に行くことが多くなってね。

幸い，今回は，それほど大きな被害を出さなかった。だが，比較的小さい事故の時にも，出ていくことにしているんだ。

現場は，やっと，落ち着いてきたところだ。

電子のことは，経営企画から報告を受けていて，キチンとフォローしているよ」

事故後の対応が一段落して，今日の西園寺社長は，いたってご機嫌だ。

寺田は，挨拶をしたあと，電子の近況報告を行う。

「今，入っているセラーズDDに対しては，社内でプロジェクトチームを作って，精一杯の協力をしています。

コンサルは，ビシビシと突いてきますが，業界のことに詳しくて，我々も勉強になっています。

ただ……セラーズDDであることを伏せたまま，プロジェクトチームに対応してもらうことに，限界が生じましたので，途中で，十人のメンバーにだけは，『ウチが近々売却されることになったため，その準備としてセラーズDDが入っている。これには精一杯協力してほしい』と，今回のセラーズDDの背景と目的を，正直に伝えました。

当初は，プロジェクトチームの士気が落ちるのではないかと心配しましたが，それは杞憂でした。

最近では『頑張ってセラーズDDに協力していこう。売却されても，これまでどおりに頑張っていこう』と，彼らも忙しいなか，日々，対応してくれてい

ます」

セラーズDDを入れた真相

　寺田の報告が終るや否や，
「何？　一体，どういうことだ？」
と，西園寺社長の大きな声が響いた。

　西園寺社長の大きな声に，今度は，寺田がビックリする。
　寺田は，西園寺社長が，何に驚いたのかが，理解できない。

「売却？　まだ何も決めていないぞ。一体何を言っているんだ！」
　西園寺社長は，困惑した表情になっている。

「でも……セラーズDDを入れているではありませんか……」
　寺田も，当惑顔になる。

　西園寺社長は，荒い息遣いで，
「セラーズDDは，ウチの社外取締役が『ミツカネ電子の事業をもう少し深く理解したい』と言うので，入れているんだ。
　セラーズDDをやって電子の事業を詳しく分析しようということだ。
　年明けの最終報告を受けてから，売却するかどうかの判断をする。先走らないでくれ」
と寺田に言う。

　言葉を失う寺田。
（今さら，そんな事を言われても……）
　ひどく困惑する。

「以前，社長に呼ばれたとき，『電子は，"遠ざける会社"になっている』とのことでしたので，『売却』の方向で進んでいると思っていました。
　そのあと，経営企画部に呼ばれて，セラーズDDの受け入れを要請されましたが，その時の経営企画部の口振りも，『売却』ありきでした。
　実態を把握するためのセラーズDDであれば，最初からそう言って下さらないと……名前くらい，別の呼称にしてもらえれば，良かったです。セラーズ

DDと聞かされたら，名前からして，誰でも『売却前提』と思います。

　だから，今の今まで『ミツカネ工業社内では，電子売却のコンセンサスが取れている』とばかり思っていました」

　寺田は，西園寺社長を前にして，憮然とした表情だ。そして，
「何も決まっていないのに，どんどんコトを進めて，既成事実を作ってしまう。そういうことは，ウチでは，たまにあることですが……」
と付け足す。

　多少，批判的なもの言いになったことが，自分でも気になったが，もはや仕方がない。寺田は，これくらいは，言いたい気分だった。

　と同時に，
（セラーズDDが入る時に，西園寺社長に直接会って，その趣旨を再確認すべきだった……あの時，なかなかアポが取れなかったが，社長が工場に行く日に，道すがら，車に同乗しても，再確認すべきだった……）
　あの時の（まぁいいや）という自分の不作為が，この取り返しがつかない状況を招いていることを，寺田は悔やむ。
　でもここまで来てしまった。

　寺田は，気を取り直して，西園寺社長にこれまでの経営企画との間のやり取りを，かいつまんで西園寺社長に話した。

　西園寺社長は，珍しく途中で口を挟まず，静かに寺田の話を聞いている。
「そうだったのか。社内で，色んな意見があることは，私も知っている。
　経営企画は，『売却』の方向に誘導したいのだ。まとまったキャッシュが欲しいからな。その地ならしというわけだ。
　先日，社外取締役と本件について意見交換をしたが，彼らは『本件は慎重に議論することが必要だ』というスタンスだった。その議論をするための材料が必要だからセラーズDDを入れた，というのが本当のところだ」

　二人は，それぞれが，その大きさがお互いに分かるほどの大きなため息をつき，黙り込んでしまった。

かくなる上は売却して下さい

　しばしの沈黙を破り，寺田が，意を決して，口を開く。

「電子を売却するかどうかについては，未定とのことですが……でも……かくなる上は，電子の売却は，実行して頂きたいと思います」

　西園寺社長は，思いがけない寺田の言葉に驚き，寺田の目を見ながら，低い声で訊ねる。
「お前は，ミツカネから出ていきたいのか？」

　ひと呼吸置き，
「いえ，そういうわけではありません」
と寺田。続けて，
「セラーズDDを受け入れたあと，電子では，インタビュー対応や様々な資料の提供が必要となったので，プロジェクトチームのメンバーには，ヤマナシで，『ウチは売却されることになったので，大手町のセラーズDDが入る。これに精一杯協力してほしい』と正直に話をしました。

　当初は，彼らもひどく動揺していましたが，売却されることについて，彼らなりに咀嚼して，心の準備をしてくれて，ようやく，落ち着いてきたところです。

　ここに至るまでは，彼らなりの葛藤がありました。

　我々マネジメントチームも，『皆で一緒に頑張ろう！』と，日々，彼らの気持ちに寄り添っています。

　彼らは，通常業務に加えて，セラーズDDへの対応などで，業務量が大幅に増え，忙しい日々を過ごしていますが，高いモチベーションを維持して，仕事をしてくれています。

　月次の数字をみても分かると思いますが，生産や販売の数字は，全く落ちていません。

　最近では，彼らも，売却されることへの抵抗感が薄れて，むしろ将来に向かって，新たな展開を自分たちの手で切り開いていこうという気持ちになってきているんです」
と，寺田は，真摯に説明する。

「うむ」

「そのような中で……『売却は，どうなるか分からない』となると，宙ぶらりんの状況になります。

『何のためにこんな大変な思いをしているのか』と思うでしょう。

　社員たちのモチベーションを保つためにも，大きな舵取りで右往左往することは避けたいのです。

　そうでないと組織はもちません」

寺田は，西園寺社長に必死に訴える。

自分たちの手で親会社を探しています

　実は，寺田は，投資ファンドのジェインとの会食の後，忘年会と称して，日下部代表パートナーと，もう一度，会っていた。

　もちろん，その時，寺田は，電子が売却されるかもしれないことは，伝えていない。

　しかし，日下部代表パートナーが率いるジェインの経営哲学に触れ，「このファンドのもとだったら，同業他社をロールアップ[10]して，日本で一番，世界でも三本の指に入る企業になれるかもしれない」と，この先の夢を，密かに抱くようになっていた。

　そして，それが「会社のためにも，社員のためにも，一番正しい方向だ」と，考えつつあった。

「宙ぶらりんか……そうか……」

西園寺社長は，（少し見ない間に，寺田は，随分としっかりとしてきたな）と思う。

「それから……」

　寺田は，まだ何か言いたそうにしている。

「それから……非鉄にいる社員もそうだと思いますが，電子の社員も自分たちの仕事に強い誇りを持っています。

　ですので，ウチのことをよく知らない人たちが，親会社になって，私たちが大切に育ててきたこの事業をダメにするようなことがあってはならないと思っています。

　私たちは，電子事業に理解を持ち，この事業を伸ばしていく意欲があるとこ

10　ロールアップとは，複数の企業を順次買収することをいう。

ろに親会社になってほしいと思っています」
と言い，一息入れる。

（寺田は，何か大切なことを伝えようとしている）と察した西園寺社長は，静
かに，寺田の言葉を待つ。

　背筋を伸ばして，寺田は，西園寺社長に，こう打ち明けた。
「私たちは……自分たちの手で，新たな親会社を探すための作業を開始してい
ます」
　西園寺社長は，しばらく寺田と話をしていなかったこの数カ月の間に，寺田
が大きな決意をしつつあることを察した。

234

解説 ▶ 受け皿としての投資ファンド

<h2 style="text-align:center">1．わが国で活動する投資ファンド</h2>

■投資ファンドのプレゼンス

　2016年以降，増加し，関係するディールも大型化しているわが国のカーブアウト型M&Aであるが，その買い手としてプレゼンスを高めつつあるのが，投資ファンドである。

　本章の解説では，その投資ファンドについて，わが国における活動の実態について解説する。

　図表6-1は，カーブアウト型M&Aの金額が増えはじめた2016年〜2022年の7年間に開示されたカーブアウト型M&Aの金額上位50件について，投資ファンドのプレゼンスを示したものである。

　図表6-1 ▶金額上位50件の対象事業，買い手ごとの投資ファンドのプレゼンス

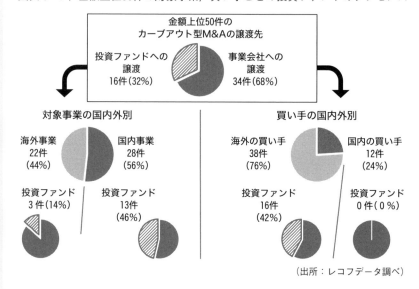

（出所：レコフデータ調べ）

　金額上位50件のうち約3分の1にあたる16件が投資ファンドへの譲渡であったことは前述したとおりである。

　対象事業の所在地別に見ると，50件のうち約半分にあたる28件の国内事業については，その約半分にあたる13件が投資ファンドへの売却，海外事業については22件のうち 3 件が投資ファンドへの売却であった。

　買い手別に見ると， 4 分の 3 を占める38件が海外の買い手であり，その半分弱にあたる16件が投資ファンドへの売却であった。国内の買い手には投資ファンドはなかった。

■大型カーブアウト型M&Aの受け皿となる投資ファンド

　図表 6 - 2 は，投資ファンドが投資した国内の事業13件について，投資した件数が多い順に投資ファンドをランキングしたものである[11]。

　件数ではKKRの存在感が際立って大きい。案件規模では，ベインがNo.1であることは第 5 章の解説において前述したとおりである。

図表 6 - 2 ▶金額上位50件に投資する投資ファンド

No.	投資ファンド	国籍	件数	買収対象会社・事業
1	KKR	米国	6	⑦日立物流，⑩カルソニックカンセイ，⑳弥生，㉑三菱商事・ユービーエス・リアルティ，㉒日立国際電気[12]，㉙日立工機
2	ベイン	米国	3	②東芝メモリ，⑤日立金属，⑪エビデント
3	フォートレス	米国	1	⑰そごう・西武
3	ブラックストーン	米国	1	⑲武田のコンシューマーヘルスケア事業
3	CVC	英国	1	㉘資生堂のパーソナルケア事業
3	PAG	香港	1	㊳ハウステンボス

注：売却対象会社・事業の番号は，2016年〜2022年の 7 年間におけるランキングを示す。

（出所：レコフデータ調べ）

　金額上位50件の買い手となっている投資ファンドは，KKRが 6 件，ベインが 3 件，その他，フォートレス，ブラックストーン，CVC，PAGが各 1 件と続いている。英国のCVC，香港にベースを置くPAG以外は，いずれも米国の投資ファンドである。

11　海外事業 3 件を引き受けたのは，EIG，センターブリッジ，アドベントの各海外の投資ファンドである。

12　KKRの日立国際電気持分は，2020年に日本産業パートナーズ（JIP）へ，その後JIPから2023年 5 月31日に日清紡ホールディングスへの譲渡が発表されている（日本経済新聞2023年 6 月 1 日）。

　KKRは，1976年創業の世界有数の米国の投資会社である。

　ヘンリー・クラビス氏とジョージ・ロバーツ氏が，レストランでの夕食時に
KKRの創業を決めたと言われる。プライベート・エクイティ，エネルギー以外に
も，インフラ，不動産，クレジット，ヘッジファンドを含む様々な資産クラスの運
用を行っている。東京オフィスは，2006年に開設された。

　ベインは，1984年にベイン・アンド・カンパニー[13]のシニアパートナーらによっ
て，米国・マサチューセッツ州ボストンに設立された独立系PEファンドである。
同じ名前であるがベイン・アンド・カンパニーとの法的関係・資本関係は存在しな
いと言われる。日本拠点は2006年に開設された。

　ベインは，日本に特化した1100億円のファンドを設立したと，2021年4月23日に
発表している。ベインが特定国に限定したファンドを組成するのは，アジア地域初
とのことである。

　フォートレス・インベストメント・グループは，米国の投資運用会社である[14]。
バイアウト・ファンドビジネスを中心に，経営破綻懸念のある企業の株式や債券な
どに投資するディストレス投資を主軸としている。日本国内では不動産を中心に投
資[15]している。

　ブラックストーンは，リーマン・ブラザーズを退職したピーター・G・ピーター
ソン氏とスティーブン・シュワルツマン氏によって1985年に設立された。ブラック
ストーンの名称は，この二人の創設者に因んで[16]いる。

　ブラックストーンは，バイアウトファンド以外にも，不動産ファンドやヘッジフ
ァンドにも投資する総合オルタナティブ投資[17]会社である。

　CVCキャピタル・パートナーズ（以下「CVC」）は，英国に本社を構える世界

13　ベイン・アンド・カンパニーは，1973年に創設され，世界39カ国64拠点のネットワー
　クを展開するコンサルティング会社。
14　ソフトバンクグループは，子会社の米投資ファンド，フォートレス・インベストメン
　ト・グループをアラブ首長国連邦（UAE）アブダビ首長国の政府系ファンド，ムバダ
　ラ・インベストとフォートレス経営陣とが買収することを2023年5月22日に発表した（日
　本経済新聞2023年5月23日）。
15　ディストレス投資は，破綻寸前やすでに経営破綻を起こしているような，行き詰まっ
　た経営状態の企業を対象にする投資。
16　スティーブ・シュワルツマン氏のSchwarzは，ドイツ語で「黒」（ブラック），ピータ
　ー・G・ピーターソン氏のPeterはギリシャ語で「石」（ストーン）を意味する。

最大級のPEファンドである。日本国内への投資はCVCアジア・パシフィック・ジャパンが担っている。

　PAGは，2011年に設立された，アジア太平洋地域に特化したオルタナティブ投資会社である。プライベート・エクイティ，リアル・アセット，およびクレジット＆マーケッツをコア戦略としている。

　わが国の大型のカーブアウト型M&Aにおいて，買い手として英米系の投資ファンドの存在感が大きいのは，米国では1970年代後半から，英国では1980年代半ば頃から，という歴史の長さに起因する。欧米では，その頃から投資ファンドが企業再編に関わり，投資活動を活発に広げてきた。

　わが国では，1996年の独占禁止法改正[18]により純粋持ち株会社が法的に解禁され，プライベート・エクイティ投資が可能となった。これを受けて，1997年にアドバンテッジパートナーズ[19]が，1998年にユニゾン・キャピタルが，それぞれ第1号ファンドを組成した。日本は，英米から20年遅れのスタートを切ったというわけである。

■海外の投資ファンドと日系の投資ファンド
　図表6-3は，日本で活動する投資ファンドをプロットしたイメージ図である。
　縦軸がファンドサイズ，横軸に海外と日系の別を示している。日系については，ディールサイズが大きくなりがちな事業再編系とそれほどの規模にならないオーナー企業などの事業承継系を左右に示している。
　前述のランキング1位のKKRと2位のベインは，左上にプロットされる。これらのように，海外の投資ファンドは，概してファンドサイズが大きい。海外勢が得意とする領域は，事業再編系であり，まさにカーブアウト型M&Aである。
　日系の投資ファンドは，規模が大きくなりがちな事業再編系よりも，中堅中小企

17　オルタナティブ投資とは，伝統的な投資対象である上場株式や債券と相関性が低いとされる運用対象に投資することをいう。プライベート・エクイティ・ファンドもその一つに分類される。v
18　独占禁止法改正による金融持株会社の設置解禁が行われた1996年〜2001年度にかけては，大規模な金融制度改革である橋本内閣の「第1次金融ビッグバン」が行われた時期である。
19　わが国のプライベート・エクイティ創業第1号は，アドバンテッジパートナーズ。1992年に創業，1997年に日本で最初のプライベート・エクイティ・ファンドを設立した。

業を対象とした事業承継系やマネジメントバイアウトの案件を得意としている。

　とはいえ近年，国内の投資ファンドも，ファンドサイズが大きくなり，より大規模な案件を手がけることができるようになった[20]。しかしながら，その数はまだ少ない。日系の投資ファンドが海外の投資ファンドと肩を並べられるくらいの規模になってくると，日本企業にとってもカーブアウト型M&Aの売却先について，選択肢が広がり，それによってカーブアウト型M&Aは，さらに増加する可能性がある。

図表6-3 ▶日本で活動する投資ファンド

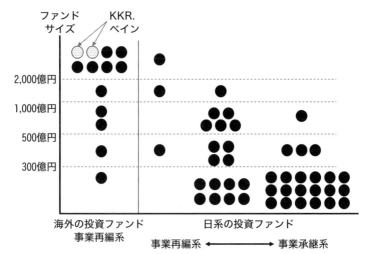

■投資ファンドに対する懸念

　これらの投資ファンドは，今でこそトラックレコード[21]を積んできているが，当初から買い手として，すんなりと受け入れられた訳ではなかった。

　実際に，既出のそごう・西武の件では，元社員と労働組合員から，そごう・西武

20　日系の投資ファンドによる大型案件として，東芝の案件が挙げられる。東芝は，日本産業パートナーズは，（JIP）などの連合による買収提案を受け入れることを2023年3月の取締役会で決議した。買収額は2兆円程度になると言われている。JIPが株式公開買い付け（TOB）を実施し，東芝は非公開化される見通し。買収資金はオリックスやローム，中部電力などの日本企業約20社による出資や，邦銀による融資で賄う。JIPは今後，競争法に絡む申請手続きを進め，各地で認可を得られ次第，TOBで既存株主から株式を買い集めて東芝を株式非公開化するとしている。日本経済新聞，2023年3月23日。

21　過去の実績や履歴のこと。投資の分野で多く使われる用語。

の株式売却の差し止めを求めた仮処分申請がなされた。本件は、東京地裁が原告側の訴えを却下[22]したが、投資ファンドへの売却を巡る騒動はその後も継続しており、そごう・西武の売却は2023年 3 月末現在、二度延期されている。この件の背景には、投資ファンドに売却後、大手家電量販店がそごう・西武の一部の店舗に出店を計画していることに対して、労働組合などが懸念を示していることがあると報道されている。

　こういうことが起こる背景には、投資ファンドに「ネガティブなイメージがあること」と、その投資ファンドが「EXITを前提としたビジネスモデルをとっていること」があげられる。

「投資ファンドに対してネガティブなイメージが根づいたのは、2004年に発表された経済小説シリーズ「ハゲタカ」[23]の影響がある。
「ハゲタカ」は、バブル経済崩壊後の日本を舞台に、当時「ハゲタカファンド」と呼ばれた短期的な利益獲得を目的とした投資ファンドと、それを取り巻く人々の人間模様とビジネスを描いた小説である。2007年にはNHKの「土曜ドラマ」にてテレビドラマ化され、2009年には映画も製作され、これらは当時の世相を捉えて全国的にヒットした。
　この影響を受け、日本国民に「投資ファンドはハゲタカである」「投資ファンドに買収されると、事業をバラバラにして叩き売られる」という悪いイメージが根深く植えつけられた。
　ただでさえ「売却」に対して後ろ向きの姿勢の日本企業が「投資ファンドへの売却」となると、嫌悪感さえ見せることも当時は少なくなかった。

　もうひとつの投資ファンドが「EXITを前提としたビジネスモデルをとっていること」については、EXITの際に、投資ファンドが業界競争を乱すような相手に売却する可能性を排除できないことを懸念しているということである。
　失われた30年の間に、わが国において開発された先端技術が、人材とともに海外に流出し、それが原因の一つとなって日本企業の競争力が削がれた。同じことが投資ファンドのEXITの際に起こるのではないかという不安を拭い切れないことを言っている。特に、海外の投資ファンドはドライだと見られがちであり、収益性の観

22　2023年 3 月23日　日本経済新聞。
23　作家・真山仁氏の作品。

点だけでEXIT先を決めることを不安視している。

　海外の投資ファンドも，そういう不安が日本企業に存在することを分かっている。そのため，その不安を少しでも和らげようと，単独出資ではなく日系の投資ファンドや事業会社のマイノリティ出資を得て，連合軍を組んで投資する[24]という対応もなされている。

　EXITを前提としているということは，対象会社にとっては，投資ファンドへの売却のときを含めて，少なくとも二回は売却される[25]ということである。安定性を求める対象会社の経営陣や従業員は，株主が複数回交代することに対して経営環境の不透明性に不安を感じることもある[26]。

　このような逆風が吹いている中であるが，投資ファンドは，投資後，投資先企業が投資ファンドとともに企業価値を上げている様子や，投資先企業の従業員がモチベーション高く働いている事例を丁寧に説明する努力を継続して行っている。こうした努力によって，投資ファンドに対する世間の風当たりは，少しずつ弱まってきた。とはいえ，工場などの事業所が立地する地方部においては，いまだに丁寧な説明を重ね，理解を得ることが必要な状況である。

2．わが国における投資ファンドの歴史

　図表6-4は，「日本企業に対する投資会社のM&A件数推移」である。

　わが国の投資ファンドの黎明期は，日本初の投資ファンドが誕生した1990年代後半からであり，時を同じくして海外の投資ファンドも日本市場に次々と参入してきた。その頃，わが国では不良債権処理問題が深刻であったため，その受け皿として，

24　投資家が連合軍を組む目的は，外資系に向けられる不安を和らげる目的以外にも，必要資金を充足させる目的や，当該投資ファンドだけでは十分に提供できない経営資源や経営ノウハウをマイノリティの投資家から提供してもらう目的もある。

25　たとえば，成城石井は，高品質スーパーマーケットチェーンとして多店舗展開し，2004年に66.7%の持ち分をレインズインターナショナルへ譲渡し，レックスグループ傘下に入り，2006年2月にレックスの完全子会社となった。その後，2011年に，三菱商事系のPEファンド「丸の内キャピタル」に譲渡され，2014年にコンビニチェーンのローソンの傘下となった。2022年9月には，東京証券取引所に上場申請したが，同年12月に上場延期が発表された。

26　コンビニのam/pmは，共同石油（現ENEOSホールディングス株式会社）から，エーエム・ピーエム・ジャパンへ，その後（初代）ファミリーマートへと変遷しており，買い手が事業会社であっても株主が変遷することはある。

ローンスター[27]やサーベラス[28]などの不動産投資，不良債権投資を主な領域とした
投資ファンドが活動していた。

図表6-4 ▶ 日本企業に対する投資会社のM&A件数推移

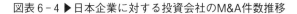

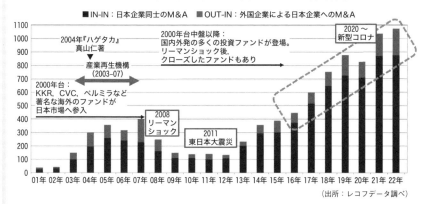

(出所：レコフデータ調べ)

1998年に経営破綻し，8兆円におよぶ公的資金が投入された旧日本長期信用銀行
（新生銀行）を10億円で買収したことで有名となったリップルウッド[29]がメディア
に登場したのもこの頃であり，まさにこの頃の投資ファンドが「ハゲタカ」のイメ
ージを作っていった。

カーブアウト型M&Aについても，投資ファンドが買い手となった案件がわが国
にはじめて登場したのは，1999年であった[30]。

2000年に入ると，わが国において活動する投資ファンドの数は一気に増えた。

国内の大手金融機関もプリンシパルインベストメント[31]業務に参入し，大手証券

27　リップルウッドの本拠は，米国ダラス。企業の再生・価値向上を目的とする投資，多
　　様な金融商品・不動産への投資をグローバルに実行。1997年に日本オフィスを開設。
28　米国拠点のサーベラス・キャピタル・マネジメント。1998年4月に日本拠点「サーベ
　　ラス・ジャパン株式会社」を東京に設立。2000年代から経営不振に陥った日本企業に大口
　　出資を行っている。
29　リップルウッドは，2005年3月に，日本向けファンドのみを，投資先企業を連結子会
　　社とする形で持ち株会社化し，ユーロネクストのブリュッセルで上場させ，「RHJインタ
　　ーナショナル」に名称変更した。日本オフィスは，「株式会社RHJインターナショナル・
　　ジャパン」として2005年に設立されたが，2013年に撤退した。
30　マールオンライン「カーブアウト系M&A　投資会社が買い手の動向」24年で8兆円。
　　うち外資系が8割超。2022年7月号　333号（2022/06/02）
31　自己資金による投資のこと。

242

会社が投資会社を設立し，中小から大型案件まで幅広い案件を手掛けた。

2000年代中盤には，不良債権よりは，深刻度の程度が低い破綻懸念先[32]や要注意先[33]などを含む投資先を対象とする「再生ファンド」が登場し，債務超過や法的整理企業への投資を含めて，積極的に投資活動が行われた。

産業再生機構[34]が設立されたのは，2003年である。産業再生機構は，2004年のカネボウやダイエーなどの大型案件から地方案件まで幅広い再生案件を手掛けた。

その後の2000年代中盤以降も，わが国には数々の投資ファンドが誕生していった。この頃に新たに投資ファンドを立ち上げたのは，産業再生機構出身者が多い。産業再生機構は，投資ファンド業務を担う人材を輩出したといえる。

2008年のリーマンショックの影響を受け，クローズした投資ファンドも2010年前後には幾つかあったが，その後の景気回復・案件数増加と共に，新しい投資ファンドが幾つか誕生している。

2018年には，産業競争力強化法の改正法の施行に伴い，産業革新投資機構[35]が設立された。産業革新投資機構は，大学や研究機関に分散する特許や先端技術による新事業，ベンチャー企業の有望な技術，国際競争力の強化につながる大企業の事業再編などに対して投資をしている。

図表6-4を見ると，2017年頃から，わが国における投資ファンドによるM&Aが急激に増えていることが分かる。新型コロナ感染拡大がはじまった2020年は若干減少したが，近年も投資ファンドによるM&Aは増加している。

大型のカーブアウト型M&Aの買い手となっている投資ファンドには，海外勢が多かったが，図表6-4を見ると，件数ベースでは日系の投資ファンドが買い手で

32　破綻懸念先とは，経営破綻しているわけではないものの，経営難に陥っており，経営改善計画などの進捗が芳しくなく，このままでは経営破綻する可能性が高いと認められる債務者のこと。
33　要注意先とは，営業赤字を計上しているような融資先のことで，今後の業況を注意して見守らなければ貸しているお金の返済に懸念が生じてしまう債務者のこと。
34　わが国の産業の再生と金融機関等の不良債権の処理の促進による信用秩序の維持を図るため，有用な経営資源を有しながら過大な債務を負っている事業者に対し，金融機関等が有する債権の買取り等を通じてその事業の再生を支援することを目的として設立。1年前倒しで，2007年6月5日に清算結了した。
35　前身である産業革新機構が出資決定した案件は，産業革新投資機構の子会社である株式会社INCJが支援を行っている。

あるディールのほうが圧倒的に多い。

　日系の投資ファンドは，数百億円規模のミドルキャップ[36]のディールを投資領域としており，近年わが国ではこの規模のM&Aが増加していることが背景にある。

3．投資ファンドの分類

■投資ファンドにおけるPEファンドの位置づけ

　これまで本書では，一般の読者に分かりやすいので，投資ファンドという名称を使ってきたが，その実体は，第5章の解説の脚注において述べたとおり，主にPEファンドである。

　図表6-5は，投資ファンドの分類である。

図表6-5 ▶投資ファンドの体系

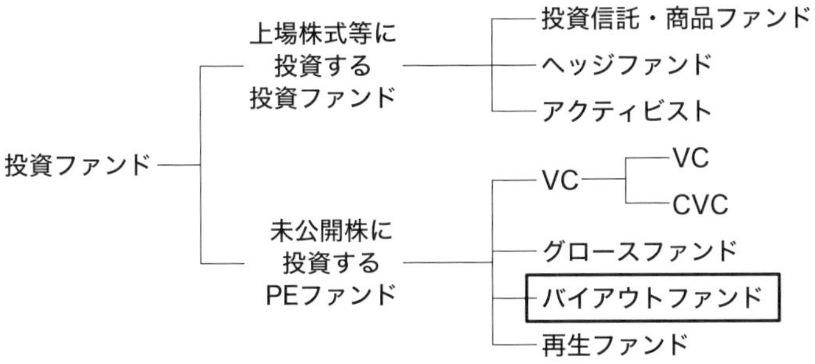

```
                          ┌─ 投資信託・商品ファンド
            上場株式等に    │
            投資する       ├─ ヘッジファンド
            投資ファンド    │
                          └─ アクティビスト
投資ファンド ┤
                          ┌─ VC ──┬─ VC
            未公開株に      │       └─ CVC
            投資する       ├─ グロースファンド
            PEファンド      ├─[ バイアウトファンド ]
                          └─ 再生ファンド
```

　投資ファンドは，「上場株式に投資する投資ファンド」[37]と，「未公開株に投資するPEファンド」に分けられる。

　本書でいう投資ファンドは，後者のPEファンドのことである。PEファンドとは，複数の投資家から集めた資金を用いて非上場，未公開株（プライベートエクイティ）を譲り受け，企業価値を高めた後にEXITつまり売却してキャピタルゲインを得，そのリターンを投資家に分配するファンドである。

　中でもカーブアウト型M&Aに多く取り組んでいるのは，「バイアウトファンド」

36　EBITDAベースで5億円以上10億円以下，企業価値ベースで30億円以上100億円以下のことを指すことが多い。

37　「上場株式に投資するファンド」の一つであるヘッジファンドは，金融派生商品(デリバティブ)など複数の金融商品に分散化させて，高い運用収益を得ようとする代替投資の一つ。

　アクティビストは，株主としての権利を積極的に行使し，投資先企業の価値が向上するように経営の見直しを求める投資家のこと。

である。バイアウトとは，経営権を取得する買収のことである。

■PEファンドの分類

　未公開株に投資するPEファンドは，企業のライフサイクルをもとにすると，図表6-6のように分類される。

図表6-6 ▶企業のライフサイクルと投資ファンドの位置づけ

　VCは，ベンチャーキャピタルのことである。未上場のスタートアップ企業に出資して，将来，当該企業が上場した際に上場益を狙う。

　CVCはコーポレートベンチャーキャピタルのことで，投資を本業としない事業会社が，自社の事業分野とシナジーを生む可能性のあるスタートアップ企業に対して投資を行うことである。

　広義のPEには，VCやCVCが含まれる。わが国では，岸田内閣が，2022年を「スタートアップ創出元年」と位置づけ，スタートアップ担当大臣を設置したほか，過去最大規模となる1兆円の予算措置を閣議決定するなど，スタートアップ支援を強化しているところである。

　次にバイアウトファンドであるが，これこそが本書で解説してきた投資ファンドのことである。企業価値を向上させた後に当該企業の株式を売却し，その利益を投資家に還元することを目的としている。

　バイアウトファンドの中には，2000年代は，再生ファンドとして活動していたファームが少なくない。彼らは，再生案件への対応が落ち着いてくるとともに，再生ファンドからバイアウトファンドへと衣替えさせていった。

　再生ファンドは，ハンズオン[38]と言い，経営の細部にまで入っていき，投資先企

38　ハンズオンとは，M&Aや投資を行ったあと，当該投資先企業のマネジメントに深く関与する体制のこと。

業の管理体制の整備やコスト削減策の導入など，投資先のビジネスのやり方を現場に入って改善していった。かつて再生ファンドであったバイアウトファンドの多くは，こういった再生のノウハウを今ではバイアウトファンドとして活用していることが多い。

　VCとバイアウトファンドの間に，「グロースファンド」がある。これは，後期ステージ[39]のスタートアップ企業に対する投資を行う投資ファンドのことである。わが国には，グロースファンドがまだ少ない。わが国のスタートアップ企業はこれまで，バリュエーションが小さいうちにIPOしていた。これがわが国にユニコーン[40]が少ない理由の一つとされているが，近年では，追加の資金調達ラウンドを実施して，より大きな規模にしてからスタートアップ企業をIPOさせる動きが出てきている。これを担うのが，グロースファンドであり，この領域は，VCの大型化とバイアウトファンドのグロース領域への拡大によって拡充されることが期待されている。

　ディストレス[41]は，本来の価値より著しく安い資産に着目して投資することをいう。これが前述の「ハゲタカ」のイメージに近い投資ファンドである。

４．PE市場の国際比較と今後の展望

　最後に，わが国におけるPE市場を概観したい。

　わが国のPE市場における年間案件総額は，ここ数年，毎年平均して約120億ドル（約1.3兆円）を記録している[42]。1.3兆円という数字のイメージであるが，2022年3月期のソニーグループの営業利益[43]が1兆2023億円だった。ソニーグループであるとはいえ，一民間企業の営業利益とわが国全体のPE案件総額が同じ規模なのであ

39　ステージとは，スタートアップ企業の起業前からExitまでのライフサイクルにおける成長段階のことで，シード，アーリー，ミドル，レイターに分けられる。後期とは，ミドル，レイターのことをさす。

40　ユニコーンとは，創業10年未満で，企業評価が10億ドル以上に達している未上場のテクノロジー企業，つまり創業後まもなく大成功を収めるスタートアップ企業のことであるが，これは，頭に一本の長い角をもち，馬あるいは子羊に似ているとされる伝説上の動物で，ヨーロッパでは力を純潔の象徴とされるユニコーンになぞらえての表現である。

41　ディストレストということもある。

42　日本プライベート・エクイティ協会のホームページから。

43　有価証券報告書。連結決算（国際会計基準）。営業利益が1兆円の大台を超えるのは同社初で，国内製造業でもトヨタ自動車に次ぎ2社目である。

246

る。もう一つ，2021年の農林水産物・食品の輸出額が，１兆2385億円[44]であった。これらの数字を見ると，PE市場規模がまだいかに小さいかが実感できる。

　図表６-７は，PE市場の国際比較であるが，わが国のPE市場は，その歴史が欧米に比べて20年ほど遅れており，その規模も先行している米国や英国と比較して，対GDP比でも極めて小規模に留まっている。

図表６-７ ▶PE市場の国際比較

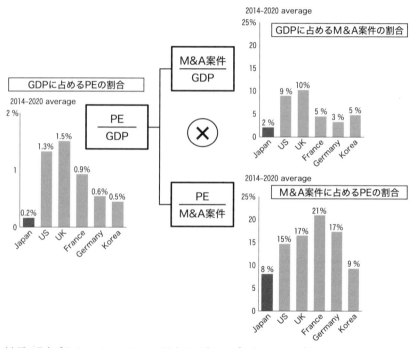

（出所：日本プライベート・エクイティ協会ウェブサイト「日本におけるプライベート・エクイティ市場の概観」（ベイン・アンド・カンパニー作成）から）

　M&A案件に占めるカーブアウト型M&Aは１割程度であると第３章の解説において述べたが，PEの割合は，図表６-７の右下のグラフを見ると，８％程度である。この水準は韓国と同程度であるが，その韓国との差は，M&A案件の数にある。右上のグラフを見ると，GDPに占めるM&A案件の割合は韓国が５％であるの

44　「2021年の農林水産物・食品の輸出実績」について　農林水産省リリース。

に対して，日本は 2 ％に過ぎない。その結果，図表 6 – 7 左のグラフのとおり，GDPに占めるPEの割合は，わが国は0.2%に留まっている。

　わが国の企業は，国内の人口減少，地政学的リスクがある中で複雑化する経済のグローバル化，DX化などの環境変化を踏まえて，ポストコロナ禍にも対応すべく経営改革を進めている。しかしながら，そのスピードはまだ遅い。多くの業界において業界再編を促進させ，競争力を高めることが求められており，そのため企業においては，各社の事業ポートフォリオの組み替えが求められている。

　PEファンドは，事業ポートフォリオの組み替えに貢献しはじめているものの，世間の認知度がまだ低い。企業側に，売却に対するネガティブな空気があることに加えて，投資ファンドを敬遠する意識もいまだに消えていない。

　そういった経営環境ではあるが，おそるおそるカーブアウト型M&Aの売却に踏み出し，その売却先が投資ファンドであったという経験を積みはじめている企業が出てきている。結果，これは「やっていけそうだ」という自信がついた企業もあるのではないか。今後は，この動きをさらにスピードアップさせることが求められている。

第7章

親会社におけるセラーズDDの報告会

1　セラーズDDおよびバリュエーションについての報告

社外取締役に対する報告

　ミツカネ電子に対するセラーズDDは，年が明けた1月末に終了し，その結果は，ミツカネ工業の2月の取締役会終了後の「情報共有セッション」において報告されることになっていた。

　本日は，その2月の取締役会が開催される日である。

　秘匿性が高い内容であるため，セラーズDDの結果について，事前の資料配布はなかった。

「情報共有セッション」では，セラーズDDの作業を担当したコンサルより，ミツカネ電子の事業環境と電子の競争優位性，オペレーションの効率性，さらに今後の事業見通しと事業計画，そして経営課題などについて，詳しい説明があった。

　説明の後，質疑応答が終了して，コンサルが退席したあと，今度は，経営企画部長から，バリュエーションと売却先候補について，報告がなされた。

　全ての報告を聞き終わったことを確認したあと，豊田が短くコメントする。豊田は，筆頭社外取締役である。

「なかなか，素晴らしいバリュエーション[1]が出ていますね」

　大学教授の和泉と元官僚の大倉も頷いている。

1　算定された企業価値の数字が高いことを指している。

　新型コロナ感染拡大のために，これまでオンライン参加していたジェニファーも，今回は，来日し，取締役会にリアルで出席している。

　そのジェニファーが，冷静な表情で，コメントする。

「確かに，なかなか良いバリュエーションです。

　でも実際には，さらに高い価格で，売却できる可能性があるのではないでしょうか」

　皆がジェニファーの顔を見る。

買い手候補についての議論

　今度は，質問である。

「先程の説明で，売却先候補として『投資ファンド』があがっているとの説明でしたが，それは，どこか特定の投資ファンドを想定しているということですか？」

と聞くジェニファー。

「えーっと，まだ検討中ではありますが，あえて名前を出すとしたら……『ジェイン』という投資ファンドが，一つの有力な候補だと考えています」

と言い，経営企画部長は，横目で西園寺社長のほうを見ながら，ジェインの概要を説明する。

　西園寺社長も，

「ジェインは，日系の投資ファンドの中では大手で，これまでも立派な投資実績がある信頼できるファンドです」

と，いくつかの投資実績を説明しながら，ジェインの概要について補足する。

　年末に，ミツカネ電子の寺田社長が，西園寺社長を訪ねてきたときに，寺田の口から「ジェイン」という名前が出たため，西園寺社長と経営企画部長は，ジェインについて調べていた。

「その程度の投資実績でしたら，どこの投資ファンドでもあるのではないですか？

　外資系の投資ファンドは，グローバルで，もっと多くの実績を積み重ねていますよ。大きい案件もやっていますし。その中で，なぜジェインなのですか？」

　ジェニファーが，重ねて質問する。

「はい……実は，ミツカネ電子からも，『ジェイン』の名前が出ていまして
……」
と，低い声で経営企画部長が答える。

「ミツカネ電子がそう望んでいるのですか？……であれば，その意向は，尊重
したいと思いますが……でも，売り手の当社としては，競争環境を作ることが
必要です」
と言うジェニファー。

「競争環境とは……オークションのことですか？」
　経営企画部長が確認する。

　頷くジェニファー。

「ジェインを含めて，数社で競争させると，もっと高い価格が出る可能性があ
ります。
　オークションには，ジェインに加えて，外資系の投資ファンドも入れたらど
うですか？
　売却先候補として，『投資ファンドが最有力だ』とコンサルが言っていると
のことですが，そうであったとしても，最初から投資ファンドに絞るのではな
く，シナジー効果が望めそうな事業会社も，オークションにinviteすれば良い
と思います。
　inviteしたけど，事業会社側がオークションに参加しなかったという形であ
れば，私たちも，コンサルの分析をそのまま鵜呑みにはしなかった，due
care[2]をもって，プロセスを進めた，という証拠になります」
とジェニファーがコメントする。

「でも……すでに，ミツカネ電子のこの事業計画は，かなり強気の数字だと思
います。
　実際にバリュエーションもかなり良い数字です。
　この価格で売れれば，まぁ良いディールだと思いますが……」

_____

2　due care（デューケア）とは，正しい行動を正しいタイミングで行うこと

　経営企画部長が，呟くようにコメントする。

「それは，あなたの主観です。
　株主に『どういう経緯でその価格になったか』と問われたら，あなたは『相対で，ジェインと交渉をした結果，◯◯億円の価格になりました。この価格は，適切だと思います』とでも説明するのですか？
　その説明で，株主に十分に納得してもらえると思いますか？
　私たちには，全力を尽くして，ベストな価格を実現させたことを，株主に，説明する責任があります」
　ジェニファーの日本語は，ペラペラであるが，相手を慮って婉曲に表現するまでの能力は持ち合わせていない。そのため，時折，きつい言い方になってしまう。

　困ったなという表情をしながら，
「う～ん，確かに，外への説明としては，オークションの形が良いかもしれませんが……」
と経営企画部長は答える。
　そして，そのやり取りを聞いている西園寺社長のほうをチラ見する。

　次に，社外取締役の和泉教授が，手を挙げ，
「ジェニファーさんがおっしゃるとおり，プロセスの透明性を高めるために，オークションという形は，望ましいと思います。
　それで……少し気になったのですが，ミツカネ電子は『売却先としてジェインが本命』と考えているとのことでしたね。
　ということは……電子は，ジェインと会ったことがあるということですね？」
と確認する。

「はい……何度か会っているようです。
　しかし，一般的な情報交換という名目で会っているとのことでした。
　ジェインは，電子が売却対象となっていることについては，知らないと思います」
と，経営企画部長が答える。

「オークションになるとすれば，公正なオークション環境を保つために，ミッカネ電子がジェインと接触することは，今後，止めてもらう必要があります。

　ジェインだけが，他の参加者と比べてより多くの情報を持てば，フェアなオークションとはいえませんので」
と和泉教授がコメントする。

　経営企画部長は，西園寺社長のほうを横目で見ながら，和泉教授に返答する。
「なるほど。そういうことも配慮しなければいけませんね。

　売却のやり方については，株主にキチンと説明できる方法を再度検討いたします」

　西園寺社長は，静かに，これらのやり取りを聞いているが，その唇は，次第に固い真一文字になり，呼吸も大きくなってきた。

そもそも電子は売却なのか？

　そして次に，元官僚の社外取締役である大倉が挙手する。
「今日の説明の最後がバリュエーションと売却先候補だったので，売却プロセスの話になっていますが，そもそも，セラーズDDを入れたのは，『電子を売却するかどうか』について議論するためでしたよね。先に，その議論が必要ではありませんか？

　電子事業が，これだけ高いバリュエーションになるのでしたら，『この事業をミッカネグループのコアとして残して，むしろ本業のほうを縮小してはどうか？』という議論も出てきそうですが……」

　経営企画部長は，（これをどう収拾したらよいものか……）と思いながら，再度，固い表情の西園寺社長を見る。

西園寺裁定

　西園寺社長は，これらの社外取締役の発言が一段落したところで，大きな深呼吸をして，口を開く。

「皆様がたからの貴重なご意見，ありがとうございました。

　思い起こせば，次期中計策定作業に取り掛かってから，すでに十カ月が経ちました。

　事業ポートフォリオを見直すなかで，グループ会社を"近づける会社"と"遠ざける会社"に仕分けましたが，十カ月も時間をかけているのに，物事はなかなか進みません。

　特に，"遠ざける会社"については，机上でイメージした通りにはいきません。

　皆さんもご存じのとおり，わが社は，これまで財務状態が健全な子会社を売却した経験がありません。手探り状態の中，何とか売却に向けてのプロセスを社内で進めているというのが実態です」

　四人の社外取締役は，静かに西園寺社長の次の言葉を待っている。

「中計策定作業を進めながら，私は，ここのところ，非鉄の工場訪問に多くの時間を割いています。

　重大事故こそなくなってきていますが，残念なことに小さな事故はまだ続いています。事故が起きるたびに，現場に出向いて，その原因究明と再発防止策について，現場の技術者と議論を重ねています。

　そうやって現場の技術者とあれこれと議論する中で，ひとつ気が付いたことがあります。

　それは，『非鉄にはまだまだ伸びしろがある』ということです」

　西園寺社長は，普段どおりのゆったりとしたトーンで話し続ける。

「社長に就任する前から『この会社を，持続的に発展させていくためには，非鉄頼みの一本足打法を脱却して，第二の柱となる事業を創ることが大切だ』と考え，それに積極的に取り組んできました。

　しかし，その多くはモノにはなりませんでした。面白いものができても，量産化が難しいのです。

　その中で，幸いなことに，電子事業だけが大きくなってきました。『這えば立て立てば歩めの親心』で，電子事業をさらに拡大することができないかと考えましたが，今，壁にぶつかっています」

　会議室は水を打ったように静まりかえっている。

「電子をさらに成長させるためには，これまでとは桁が違う金額の投資が必要

です。今，そういう段階にあります。

　非鉄が創出するキャッシュを原資として，電子へ投資することができれば，それが理想的だったのですが，その肝心の非鉄の工場で事故が頻発して，非鉄のキャッシュ創出力が大変弱くなっています。

　その背景には，このところ，我々経営陣が非鉄事業にあまり目を向けていなかったことがあると反省しています」
と言い，西園寺社長は，目を伏せる。

　西園寺社長のほうを向き，筆頭社外取締役の豊田がフォローする。
「うむ，業績が悪化した建築資材事業の建て直しの件があったから，そちらのほうに目がいっていたのかもしれませんね」

　頷きながら，西園寺社長は，豊田のほうを向き，
「我々の組織の中に，非鉄は，『キャッシュを産んで当たり前』という思い込みがありました。

　もともとそういう意識が根底にあって，その後，建築資材事業の建て直しに忙しくなってからは，非鉄のほうには，ますます目が向かなくなりました。

　それでも非鉄は，地道に安定的なキャッシュを創出していたので，『非鉄は放っておいても大丈夫』という慢心が出てきたのです。

　そのツケが，今，回ってきています」
と無念そうに言う。

　そして，
「非鉄の重大事故が起こってはじめて，我々の思い込みが間違っていたことが分かりました。

　ミツカネにおける喫緊の課題は，『非鉄の操業正常化』です」
と言い切り，大きく息を吸った。

時間軸が曖昧な話ばかり

　少し，沈黙があった後，ジェニファーが，
「非鉄に大きな問題を抱えていることや，それに対して，今，様々な手を打っていることは，理解しました。

　それで……非鉄の操業は，いつ正常化しますか？」
と質問する。

　この質問に対する答えは，ここにいる誰もが知りたい点である。

「非鉄を正常化させるには，もう少し時間がかかります」
と答える西園寺社長。

「『もう少し』とは，どれくらいですか？」
　再度質問するジェニファー。

「それは……大変申し上げにくいことですが，今のところ，『ASAP³で正常化させる』と答えるしかありません……お恥ずかしい話ですが，ここ数年で，管理体制に手抜きが出てきて，見える化ができなくなっていることが，最大の問題です。今は……多少改善されたとはいえ，事故が起きてからモグラ叩きのように応急対応する状況が，いまだに続いています。
　でもそれじゃダメだということは，分かっています。
　どういう指標や現場の状態を見ていれば，事故を未然に防ぐことができるのか，その仕組みと体制を，今，総力を挙げて，再構築している最中です。新たな体制構築には，それなりの時間が必要で，キャッシュアウトも伴います。でも皆で力を合わせて早急に建て直す覚悟です」

「そうですか……その話って，半分，人災のように聞こえますね。
　でも覚悟は，分かりました。応援します。
　では次に，電子のことです。
　仮に，非鉄が早く正常化して，キャッシュ創出力を取り戻したとします。
　その資金を電子に投下して，電子がミツカネグループの主軸になるためには，どれぐらいの時間がかかりますか？」
と問うジェニファー。

「それは，相当先になると思います」
　話し続けている西園寺社長を気遣ってか，この質問には，経営企画部長が答える。

「『相当先』とは，いつのことですか？」

　3　ASAPとは，「As Soon As Possible」の頭文字で作られた言葉で，日本語だと「できるだけ早く」「可能な限り早く」という意味。

とジェニファー。

「いやぁ，それは……電子の事業環境が変わることもありえますし……」
と，西園寺社長の顔を見ながら，経営企画部長が答える。

　気まずい空気が会議室に流れる。

　深呼吸をしたあと，ジェニファーが，
「事業ポートフォリオを見直すという姿勢は，おおいに評価します。
　しかし，どれもこれも，時間軸が曖昧な話ばかりです。
『いつなのか？』という時間軸に対する意識が弱いです。
　この厳しい状態をいつまで耐えなければいけないのか，長引くのなら長引く
なりの施策が必要です。
　電子の売却についても，ミツカネの厳しい状況が長引くのか，そうでないの
かによって，議論の内容が変わります」
と言い，一息入れる。
　そして，少し低い声になり，
「以前，報告があったと記憶しているのですが，ミツカネには，アクティビス
ト[4]が株付け[5]してきているのですよね。
　今はまだ少ししか保有していないようですが，今後，彼らが買い増しして，
何か言ってくるようであれば，西園寺社長をはじめ，経営陣は，アクティビス
ト対応にも時間をとられます。
　工場対応でただでさえ忙しいのに，これ以上，忙しくなると，経営が混乱し
ます。
　私は，責めているのでも，ましてや脅しているのでも，ありません。
　将来のことですので，不確定要素があることは分かっています。
　でもそのような中でも，もう少しリアリティをもって，時間軸をイメージし
ながら説明してもらわなければ，事業ポートフォリオの入れ替えの議論はでき

　4　アクティビスト（Activist）とは，「活動家」を表す英語で，株式市場の世界では株主
　　としての権利を積極的に行使して，企業に影響力を及ぼそうとする投資家を指す。一定数
　　以上の株式を保有し，投資先企業の経営者に対して経営戦略などを提案し，実行を迫るこ
　　とで，株価を高めようとする。
　5　株付けとは，総会屋が株主総会に出席するために当該企業の株式を購入し，株主名簿
　　に氏名を登録することを示す業界用語。

ません。
　一つのシナリオに絞りきれない場合には，複数のシナリオを用意して，説明
してもらえないでしょうか」
と厳しい発言をするジェニファー。

　オンラインのときには，ここまで厳しいことを言わなかったジェニファーに
対して，他の社外取締役たちは驚きながらも，首を細かく縦に振り，賛同の姿
勢を示している。

「ジェニファーさんが言うように，時間軸を意識しながら『いつ，どの事業が，
会社を支えるキャッシュを産み出すのか』を想定することは，極めて大切だ。
　今日，分かったことは，『非鉄の操業正常化』がいつになるか不確定要素は
あるにせよ，ミツカネを支えるキャッシュを稼げるのは，当面，非鉄だという
こと。
　さらに電子は，キャッシュを生んでくれてはいるが，ミツカネグループを背
負えるほどのスケールにはないということだね」
と確認する豊田。

　西園寺社長が，豊田のほうを向き頷く。
　そして，
「色々と至らないところはありますが，頂戴したご意見を咀嚼して，もう少し，
説明できる形にしていきたいと思います。
　それから，電子の売却については，他にも共有しておきたいことがあるので
す」
と，情報共有セッションもそろそろ終了かというときに，西園寺社長が，議論
をさらに長びかせるような発言をする。

電子の決意を共有する西園寺社長

　今日の会議は，長丁場になりそうである。
　このまま会議を続けるのか，別の機会を設けたほうが良いのか，少し迷った
が，今日は，ジェニファーも来日しているので，
「そうですか……会議の時間も長くなってきたので，簡潔にお願いできます
か？」

と，筆頭社外取締役の豊田が，西園寺社長に話を促す。

「承知しました。それでは，要点だけ手短に。
　電子の売却については，『ミツカネグループの観点』と，『ミツカネ電子の観点』の両面から考えてきました。
　『ミツカネグループの観点』から見ると，電子はグループのPL[6]に貢献してくれており，非鉄の操業が正常化していない中，その穴を埋めてくれる大変ありがたい存在です。
　他方，『ミツカネ電子の観点』から見ると，ミツカネに居ては，成長に必要な投資資金が回ってこないため，電子事業の成長は，ここで止まる可能性があります。いつ非鉄の穴が塞って，投資資金が出るようになるかは，先程の議論にあったとおり，不透明です」
と，西園寺社長が話し出す。

　四人の社外取締役たちは，黙って，西園寺社長の話を聞いている。

　少し間をあけて，
「実は，年末，ミツカネ電子の寺田社長が私のところに来て，『ミツカネ電子では，自分たちで親会社を探すための作業を社内で進めており，現時点では，投資ファンドのジェインを有力候補として考えている』旨の話をしてくれました」
と言い，西園寺社長は，社外取締役全員の顔を一人ずつ見る。

「なるほど……それが，先程の経営企画部長の『ミツカネ電子からジェインの名前が出た』というの発言に繋がるのですね」
（それで合点がいった）という表情で，社外取締役の和泉教授が呟く。

　西園寺社長は，頷きながら，話を続ける。
「寺田さんの報告を聞いた時には，『売られる立場というのは，まな板の鯉だ。その立場にある電子が，そんなことを言い出すなんて，身の程知らずだ』と，正直，思いました。
　過去に実施した売却といえば，業績不振に陥った会社でしたから，子会社が

6　PL（Profit and Loss statement）とは，損益計算書のこと。収益性のことを言っている。

アレコレ自分の将来について希望を言える立場にはありませんでした。そういうこともあって，これまで，『子会社の売却は，親会社の専権事項だ』と思っていました。

　しかし，今，電子は黒字を出していますし，成長余力を持った立派な会社です。過去に売却した子会社とは，状況が異なります。

　ですから電子が自分たちで親会社を探そうという気概を持っても，不思議ではありません。自律的にモノゴトを考えるという面では，頼もしくさえあります」

　西園寺社長が，正直ベースで社外取締役に話そうとしていることを感じた四人の社外取締役は，西園寺社長の次の言葉を静かに待つ。

「ウチが雇っているコンサルには，電子の買い手候補のロングリストを作成するように依頼しましたが，その際，『ミツカネ電子の売却は，業界再編のきっかけとなるような社会的意義のあるディールにしたいので，それに相応しい買い手候補を見つけてほしい』というリクエストを出しました」

　四人の社外取締役は，もう誰も時間のことを気にしていない。

「電子が業界再編の核になっていくとすれば，電子は，大変な渦のなかに巻き込まれることになる。

　それも，ミツカネという住み慣れたウチではなく，他人のウチに入っていって，それをやらなきゃいけない。

　そんな苦労は，生半可な覚悟では，乗り越えられません」

　西園寺社長は，かねてから（会社は，皆さんにとって第二の家族だ）と言っている。

　電子がソトに放り出されると，新しい環境のなかで，それはもう大変な試練が待っているのだろうと，本気で考えていた。

「そういうことを考えると，業界再編という大仕事を行うためには，『業界のことを一番よく知っている電子自身が，自分の親会社を探すのが良いのではないか』と，真剣に考えるようになりました。

　ただ，電子は，今のところ，投資ファンドのジェインとしか会っていないようです。

本当にジェインが良いのかは分かりません。ジェインと決め打ちせずに，もう少し幅広く検討を行うことが必要だと思います」

電子はこのタイミングでの売却が望ましい

西園寺社長は，さらに話を続ける。
「それから……ミツカネ電子の社内事情についても，共有しておきます。

　私は，『ミツカネ電子を"遠ざける会社"に分類する方向である』ことを，十カ月ほど前に，電子の寺田社長に伝えました。

　電子の社内では，当初，かなりの葛藤があったようですが，徐々に心の中で折り合いをつけながら，彼らは，今，売却を前提にして走り出しています。

　私たちが，セラーズDDを電子に入れたため，電子の中核となる社員たちは，『電子が売却対象となっている』ことを知ることになりました。その社員たちは，今は，『電子を今後さらに良い会社にしていこう』と，前向きに考えているようです。

　ですから……いまさら，議論の結果『売却をしなくなった』とちゃぶ台返しができる状況ではありません。いつの間にか，賽は投げられてしまったのです……」

　少しの間，沈黙の時間が流れた。
　そして，大きく深呼吸したあと，西園寺社長が話を続ける。

「豊田さんもおっしゃっていましたが，今日出てきたバリュエーションは良い数字でした。

　数年間，ウチが成長資金を出せないままだと，電子はジリ貧になってしまうかもしれません。

　そのときになって，電子を売却するとなると，バリエーションは下がるでしょう。

　そういう観点からも，今のこのタイミングでの売却が望ましいと思います」

　一同シーンとする。

　西園寺社長は，さらに続ける。
「皆さんがおっしゃるとおり，オークションにすると，この価格はもっと上がるかもしれません。プロセスの公平性を保つために，対象会社である電子が特

定の買い手候補と会ってはいけないということも，そのとおりだと思います。

　我々も株主への説明責任がありますので，電子の希望をそのまま通すわけにはいきません。オークションは有力な選択肢です。

　その前提ではありますが，電子に，自分たちで親会社を探す時間をもう少し与えたいと思うのですが，いかがでしょうか」

　西園寺社長は，部屋全体を見渡す。

　四人の社外取締役も，お互いに顔を見合わせるが，特に異論を唱えるような素振りは見せていない。

　これを確認した筆頭社外取締役の豊田は，
「私もジェインのことは，多少知っている。あの代表は，何と言ったかな……志のある人だと思ったことがある。

　でも，他の投資ファンドと会うことも良いかもしれないね」
と短くコメントする。

　西園寺は頷きながら，口を開く。
「今回，ミツカネ電子の売却が検討の俎上にのぼったことがきっかけで，非鉄のあり方についても，ミツカネグループ全体の将来のあり方についても，じっくりと考えることができました。

　子会社売却というのは，自社の戦略を正面から見つめ直す絶好の機会になることがよく分かりました」

　この西園寺社長の発言で，今日の「情報共有セッション」は，ようやく閉会した。

2　親会社の社外取締役たちの本音

会議後の社外取締役たちの感想

　長時間にわたった「情報共有セッション」終了後，四人の社外取締役は，控室として使っている大部屋に戻っていった。

「いやぁ，今日は，長かったですね」
「ホントに……かなり疲れました……」
「内容が深く重たかったですね」
と各々が先程の「情報共有セッション」での議論について，感想を口にした。

「ジェニファーさんは，jet lag[7]で大変だったでしょう？」
と，筆頭社外取締役の豊田は，ジェニファーのことを気遣う。

「jet lagは，キツいです。でも今日の会議では，色々と新たな発見があって，眠くなる間がありませんでした」
とジェニファーが答える。

「そうですか……たとえば，どんな発見ですか？」
　ジェニファーと同じ女性の和泉教授が微笑みながら問いかける。

「聞きたい？」
　茶目っ気たっぷりのジェニファー。

「もちろん！」

ウチとソトの感覚

「今回の会議でまずビックリしたのは，日本の会社の『ウチとソトの感覚』です。
　西園寺社長は『電子が売却によってソトに放り出されると，新しい環境の中で大きな試練が待っている』と言っていましたね。

7　時差ぼけのこと。

　西園寺社長は，普段から『会社は社員の第二の家族だ』と言っているとも聞いています。
　皆で助け合う精神は美徳だと思いますが，あまりにも家族の意識が強すぎると，ウェットになって，売却の際にフェアな意思決定ができなくなるのではと心配です」
とジェニファーが言う。

「なるほど……」
と頷く和泉教授。

「電子が今後取り組んでいくべき経営課題は，ミツカネグループの『ウチ』にいようと『ソト』にいようと同じなんです。
　電子がどこの傘下に居れば，より効率的・効果的に，その経営課題にチャレンジすることができるかという観点が大切なんです。
『ウチ』とか『ソト』とかの議論は，あまり意味がないと思います」

　ジェニファーの正論に，他の三人の社外取締役は，ただ頷くだけである。

「『ウチとソトの感覚』は，多くの企業で健在ですね。『ウチ』だと，『言わなくても分かる』から，色んなことをやりやすい面があるのでしょうが，他方，『ウチとソトの感覚』が強いことは，おっしゃるとおり，売却を躊躇させる要因になるかもしれませんね。
　それで……他には，どういう発見がありました？」
　和泉教授は，ジェニファーにさらに感想を促す。

時間の感覚がない

「そうですね……この電子の売却話って，執行側では十カ月も前から取り組んでいるようですが，まだ売却先候補すら決まっていません。M&Aは，時間を買うことができる経営のツールなのに，そのM&Aを実施することを決めるだけのために，十カ月もかかっています。本末転倒です。
　時間の感覚がなさすぎですね」
　ジェニファーのコメントには，容赦がない。

　ジェニファーのほうを向いて，元官僚の大倉がコメントする。

「確かにね……ただ……会社をフォローするわけではないのですが……ミツカネにとって黒字で成長が見込まれる子会社を売却するのは，今回がはじめてなので，色んな試行錯誤があって時間がかかったのでしょう。

　これまでの十カ月は，経験を積み重ねる良い機会となったのではないかと思います。

　次に，同じような売却を実行する時には，少なくとも，この十カ月は必要としないでしょう」

　和泉教授も，

「そうだと良いですね。しかし……この件ですが……このままのスピード感でプロセスを進めていくと，電子の売却が完了するまでにどれくらいの時間がかかることかしら……私たちもしっかりとモニタリングしなきゃいけませんね。

　ジェニファーさん，他にも何かありますか？」

と言い，和泉教授は，ジェニファーのほうを見る。

ガバナンスと意思決定のあり方

「う～ん，実は，会社経営の本質的な部分の意思決定のあり方については，よく考えていく必要があると思いました。

　取締役会では，電子の売却について，何ら意思決定をしていないのに，社内では，売却の方向でどんどんモノゴトが進んでしまっています。

　取締役会って一体何なのでしょうか？」

　ジェニファーは，真剣な眼差しで話す。

　大倉が頷きながら，コメントする。

「取締役会で何か意思決定すると，外部への開示をどうするかという問題がついて回ります。だから売却のようなセンシティブなテーマの場合，取締役会での議論のあり方については，難しいところがありますね。

　我々も『売却の場合，どのような意思決定のプロセスを取るべきか』については，勉強して準備しておく必要がありそうです。

　そういう観点からは，取締役会の後にやっている『情報共有セッション』は，重要な議論の場になっています。

　ただ……これが嵩じすぎると，事実上，裏側で，物事を決めていくことになるので，注意しなくてはいけませんね」

「そうだね。毎年，取締役会の実効性評価[8]をやっているが，ミツカネの場合は，取締役会の評価だけではなく，『情報共有セッション』と合わせてどうかという評価が必要だね。

　今回の電子の件は，我々にとっても，ガバナンスを見つめ直す絶好の機会になった。

　さて……そろそろ良い時間だ。

　今回はジェニファーさんも来日している折角の機会なので，久しぶりに一杯やりませんか？」

　豊田は，三人に向かって，グラスを傾ける仕草を見せた。

8　コーポレートガバナンス・コード【原則4－11. 取締役会・監査役会の実効性確保のための前提条件】は，「取締役会は，取締役会全体としての実効性に関する分析・評価を行うことなどにより，その機能の向上を図るべきである。」と，補充原則4－11③は，「取締役会は，毎年，各取締役の自己評価なども参考にしつつ，取締役会全体の実効性について分析・評価を行い，その結果の概要を開示すべきである。」としている。

エピローグ

●売却のプロセスにおけるこれまでの位置付け

本書のタイトルは，『「子会社売却」の意思決定』である。

本ストーリーでは，「ミツカネ電子について売却の方向性」が内々に示されただけであるが，それでも一冊の本になった。それくらいM&Aにおいて売り手にとって，売却は，「売るまでが大変」である。

以下の図は，売却のプロセスを示したものである。「本書の範囲」は左端の最初の部分だけであり，ミツカネ電子のカーブアウトは，まだ緒についたばかりの段階。この後も，誰かがちゃぶ台をひっくり返すかもしれないし，何が起こるか分からない。先はまだ長い。今はまだそんな柔らかい段階である。

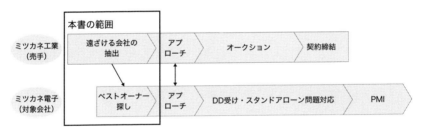

●ミツカネ工業のこれからの実務

売り手であるミツカネ工業にとって，今後の最大の焦点は，誰が買い手となるかである。投資ファンドのジェインに落ち着くのか。別の新たな買い手候補が出てくるのか。

本ストーリーは，オークションになりそうな展開である。社外取締役のジェニファーは，「日系の投資ファンドであるジェインだけでなく，事業会社や海外の投資ファンドもオークションに参加させるべき」と言っているため，ミツカネ工業は，IM（アイエムと呼ぶ/Information Memorandumの略）を作成し，これをオークションに参加する可能性がある買い手候補者に提供する。IMは，ミツカネ電子の企業概要，事業内容や事業計画など，経営情報を詳細に記載した資料のことである。

268

こういう動きが出てくると,「ミツカネ電子は売却されるのではないか」という憶測情報が拡散しやすくなるため,これらの候補とは,事前に機密保持契約を締結する。

オークション参加者が多い場合は,第一次ビッドで候補を絞り込み,そのうえで本格的なデューデリジェンス（図では「DD」と記載）を実施する。その後,二次ビッドを実施し,そこで絞り込んだ本命の候補者と条件交渉を行うことになるが,ここはギリギリの交渉になるであろう。最大の焦点は,「いくらで売却するか」である。

それが合意されてようやく契約締結となる。売り手としてのミツカネ工業の出番は,ここでおしまい。

合意されない場合は,その候補とのディールはここでご破算。また別の候補との交渉を行うのか,このディールはしばらく延期にするかの判断がミツカネ工業には求められる。

❋ミツカネ電子のこれからの実務

他方,ミツカネ電子のほうであるが,いまの段階では,新たな株主として,ジェインに関心を寄せている。親会社の西園寺社長は,「ミツカネ電子に自分たちで親会社を探す時間をもう少し与えたい」と社外取締役に話した。これを受けてミツカネ電子は,色んな候補企業と会ってみるだろう。その結果,ミツカネ電子は,どこを一押しとするのか。

とはいえ,ミツカネ電子が一押しとする先を定めることと,オークションとは別の話である。ミツカネ電子の希望は,ミツカネ工業がハンドルしているオークションにどのように反映されるのか。電子の希望を叶えることと,外に説明できることは,相容れることなのか。ここはミツカネ電子にとって気を揉むところである。

候補が絞り込まれたら,DDを受けることになる。仮に,複数の候補からのDDを受けることになったら,それらをどういう体制で受けるのか,ミツカネ電子の実務力が最大限に問われる場面である。

DDが終わると,ミツカネ工業と本命の買い手候補との合意を待つことになるが,その間,ミツカネ電子は,新天地での新しい生活に備えて準備が必要である。その一つが,スタンドアローン問題への対応である。

●スタンドアローン問題

　売却では，対象会社において実務上の論点がいくつかあるが，カーブアウト型M&Aにおいて特徴的であるのは，スタンドアローン問題である。

　特定の部門を切り出す事業のカーブアウト型M&Aとは異なり，ミツカネ電子の場合は，法人としての売却である。そのため，スタンドアローン問題は比較的シンプルであるものの，スムーズなPMIに向けて極めて重要な問題である。

　少なくともブランドやミツカネ工業から受けていたサービスを今後どうするかについては，細心の注意を払った検討が必要である。「カーブアウトした途端にミツカネというブランドは使えない」とか，「ミツカネ工業からのサービス提供はクロージング後すぐに停止」となるわけではない。ミツカネ電子は，ミツカネ工業とTSA[1]を締結し，カーブアウトが成立した後も，たとえば数か月から1年という経過期間では，これまで同様にミツカネブランドが使用できるし，ミツカネ工業から提供してもらっていたサービスは，今後は第三者間の契約として提供してもらえる。その代わり，ミツカネ工業には，ブランド使用料などの対価を支払うことになる。しかしながらそれは，経過措置であるため，恒久措置については，経過期間において方針を定める必要がある。

　スタンドアローン問題の中で，たとえばブランド問題であるが，以下は，新ブランドを創るにあたっての主なTo Doである。

☐新ブランド（新社名，ロゴ）の決定
- スケジューリング：どのタイミングで新ブランドに切り替えるか，マスタースケジュールを作成
- 新ブランド募集にあたって社員対象に公募をかけることも一策：変革に向けて社員のモチベーションアップを狙う策だが，カーブアウトのディール期間中に公募する場合は情報管理の課題あり
- プロフェッショナルのリテイン：公募で決めてもデザイン等についてプロの関与が必要

1　TSA（Transition Service Agreement）とは，カーブアウト型M&Aなどで，買収後の移行期間中におけるサービス提供について，売り手と対象会社との間で取り決める契約のこと。

- 類似商標調査：グローバル展開している場合，事業展開している世界中の国や地域での調査が必要，事業展開する予定の国や地域についても同様。

☐新ブランドへの変更についての機関決定
- 取締役会などにおいて機関決定
- 機関決定後，社内規定などの社内文書の改訂
- 社名変更に伴い役所など社外の機関への届け出
- 制作物の作成：ブランドを掲載している制作物，たとえばホームページ，名刺，紙媒体のパンフレットなどを，新ブランド掲載のものに置き換える

☐新ブランドのプロモーション
- マスプロモーション，メディア対応：マスメディアやSNSを活用した一般社会に対するメッセージ発信
- マイクロプロモーション：顧客や立地している地域など，現在のステークホルダーからの理解を求め安心を提供するためのプロモーション

これらを実行するには多くの工数とコストがかかることが容易に想像できる。

ブランド変更に加えて，これまでに親会社から受けているITシステムや人事・経理などの総務機能のシェアードサービスなどについても，今後どうしていくかの検討が必要である。一般に議論になるのは，以下の領域である。

☐ITシステム
- 売り手のシステムからどう分離させるかの検討が必要，切り離すだけでいけるのか，対象会社の側で新規のITシステムを入れる必要があるのか。その場合，投資額も多額になりやすい
- システムのメンテナンスはどういう体制で実施するのか

☐管理部門のシェアードサービス
- たとえば経理/財務，法務，人事，広報などの業務のこと

- 売り手が今持っているシェアードサービスの子会社あるいは関連会社からサービスの提供を受けている場合は，当該サービスの契約を継続することもあるが，グループ外の会社へのサービス提供となるため，料金体系が変更になることがある。

☐研究開発
- 今後どうするかは，研究の内容によって様々である。

☐オフィススペース
- 元の親会社のオフィススペースにいる場合は，サブリースすることになるが，オーナーがサブリースを認めないこともあるため，事前の確認が必要
- オフィスを移転する場合は，オフィス探し，引っ越しが必要になる

こういったスタンドアローン問題は，ミツカネ電子だけの問題ではない。親会社のミツカネ工業とて，ミツカネ電子を切り離すことが主力の非鉄事業に何らかの影響を及ぼさないとも限らないし，ミツカネ電子との間に存在したシナジーがなくなることがマーケットにどう評価されるのかなどについては，事前に想定し，対応策を講じておく必要がある。

ミツカネ工業とミツカネ電子，それからどこになるかはまだ分からないが新たな親会社は，時には利害が対立することもありながら，スタンドアローン問題に一緒に取り組むことになる。

買い手は「買ったあとが大変」と言い，PMI（ポストマージャーインテグレーション）に一生懸命に取り組む。100日プランの実行もかなり浸透してきた。だからであろうか，近年，世の中のPMIの質はどんどん上がっている。結果，M&Aの成功率も上がっている。

今後に向けて

今後のM&Aにおいて，もっと議論が必要なのは，売り手の「売るまでが大変」な状況をいかにスムーズに展開させるかである。本書のストーリーを読んで頂くと実感できると思うが，これは，大きな意識改革を伴うことである。

「売るまでが大変」な状況が緩和されると，対象会社の社員は，新たな親会社のもとでDay 1から，新たに気持ちで前向きに企業価値向上に向けて邁進できる。したがって「売るまでが大変」を解消することは，売り手の課題解消だけでなく，買い手にもPMIのスタート台を高く設置できるというメリットがある。

ミツカネ電子の売却に関して今後の展開については，本書の続編を考えている。本書と同様，先にストーリーをメルマガで展開し，それに解説を加えた形で，書籍化していきたい。

本書をきっかけに，M&Aにおいて，売り手や対象会社にも目を向けてもらえれば望外の喜びである。それが新たな時代の新しいM&Aの形となることを心から願ってやまない。

2023年7月

著者　岡　俊　子

添付資料　カーブ型M&Aの金額ベース トップ50件（2016～2022年）

No.	金額（百万円）	概要	対象の主な事業地域	買い手	買い手投資ファンド	日付
1	6,400,000	ソフトバンクグループの米国子会社スプリントとTモバイルとの三角合併	USA	海外勢	—	2018/05/01
2	2,000,300	東芝は、半導体子会社「東芝メモリ」を米Bain Capitalなどが組む日米韓企業連合へ譲渡	主に国内	海外勢	ベイン等	2017/09/28
3	1,934,944	三菱UFJフィナンシャル・グループは、米国MUFGユニオンバンクをUSバンコープに譲渡	USA	海外勢	—	2021/09/22
4	964,754	昭和電工が日立化成を非上場化し、統合。新会社名は、「レゾナック」。	主に国内	国内	—	2019/12/19
5	817,254	ベイン・JIS・JIP連合ファンドが日立金属を非上場化	主に国内	海外勢	ベイン等	2021/04/29
6	770,000	ソフトバンクグループは、保有するフィンランドのスーパーセル株式を中国テンセントへ譲渡	フィンランド	海外勢	—	2016/06/22
7	671,437	KKRが日立物流を非上場化	主に国内	海外勢	KKR	2022/05/01
8	665,500	東芝は、医療機器子会社の東芝メディカルシステムズ（TMS）をキヤノンへ譲渡	主に国内	国内	—	2016/03/18
9	583,689	武田薬品工業は、眼科用治療薬「シードラ」の事業を、スイスのノバルティスへ譲渡	USA・カナダ	海外勢	—	2019/05/09
10	498,473	日産自動車は、自動車部品子会社「カルソニックカンセイ」を米投資ファンドKKRへ譲渡。「カルソニックカンセイ」は非上場化。	主に国内	海外勢	KKR	2016/11/23
11	427,674	オリンパスは、顕微鏡製造子会社「エビデント」を米投資ファンドのベインキャピタルへ譲渡	主に国内	海外勢	ベイン	2022/08/30
12	381,395	ソフトバンクグループは、再生可能エネルギー合弁事業「SBIエナジー・ホールディングス（SBIエナジー・インディア）」をインドのアダニ・グリーン・エナジーへ譲渡	インド	海外勢	—	2021/05/20
13	349,316	ブリヂストンは、米国ブリヂストン アメリカス インク（BSAM）と、BSAMの子会社であるファイアストン ビルディング プロダクツ カンパニー エルエルシーをラファージュホルシムへ譲渡	USA	海外勢	—	2021/01/08

No.	金額（百万円）	概要	対象の主な事業地域	買い手	買い手投資ファンド	日付
14	334,645	TDKは、スマートフォンなどモバイル機器向け部品事業（エプコス）の一部を切り出す形で米半導体大手クアルコムへ譲渡	USA	海外勢	—	2016/01/14
15	310,825	東京ガスは、出資するオーストラリアの液化天然ガス（LNG）権益を米投資会社EIGグローバルエナジーパートナーズへ譲渡	オーストラリア	海外勢	EIG	2022/10/08
16	251,828	武田薬品工業は、子会社の「和光純薬工業」を富士フイルムに譲渡。和光純薬工業は非上場になる。	主に国内	国内	—	2016/12/16
17	250,000	セブン＆アイ・ホールディングスが、傘下のそごう・西武を米投資ファンドのフォートレス・インベストメント・グループに譲渡することを発表	主に国内	海外勢	フォートレス	2022/11/12
18	249,854	住友金属鉱山、住友商事は、チリ北部のシエラゴルダ銅鉱山の権益をオーストラリアの資源企業サウス32に譲渡	チリ	海外勢	—	2021/10/14
19	242,000	武田薬品工業は、武田コンシューマーヘルスケアの株式をブラックストーンへ譲渡	主に国内	海外勢	ブラックストーン	2020/08/25
20	240,000	オリックスは、業務ソフトウェアおよび関連サービスを手掛ける「弥生」をKKRへ譲渡	主に国内	海外勢	KKR	2021/12/18
21	230,000	三菱商事及びUBSは、業界最大級の不動産運用会社である「ユービーエス・リアルティ」をKKRへ譲渡	主に国内	海外勢	KKR	2022/03/18
22	215,000	日立製作所は、連結子会社の日立国際電気をKKR率いる日米ファンド連合に売却。日立国際電気は非上場化。	主に国内	海外勢	KKR	2017/04/27
23	202,770	りそなHD傘下の近畿大阪銀、みなと銀と、三井住友FG傘下の関西アーバン銀と銀を統合し、新設する持ち株会社「関西みらいフィナンシャルグループ」の傘下に入る	主に国内	国内	—	2017/03/04
24	190,953	JX石油開発（ENEOSホールディングスの子会社）は、英国事業会社である JX Nippon Exploration and Production (U.K.) Limitedを NEO Energy Upstream UK Limitedに譲渡	UK	海外勢	—	2021/11/27
25	179,000	日立製作所は、画像関連事業を富士フイルムへ譲渡	主に国内	国内	—	2019/12/19

No.	金額（百万円）	概要	対象の主な事業地域	買い手	買い手投資ファンド	日付
26	175,000	民事再生手続き中の自動車部品大手タカタは、スポンサーである寧波均勝電子傘下の米自動車部品メーカー、キー・セイフティー・システムス（KSS）傘下に入る。	主に国内	海外勢	—	2017/06/26
27	168,500	東京海上ホールディングスは、再保険子会社東京海上レニアム・リー（UK）（TMR (UK)）をバミューダ再保険会社ルネサンス・リー・ホールディングス（RenRe）に譲渡	UK	海外勢	—	2018/10/31
28	160,000	資生堂は、パーソナルケア事業をCVC Capital Partnersに譲渡	主に国内	海外勢	CVC	2021/02/04
29	147,443	日立製作所は、電動工具大手の日立工機を米投資ファンドKKRに譲渡。日立工機は上場廃止に	主に国内	海外勢	KKR	2017/01/14
30	141,045	フォルシアが日立製作所傘下のクラリオンを非上場化	主に国内	海外勢	—	2018/10/26
31	133,000	武田薬品工業は、日本における糖尿病治療薬を帝人ファーマに譲渡	主に国内	国内	—	2021/03/01
32	124,875	丸紅は、米穀物大手ガビロンの穀物事業をカナダのバイテラに譲渡	USA	海外勢	—	2022/01/27
33	115,000	JSRは、エラストマー事業をENEOSへ譲渡	主に国内	国内	—	2021/05/11
34	110,000	ソニー・ピクチャーズ エンタテインメントは、完全子会社Game Show Network, LLCの一部門であるGSN Gamesをスコープリーに譲渡	USA	海外勢	—	2021/10/19
35	108,643	アークランドサカモトがLIXILビバを非上場化	主に国内	国内	—	2020/06/10
36	105,100	SOMPOホールディングスは、英子会社SOMPOキャノピアス（旧キャノピアス）を米投資会社センターブリッジ・パートナーズに譲渡	UK	海外勢	センターブリッジ	2017/09/01
37	100,000	東芝は、空調子会社東芝キャリアの発行済み株式55%分を合弁相手の米空調大手キャリアの子会社に譲渡	主に国内	海外勢	—	2022/02/07
38	100,000	エイチ・アイ・エスは、九州電力や西部ガスなど5社とともに、ハウステンボスを香港に拠点を置く投資会社[PAG]に譲渡	主に国内	海外勢	PAG	2022/08/31
39	100,000	オムロンは、オムロンオートモーティブエレクトロニクスを日本電産へ譲渡	主に国内	国内	—	2019/04/16

No.	金額 (百万円)	概要	対象の主な 事業地域	買い手	買い手 投資ファンド	日付
40	97,000	三菱重工業は、孫会社の菱重ファシリティー＆プロパティーズ株式会社の不動産関連事業を別会社化、株式の70％を西日本旅客鉄道株式会社に譲渡	主に国内	国内	—	2016/11/01
41	91,942	ソフトバンクグループは、傘下の米Boston Dynamics（ボストン・ダイナミクス）を韓国Hyundai Motor Group（現代自動車グループ）に譲渡	USA	海外勢	—	2020/12/12
42	90,784	富士通は、PFUをリコーへ譲渡	主に国内	国内	—	2022/05/01
43	89,784	武田薬品工業株式会社は、ラテンアメリカで販売されている一部製品のポートフォリオをハイペラ・ファーマへ譲渡	南米	海外勢	—	2020/03/02
44	87,000	日機装は、連結子会社のLEWA GmbH（ドイツ、LEWA社）およびGeveke B.V.（オランダ、Geveke社）をスウェーデンのアトラスコプコへ譲渡	欧州	海外勢	—	2022/03/15
45	85,585	伊藤忠商事は、子会社で携帯販売大手のコネクシオを家電量販店大手のノジマに譲渡。コネクシオは非上場化。	主に国内	国内	—	2022/12/23
46	84,368	JXTG（現ENEOSホールディングスの子会社）は、傘下の培地事業2社（米社アーバイン、本邦企業アイエス）を富士フイルムへ譲渡	海外・国内	国内	—	2018/03/30
47	79,679	JXTGホールディングス（現ENEOSホールディングス）孫会社のMocal Energy Limitedは、カナダ・アルバータ州で生産事業中のシンクルード・オイルサンド・プロジェクトの全保有権益（5.0％）を、同プロジェクトの最大パートナーであるSuncor社に譲渡	カナダ	海外勢	—	2018/02/14
48	78,500	キリンホールディングスは、ブラジルのビール・飲料事業子会社ブラジルキリン（旧スキンカリオール）を、オランダのハイネケン傘下のブラジルビール大手ババリアに譲渡	ブラジル	海外勢	—	2017/02/14
49	76,818	資生堂は、米国を中心に展開するプレステージメーキャップブランド「ベアミネラル」など化粧品3ブランドを、米投資ファンドのアドベント・インターナショナルに譲渡	USA	海外勢	アドベント	2021/08/27
50	72,112	武田薬品工業は、欧州で販売する一部の医薬品と工場2カ所をデンマークの製薬企業、オリファームグループに譲渡	欧州	海外勢	—	2020/04/24

注：概要は簡略化して記載。情報開示の時点で取引として認識。

（出所：レコフデータ調べ）

● 参考文献・参考資料

- 事業再編実務指針〜事業ポートフォリオと組織の変革に向けて〜（事業再編ガイドライン）経済産業省　2020年7月31日

- 「コーポレートガバナンス・コード〜会社の持続的な成長と中長期的な企業価値の向上のために〜」株式会社東京証券取引所　2021年6月11日

- 「コーポレート・ガバナンス・システムに関する実務指針（CGSガイドライン）」経済産業省　2022年7月19日

- 2019年6月に閣議決定した「成長戦略実行計画」

- 「グループ・ガバナンス・システムに関する実務指針（グループガイドライン）」経済産業省　2019年6月28日

- 「上場子会社に関するガバナンスの在り方」，第1回「従属上場会社における少数株主保護の在り方等に関する研究会」資料5

- 「公正なM&Aの在り方に関する指針－企業価値の向上と株主利益の確保に向けて－」2019年6月28日，経済産業省

- 「「スピンオフ」の活用に関する手引」令和4年9月経済産業省 産業組織課

- 「スタートアップとの事業連携及び スタートアップへの出資に関する指針」令和4年3月31日 公正取引委員会 経済産業省

- 「成長戦略実行計画」令和3年6月18日

- 『図解＆ストーリー「資本コスト」（改訂版）』，岡俊子　中央経済社，2019

- 『両利きの経営「二兎を追う」戦略が未来を切り拓く』チャールズ・A・オライリー＝マイケル・L・タッシュマン他（著），入山章栄（監訳），冨山和彦（解説），渡部典子（訳），東洋経済新報社，2019

- 『イノベーションのジレンマ 増補改訂版（Harvard Business School Press）』クレ

イトン・クリステンセン（著），玉田俊平太（監修），伊豆原弓（翻訳），翔泳社，2001年

- 「コーポレートガバナンスに関するアンケート調査　2020年度」ＰｗＣ，2021年3月

- 「事業買収を検討している企業の取締役会が買収取引の前後，そして進行中に実施すべきこと」PwCあらた有限責任監査法人

- 各種メディアの記事：日本経済新聞，日刊工業新聞，ITMedia，マールオンラインなど（各記事については，都度，脚注に記載）

- 上場企業，省庁，PEファンドのホームページやニュースリリース，有価証券報告書など（各リリースについては，都度，脚注に記載）

● 索　引

● 英数

BASF社 ……………………………………… 35
CVC ………………………………… 235, 244
CVCキャピタル・パートナーズ ……… 236
Divestiture …………………………………… 31
DX化 …………………………………………… 134
ESG …………………………………………… 23
EXIT ……………………… 117, 203, 204, 243
FA …………………………………………… 106
FIV ……………………………………… 142, 144
IM …………………………………………… 267
IN-IN ………………………………………… 87
IPO …………………………………… 209, 245
KKR …………… 145, 200, 235, 236, 237
LBO ………………………………………… 117
M&A …………………………………………… 31
M&A関連法制 ……………………………… 88
M&Aの定義 ………………………………… 32
MBO指針 …………………………………… 209
MCA ………………………………………… 92
OUT-IN ……………………………………… 87
PAG ……………………………………… 235, 237
PEファンド ……………………………… 198, 243
ROIC ………………………………… 43, 71, 97
ROIC経営 …………………………………… 97
TSA ………………………………………… 269
UFJホールディングス …………………… 94
VAIO ………………………………………… 94
VC …………………………………………… 244
WACC …………………………………… 43, 71

● あ行

アクティビスト ……………………………… 66
アベノミクス ……………………………… 132
アドバンテッジパートナーズ ………… 237
インターコンチネンタルホテルズ・
　アンド・リゾーツ ………………………… 93
エクイティ・カーブアウト ……………… 209
オークション ……………………………… 267
オムロン ……………………………………… 97
親会社持分の一部譲渡 …………………… 209
親子上場 …………………………………… 201
オルタナティブ …………………………… 236

● か行

カーブアウト型M&A
　…………………… 38, 87, 198, 237, 241, 242
会社分割制度 ………………………………… 88
合併 …………………………………………… 31
ガバナンス ………………………………… 118
株式移転・株式交換制度 ………………… 88
株主還元 ……………………………………… 66
企業規模の縮小 ……………………………… 66
企業と事業 …………………………………… 34
基準が不明確 …………………………… 63, 64
キャピタルゲイン ………………………… 243
競争法／独占禁止法 …………………… 65, 66
クラリオン ………………………………… 144
クロージング ………………………………… 89
グロースファンド ………………………… 245
クロスボーダー M&A ……………………… 90

経営多角化 …………………………………… 32
コア事業 ……………………………………… 39
ゴーイングコンサーン ……………………… 34
コーポレートガバナンス ………… 42, 202
コーポレートガバナンス・コード …… 42
コシダカ …………………………………… 205
コングロマリット・ディスカウント
　　　　　　　　　　　　　　…………… 36, 206

●さ行

サーベラス ………………………………… 241
再生ファンド …………………… 242, 244
財務制限条項 …………………………… 117
サステナブル …………………………… 33, 36
産業革新投資機構 ……………………… 242
産業競争力強化法 ……………………… 242
産業再生機構 …………………………… 242
シーグラム ………………………………… 92
事業再生ガイドライン ………………… 37
事業承継 ………………………………… 238
事業ポートフォリオ … 19, 32, 34, 36, 42
シナジー効果 …………………………… 36
資本コスト ……………………… 42, 43, 70
資本コスト経営 ………………………… 71
シャイアー ……………………………… 138
従業員・労働組合との調整困難 …… 69
純粋持株会社 …………………………… 237
上場子会社の非上場化 ………………… 24
譲渡 ………………………………………… 45
新規事業 ………………………………… 34, 35
スタートアップ ………………………… 139
スタートアップ企業 ………… 244, 245
スタンドアローン問題 ……………… 269
スチュワードシップ・コード ………… 42
スピンオフ ……………………… 205, 206

西友 ………………………………………… 93
セグメント ……………………………… 63
セゾン ……………………………………… 93
セラーズデューデリジェンス ………… 153
選択と集中 ……………………………… 24, 37
そごう・西武 …………………………… 238
ソニー ……………………………………… 94
ソフトバンク …………………… 91, 139

●た行

対内直接投資 …………………………… 135
武田薬品工業 …………………………… 138
卵を一つのカゴに盛るな ……………… 35
近づける会社 …………………………… 24
ディストレス …………………… 236, 245
適当な売却先 …………………………… 64
デット ……………………………………… 32
デューデリジェンス ………… 88, 268
東京海上ホールディングス …………… 96
動機論 ……………………………………… 38
投資家 ……………………………………… 33
東芝 ………………………………… 139, 205
東芝メディカルシステムズ ………… 139
東芝メモリ ……………………………… 139
投資ファンド …………………………… 198
遠ざける会社 …………………………… 24
トキオ・ミレニアム・リー …………… 96
独占禁止法 ……………………………… 237
トラックレコード …………………… 238

●な行

日産自動車 ……………………………… 38
日産リバイバルプラン ………………… 38
日本コロムビア ……………………… 205
日本産業パートナーズ ……… 95, 139, 209

日本長期信用銀行 ························ 93, 241
ノンコア事業 ······························ 39
ノンリコースローン ······················ 117

● は行

パーシャルスピンオフ税制 ············· 207
ハードルレート ···························· 97
パーパス ·································· 34
バイアウト ······························ 236
バイアウトファンド ················ 243, 244
買収 ·································· 31
ハゲタカ ·························· 241, 245
バリューアップ ·························· 204
バリュエーション ························ 154
ハンズオン ······························ 244
日立化成 ································ 137
日立金属 ··························· 137, 145
日立製作所 ······························ 141
日立物流 ··························· 137, 145
ヒヤリハット ···························· 18
フォートレス ······················ 235, 236
不採算事業の売却 ······················ 39
富士銀行 ································ 93
ブラックストーン ·················· 235, 236
プリンシパルインベストメント ········ 241
ブル ·································· 31
古河電気工業 ···························· 93
プロセスが不明確 ····················· 63, 64

分散投資 ································ 35
米JDSユニフェーズ ···················· 93
ベイン ···················· 200, 235, 236, 237
ベイン・キャピタル ················ 140, 145
ベストオーナー ······················ 37, 38, 87

● ま行

松下電器産業 ························· 92, 136
マネジメントバイアウト ··········· 208, 238
ミドルキャップ ·························· 243
未来投資会議 ···························· 33
メインバンク ···························· 32

● や行

有利子負債 ······························ 138
ユナイテッド・カリフォルニア銀行 ····· 94
ユニコーン ······························ 245
ユニゾン・キャピタル ·················· 237

● ら行

リーマンショック ···················· 88, 242
利益相反 ··························· 201, 210
利益率と戦略適合性のマトリックス
 ··························· 36, 43, 44, 70
リップルウッド ························ 241
両利きの経営 ···························· 22
ローンスター ···························· 240

［著者紹介］

岡　俊　子

明治大学MBA（グローバル・ビジネス研究科）専任教授，株式会社岡＆カンパニー代表取締役，ソニーグループ株式会社社外取締役，株式会社ハピネット社外取締役，日立建機株式会社社外取締役，ENEOSホールディングス株式会社社外取締役，株式会社産業革新投資機構（JIC）社外取締役。
北陸先端科学技術大学院大学客員教授など。

（略歴）
1986年一橋大学卒業。1992年ペンシルベニア大学ウォートンスクール経営学修士（MBA）。1986年に等松・トウシュロスコンサルティング㈱（アビームコンサルティング㈱およびデロイトトーマツコンサルティングの前身）に入社。その後グループ内異籍等を経て，株式会社岡＆カンパニーではM&A戦略や経営戦略の策定支援，M&Aのディール支援，ポストM&A（PMI）のコンサルティングサービスを提供する。
ネットイヤーグループ株式会社社外取締役（2008年〜2016年），アステラス製薬株式会社社外監査役（2014年〜2018年），三菱商事株式会社社外取締役（2016年〜2020年），日立金属株式会社（現株式会社プロテルアル）社外取締役（2016年〜2021年）を歴任。
経済産業省産業構造審議会委員，内閣府経済財政諮問会議対日投資会議専門部会委員，内閣府経済社会総合研究所M&A研究会委員，内閣府「地域力再生機構（仮）」研究会委員，経営系専門職大学院異議申立審査会委員などを歴任。

（主な著書）
『図解＆ストーリー「資本コスト」入門（改訂版）』（中央経済社，2020年）
『M&Aにおける第三者委員会の理論と実務』（商事法務，2015年（共同執筆））
『高値づかみをしないM&A』（中央経済社，2012年）
『M&Aを成功に導くビジネスデューデリジェンスの実務』（中央経済社，2010年（監修・共著））
『M&Aにおけるプライシングの実務』（中央経済社，2008年（監修・共著））
『三角合併がよ〜くわかる本』（秀和システム，2007年）など多数。

図解&ストーリー
「子会社売却」の意思決定

2023 年 8 月 10 日　第 1 版第 1 刷発行
2023 年 10 月 15 日　第 1 版第 2 刷発行

著　者　岡　　　俊　子
発行者　山　本　　　継
発行所　㈱中央経済社
発売元　㈱中央経済グループ
　　　　パブリッシング

〒 101-0051　東京都千代田区神田神保町1-35
電話 03 (3293) 3371 (編集代表)
　　 03 (3293) 3381 (営業代表)
https://www.chuokeizai.co.jp
印刷／文唱堂印刷㈱
製本／㈲井上製本所

ⓒ 2023
Printed in Japan

＊頁の「欠落」や「順序違い」などがありましたらお取り替えいた
しますので発売元までご送付ください。(送料小社負担)
ISBN978-4-502-46831-5　C3034

JCOPY 〈出版者著作権管理機構委託出版物〉本書を無断で複写複製 (コピー) することは,
著作権法上の例外を除き,禁じられています。本書をコピーされる場合は事前に出版者著
作権管理機構 (JCOPY) の許諾を受けてください。
JCOPY 〈https://www.jcopy.or.jp　e メール：info@jcopy.or.jp〉

●実務・受験に愛用されている読みやすく正確な内容のロングセラー！

定評ある税の法規・通達集 シリーズ

所得税法規集
日本税理士会連合会　編
中央経済社

❶所得税法　❷同施行令・同施行規則・同関係告示　❸租税特別措置法（抄）　❹同施行令・同施行規則・同関係告示（抄）　❺震災特例法・同施行令・同施行規則（抄）　❻復興財源確保法（抄）　❼復興特別所得税に関する政令・同省令　❽災害減免法・同施行令（抄）　❾新型コロナ特法・同施行令・同施行規則　❿国外送金等調書提出法・同施行令・同施行規則・同関係告示

所得税取扱通達集
日本税理士会連合会　編
中央経済社

❶所得税取扱通達（基本通達／個別通達）　❷租税特別措置法関係通達　❸国外送金等調書提出法関係通達　❹災害減免法関係通達　❺震災特例法関係通達　❻新型コロナウイルス感染症関係通達　❼索引

法人税法規集
日本税理士会連合会　編
中央経済社

❶法人税法　❷同施行令・同施行規則・法人税申告書一覧表　❸減価償却耐用年数省令　❹法人税法関係告示　❺地方法人税法・同施行令・同施行規則　❻租税特別措置法（抄）　❼同施行令・同施行規則・同関係告示　❽震災特例法・同施行令・同施行規則（抄）　❾復興財源確保法（抄）　❿復興特別法人税に関する政令・同省令　⓫新型コロナ税特法・同施行令・同施行規則　⓬租特透明化法・同施行令・同施行規則

法人税取扱通達集
日本税理士会連合会　編
中央経済社

❶法人税取扱通達（基本通達／個別通達）　❷租税特別措置法関係通達（法人税編）　❸連結納税基本通達　❹租税特別措置法関係通達（連結納税編）　❺減価償却耐用年数省令　❻機械装置の細目と個別年数　❼耐用年数の適用等に関する取扱通達　❽震災特例法関係通達　❾復興特別法人税関係通達　❿索引

相続税法規通達集
日本税理士会連合会　編
中央経済社

❶相続税法　❷同施行令・同施行規則・同関係告示　❸土地評価審議会令・同省令　❹相続税法基本通達　❺財産評価基本通達　❻相続税法関係個別通達　❼租税特別措置法（抄）　❽同施行令・同施行規則（抄）・同関係告示　❾租税特別措置法（相続税法の特例）関係通達　❿震災特例法・同施行令・同施行規則・同関係告示　⓫震災特例法関係通達　⓬災害減免法・同施行令（抄）　⓭国外送金等調書提出法・同施行令・同施行規則・同関係通達　⓮民法（抄）

国税通則・徴収法規集
日本税理士会連合会　編
中央経済社

❶国税通則法　❷同施行令・同施行規則・同関係告示　❸同関係通達　❹国外送金等調書提出法・同施行令・同施行規則　❺租税特別措置法・同施行令・同施行規則（抄）　❻新型コロナ税特法・令　❼国税徴収法　❽同施行令・同施行規則・同告示　❾滞調法・同施行令・同施行規則　❿税理士法・同施行令・同施行規則・同関係告示　⓫電子帳簿保存法・同施行令・同施行規則・同関係告示　⓬行政手続オンライン化法・同国税関係法令に関する省令・同関係告示　⓭行政手続法　⓮行政不服審査法　⓯行政事件訴訟法（抄）　⓰組織的犯罪処罰法（抄）　⓱没収保全と滞納処分との調整令　⓲犯罪収益規則（抄）　⓳麻薬特例法

消費税法規通達集
日本税理士会連合会　編
中央経済社

❶消費税法　❷同別表第三等に関する法令　❸同施行令・同施行規則・同関係告示　❹消費税法基本通達　❺消費税申告書様式等　❻消費税等関係取扱通達等　❼租税特別措置法（抄）　❽同施行令・同施行規則（抄）・同関係告示・同関係通達　❾消費税転嫁対策法・同ガイドライン　❿震災特例法・同施行令（抄）・同関係告示　⓫震災特例法関係通達　⓬新型コロナ税特法・同施行令・同施行規則・同関係告示・同関係通達　⓭税制改革法等　⓮地方税法（抄）　⓯同施行令・同施行規則（抄）　⓰所得税・法人税政省令（抄）　⓱輸徴法令　⓲関税法令（抄）　⓳関税定率法令（抄）　⓴国税通則法令　㉑電子帳簿保存法令

登録免許税・印紙税法規集
日本税理士会連合会　編
中央経済社

❶登録免許税法　❷同施行令・同施行規則　❸租税特別措置法・同施行令・同施行規則（抄）　❹震災特例法・同施行令・同施行規則（抄）　❺印紙税法　❻同施行令・同施行規則　❼印紙税法基本通達　❽租税特別措置法・同施行令・同施行規則（抄）　❾印紙税額一覧表　❿震災特例法・同施行令・同施行規則（抄）　⓫震災特例法関係通達等

中央経済社